Werner Trutwin

NEUES FORUM RELIGION

GOTT
Arbeitsbuch Theologie

Religionsunterricht Sekundarstufe II

Patmos

Inhalt

Ein Wort zuvor 4

Basiswissen: Religion – Was ist das? 6
1. Religion im Leben eines Menschen 6
2. Definitionsversuche 9
3. Kennzeichen der Religion 10
4. Funktionsverlust Gottes in nachchristlicher Zeit 14
5. Fundamentalismus, Tradition, Reform 16
6. Ist der Mensch von Natur aus religiös? 18
7. Religion in der Gegenwart 20

Einstieg in die Thematik 24

Annäherungen 26
1. Erfahrungen von Schülerinnen und Schülern 26
2. Stimmen von Prominenten 28
3. Theologische Fragmente 30

Reden und Schweigen 32
1. Das Wort Gott 32
2. Von Gott sprechen 34
3. Mit Gott reden 38
4. Vor Gott schweigen 42
5. Stimmen der Dichtung 44

Weltweite Erfahrungen 46
1. Gottesbilder der Völker 46
2. Der Gott Israels 48
3. Allah und die Muslime 50
4. Das Pantheon des Hinduismus 52
5. Der Buddha und das Gottesthema 54
6. Ein Gott – Viele Religionen 56

Konfliktfeld Wissenschaft 60
1. Wissenschaft – Was ist das? 60
2. Grenzen der Wissenschaften 62
3. Religionskritik der Wissenschaften 64
4. Ein umstrittenes Thema: Die Evolution 66
5. Sinnvolle Partnerschaft 68

Probleme philosophischen Denkens 70
1. An den Grenzen des Denkens 70
2. Gottesbeweise 72
3. Gott ist tot 74
4. Gottesbestreitungen 76
5. Gespräch mit dem Atheismus 81
6. Ein Patt zwischen Beweisen und Gegenbeweisen? ... 82
7. Agnostizismus 84

Die Aussagen der Bibel 86
  1. Der Erste und der Letzte 86
  2. Ich bin der »Ich bin da« 88
  3. Der Herr, unser Gott, ist einzig 90
  4. Gott ist Liebe 92

Im Spiegel der Kunst 94
  1. Das Gottesbild – ein theologisches Problem 94
  2. Der Schöpfer im Bild Christi 98
  3. Eine mystische Vision 100
  4. Gottesgestalten der Bibel 102
  5. Aufstieg zum Licht 104
  6. Der dynamische Schöpfer 106
  7. Turm ohne Sinn 108
  8. Abfahrt von den Illusionen 110
  9. Spuren der Transzendenz 112

Mysterien des Glaubens 114
  1. Menschwerdung Gottes 114
  2. Der dreifaltige Gott 116
  3. Theologische Reflexionen 118

Das Leid in der Welt 120
  1. Klagen und Anklagen 120
  2. Die furchtbare Frage 122
  3. Theodizee – Antwortversuche 124

In der aktuellen Diskussion 126
  1. Die Wiederkehr der Götter 126
  2. Postmodernes Lob des Polytheismus 128
  3. Monotheismus – eine Ursache von Gewalt? 130
  4. Gott – ein Gehirnmodul? 134
  5. Auf der Suche nach einem neuen Gottesbild 136

Kleines Lexikon theologischer Fachbegriffe 138

Wege des Lernens – Methoden 140

Worte Barnett Newmans

❖ Das Bild, das wir hervorbringen, ist das in sich selbst gültige der Offenbarung, wirklich und konkret, und jeder, der es ohne die nostalgische Brille der Geschichte betrachtet, wird es verstehen können.

❖ Für einen echten Künstler kommt es darauf an, dass er unterscheidet zwischen Anwesenheit und überhaupt keiner Anwesenheit, und je größer ein Kunstwerk ist, umso stärker wird dieses Gefühl. Und dieses Gefühl ist die grundlegende spirituelle Dimension. Wenn sich das nicht einstellt, stellt sich gar nichts ein.

Barnett Newman (1905–1970),
Be I (Second Version), 1970
283, 2 x 213, 4 cm
Ähnliche Bilder: → S. 113 und 117

Barnett Newman wurde als Sohn jüdischer Emigranten aus Russland in New York geboren. Seine großen monochromen Bilder wurden von der Presse scharf kritisiert und öfter sogar von fanatischen Betrachtern mutwillig beschädigt. Sie standen in ihrer stillen Bildlosigkeit im Kontrast zur damaligen amerikanischen Malerei, die naturalistische und gegenständliche Motive bevorzugte. Doch rückte Newman allmählich in die vorderste Reihe der neuen amerikanischen Kunstrichtung, die manchmal mit den Begriffen »abstrakter Expressionismus« oder »meditativer Expressionismus« bezeichnet wird. Heute zählt er zu den großen Künstlern des 20. Jahrhunderts.
Newman wollte auf seinen Bildern die Welt der Sinne und des Verstandes übersteigen (»transzendieren«), das »Erhabene« zeigen, dem Unendlichen nahe kommen und »das Unsichtbare sichtbar machen« (Paul Klee).
So werden einige seiner Bilder auch Begegnungen mit Gott. Da er als Jude aus seiner Tradition wusste, dass man sich kein Gottesbild machen darf (→ S. 94 f), kommen seine Bilder ohne Figuren, Gegenstände und Symbole aus. Sie sind – paradox gesagt – gemalte Bilderverbote. Auch der Titel des Bildes »Be I« weist in die transzendente Dimension. Mit der zweiten Version, eines seiner letzten Bilder, aus dem Jahr 1970, schafft er die erste Version von 1949 neu, die mutwillig beschädigt worden war und nicht wiederhergestellt werden konnte. So umfasst das Thema fast den ganzen Zeitraum seiner künstlerischen Arbeit mit Bildern dieser Art.

Ein Wort zuvor

❖ Der **Glaube an Gott** gibt auch heute unzähligen Menschen überall in der Welt Orientierung, Freude, Trost und Kraft. Christen sind davon überzeugt, dass Gott ihr Schöpfer ist und ihr Leben zu einem guten Ziel lenkt. Vor allem glauben sie an den Gott, der durch Jesus Christus gesprochen hat. Aus diesem Glauben an Gott schöpfen sie die Hoffnung für ihre Zukunft, die Kraft zu einem Leben der Liebe und die Erwartung, auch über den Tod hinaus in Gottes Hand geborgen zu sein.

❖ Viele andere Menschen haben aber auch ihre großen Schwierigkeiten mit diesem Glauben und lehnen ihn ab. Der **Unglaube** ist heute ein Massenphänomen.

❖ **Kursthema** ist der Glaube an Gott: sein Profil, seine Möglichkeiten und Schwierigkeiten, seine Konsequenzen. Im Verlauf der Arbeit kommen dabei ganz unterschiedliche Perspektiven in den Blick, wie sie von Theologie, Philosophie, Wissenschaft, Kunst und Dichtung entwickelt worden sind. Unter ihnen sind Christen, Menschen anderer Religionen, Skeptiker, Agnostiker und Atheisten.

❖ Wer über diesen Glauben sachgemäß und mit wissenschaftlichen Methoden nachdenkt, treibt das, was mit dem Fachbegriff »**Theologie**« bezeichnet wird.

Rechts: Bernhard Prinz, Ohne Titel, 2002. Wie finden Sie das Bild zur Einführung: aktuell, provokativ, verfehlt …?

Liebe Schülerinnen und Schüler,

das **Glaubensbekenntnis** der Kirche beginnt mit dem Satz »**Ich glaube an Gott**«. Der Glaube an Gott bildet das Fundament des christlichen Lebens. Keine andere Aussage des Glaubensbekenntnisses hat ohne diesen Glauben Sinn.

Während dieser Glaube an Gott in vergangenen Zeiten für die meisten Menschen eine Selbstverständlichkeit war, ist er heute für viele zum Problem geworden. Nicht wenige interessieren sich nicht einmal mehr für diesen Glauben. Darum diagnostizieren wache Beobachter unserer Zeit eine »Gotteskrise« oder eine »Gottesvergessenheit«, wie es sie so kaum einmal früher gegeben hat, wobei sie einschränkend anmerken müssen, dass diese Krise nicht weltweit zu beobachten ist und nicht einmal für die Vereinigten Staaten von Amerika (USA) insgesamt so gilt wie für Europa.

Mehrere Gründe lassen sich für diese Entwicklung angeben.

❖ Seit der Zeit der europäischen **Aufklärung** hat eine **Säkularisierung** aller Lebensbereiche stattgefunden, die es mit sich gebracht hat, dass Gott heute kaum mehr klar erkennbare Funktionen im Leben zukommen. Er scheint arbeitslos geworden zu sein. Früher wurden Politik, Kunst, Erziehung, Schule, soziale Dienste usw. hauptsächlich von gläubigen Menschen betrieben.

❖ Die **Wissenschaften** verzichten – völlig zu Recht – auf Gott als Erklärungsprinzip, so dass Gott auf einem der wichtigsten Arbeitsfelder der Gegenwart nicht vorkommt. Wir kommen in der Erklärung der Natur, in der Deutung der Geschichte und in der rasanten Entwicklung der Technik ohne Gott aus.

❖ Die **schrecklichen Ereignisse unserer Geschichte** werfen die Frage nach der Wirksamkeit Gottes auf. Wo ist Gott, wenn in jedem Jahr viele Millionen Kinder verhungern oder an heilbaren Krankheiten sterben? Was denkt sich Gott, wenn er sieht, dass täglich unzählige Menschen zum Opfer von Gewalt, Hass und Ungerechtigkeit werden? Warum schweigt Gott, wenn religiöse Fundamentalisten in seinem Namen Mord und Totschlag verbreiten?

❖ Die Krise des Gottesglaubens fällt mit der Krise der westeuropäischen Welt zusammen. Beide Krisen zeigen sich an vielen Erscheinungen, die unsere Kultur ebenso bedrohen wie den Glauben an Gott. Hier seien nur einige Stichworte genannt: die wachsende **Egozentrik**, die **Verdrängung** des Leidens anderer, der **Konsumrausch**, die Vorherrschaft des **Lustprinzips**, die Macht des **Geldes**, die **Oberflächlichkeit** unseres Lebens, das reiche Angebot von **Sinnlosigkeiten** usw. Alle diese Phänomene drängen den Eindruck auf, als wäre der Mensch nichts anderes als ein materielles oder sinnliches Wesen. Sie machen es schwer, nach einem sinnvollen Leben zu suchen und die Frage nach Gott zu stellen.

Aufgabe dieses Kurses zur »Theologie« ist es, die hier nur skizzierten Gründe für den heutigen Gottesglauben und für die heutige Gotteskrise zu vertiefen und zu verstehen. Es wäre gut, wenn Sie sich mit Ihren Erfahrungen und Überlegungen in dieses Gespräch einbringen könnten.

Bonn, im Frühjahr 2008

Werner Trutwin

Vor allem folgende Kapitel sollten zur Hand sein:
- »**Zeit der Freude**« (5/6): Himmel und Erde bewegen – Vom Beten
- »**Wege des Glaubens**« (7/8): »Du sollst dir kein Bild machen«
- »**Zeichen der Hoffnung**« (9/10): »Gott – Das wichtigste Thema«.

In anderen Schulbüchern für die Sekundarstufe I finden sich gewiss ähnliche Abschnitte.

Für die Arbeit zum Thema »**Weltreligionen**« sei auf die gleichnamige Reihe mit den Bänden »Judentum«, »Christentum«, »Islam«, »Hinduismus« und »Buddhismus« hingewiesen. Sie stellen die Weltreligionen in einem größeren Zusammenhang dar, als es hier möglich ist.

(5) **Häufig benutzte Elemente** des Arbeitsbuches sind:
- **Bibeltexte, Quellen** und **Zitate**.
- **Lexikonartikel**, in denen kurz Sachauskunft über einen Begriff oder ein Thema gegeben wird. Dieser Text sollte in Grundzügen verstanden und eingeprägt werden.
- **Arbeitsanregungen und Aufgaben**, unter denen eine sinnvolle Auswahl erfolgen muss. Sie können ersetzt und auch weggelassen werden.

(6) In einem einzigen Arbeitsbuch können nicht alle Fragen zum Thema behandelt werden. Hier sei darauf verwiesen, dass das Thema »Gott« auch **in allen anderen Bänden des »Neuen Forum Religion«** einen wichtigen Platz einnimmt. Es steht dort in einem jeweils christologischen, anthropologischen, ethischen, ekklesiologischen und eschatologischen Kontext.

Hinweise zur Arbeit

(1) Auf den Doppelseiten dieses Arbeitsbuches finden sich – meist in den breiten Spalten – **Texte, Bilder und Materialien**, die helfen sollen, das jeweils angegebene **Thema** zu erschließen. Oft ist es nicht schwer, weitere Informationen zu finden: → M 1.

(2) Für die Einführung in wissenschaftliches Arbeiten, das in der Sekundarstufe II unverzichtbar ist, sind nicht nur die **Inhalte** wichtig, sondern gleichzeitig auch die **Methoden**, die Wege zeigen, auf denen Einsichten und Fertigkeiten gewonnen werden. Beispiele zu Methoden: → S. 140 ff.

(3) Den Anfang aller Ausgaben des »Neuen Forums Religion« bildet jeweils ein Abschnitt »**Basiswissen**«, das in Themen wie »Religion«, »Neues Testament«, »Glaube und Vernunft« usw. einführt. Er ist von grundsätzlicher Bedeutung und fördert das Sachverständnis im Unterricht aller Kurse.

Es sei auch auf das kleine **Lexikon** im Anhang hingewiesen, das wichtige **Fachbegriffe** der Theologie enthält.

(4) Dieses Arbeitsbuch baut auf den drei Bänden des Unterrichtswerks »**Religion – Sekundarstufe I**« auf, in dem die Themen behandelt werden, die die Voraussetzung für die Arbeit in diesem Kurs bilden.

Elemente der einzelnen Kursstunden können sein:
- Eine **Bibellesung** am Anfang, die ggfs. jeweils von einem Schüler/einer Schülerin abwechselnd ausgesucht und vorgetragen wird.
- Ein **Protokoll** der vorhergehenden Stunde, das jeweils von einem Schüler/einer Schülerin angefertigt und nach Möglichkeit frei vorgetragen wird. Es sollte einer Protokollmappe beigegeben werden, mit der der ganze Kursverlauf dokumentiert wird.
- **Lehrervortrag, Expertenbefragung, Schülerreferat**
- **Bibelexegese/Textarbeit**
- **Bildbetrachtung**
- freies Unterrichtsgespräch, **Diskussion**
- **Arbeit an einem Projekt**
- **Stillarbeit**
- **Meditation**
- (gelegentlich außerhalb des Kursthemas): **Besprechung eines aktuellen** persönlichen, kirchlichen, politischen oder kulturellen **Problems**.

Basiswissen: Religion – Was ist das?

1. Religion im Leben eines Menschen

❖ Die **Religionswissenschaften** untersuchen – meist mit Methoden der Geisteswissenschaften, aber auch mit Hilfe der Statistik – die historischen und gegenwärtigen Religionen im Kontext ihrer Geschichte und Kultur. Sie fragen nach der Entstehung, den Begründern, den Schriften, den Lehren, dem Ethos, den Gestalten, den Differenzierungen, den Gruppen, der Wirkungsgeschichte, den heutigen Problemen der Religionen.

❖ Heute gibt es mehrere Sparten der Religionswissenschaften, z. B.: die **Religionspsychologie**, die **Religionssoziologie**, die **Religionsgeschichte**, die **vergleichenden Religionswissenschaften**.

❖ Auch **andere Wissenschaften** befassen sich partiell mit den Religionen, z. B die Archäologie, die Geschichte, die Literatur-, Kunst- und Kulturwissenschaften.

❖ Die **Religionsphilosophie** denkt über das Absolute, seine Beziehung zu Welt und Mensch nach, prüft die Möglichkeiten einer Erkenntnis, befragt die unterschiedlichen Gottesbegriffe und sucht nach argumentativ abgesicherten Wertungen.

Im Alltag einer Bäuerin

Karl-Wilhelm Dahm, Professor für Ethik und angrenzende Sozialwissenschaften, beschreibt den Typ einer Bäuerin, der heute wahrscheinlich nur noch selten anzutreffen ist. Aber die Analyse der Funktionen der Religion und des Kontrastes mit modernen Auffassungen ist auch heute bedenkenswert.

Wir verdeutlichen uns, welche Funktion die Religion etwa im Leben einer Bäuerin vor etwa 150 Jahren gehabt hat.

In ihrem Heimatdorf stand die Kirche nicht nur äußerlich im Mittelpunkt des Ortes. Auch den allgemein geltenden Vorstellungen nach fühlte man sich dort ganz selbstverständlich als evangelisch. In ihrem Elternhaus wurde abends am Kinderbett gebetet; vor den Mahlzeiten sprach der Vater ein Tischgebet. Die Mutter ging alle 14 Tage zum Gottesdienst, der Vater durchschnittlich einmal im Monat. Im Religionsunterricht der Volksschule sowie im Konfirmandenunterricht musste sie eine ganze Anzahl von Gesangbuchversen, die meisten Stücke des Katechismus und einen Teil der in der Lutherbibel fett gedruckten biblischen Kernsprüche auswendig lernen. Die evangelische Gedankenwelt wurde auf diese Weise ganz selbstverständlich zu ihrem eigenen religiösen Vorstellungsrahmen. Dieser Rahmen wurde immer wieder bestätigt und gefestigt durch das, was die Menschen ringsum glaubten und wie sie sich verhielten. Selbst wenn ihr die evangelische Welt- und Lebensanschauung nicht einleuchtend gewesen wäre, hätte unsere Bäuerin kaum die Möglichkeit eines anderen religiösen Rahmens gehabt; denn ihr fehlten sowohl die Kenntnisse einer anderen Weltanschauung als auch die Instrumente, mit ihnen umzugehen. ...

Drei grundlegende Funktionen

Damit können wir die Frage wieder aufnehmen, welche Funktion denn die Religion im Leben dieser Bäuerin erfüllte, nachdem sie ins Nachbardorf hinübergeheiratet hatte und selbst Mutter geworden war. Ich unterscheide zur Verdeutlichung **drei Bereiche**, in denen diese Funktion klar zu beobachten ist.

(1) Der erste Bereich betrifft das **Gefühlsleben**. Sie muss mit ihren verschiedenen Ängsten fertig werden, beispielsweise mit der Angst, dass ihr lebensgefährlich erkranktes Kind sterben könnte, oder mit der Angst, dass der eigene Ehemann als Soldat im Kriege fallen könnte, oder dass das heimatliche Dorf und die eigene Familie durch eine Epidemie oder durch eine Folge katastrophaler Missernten in Not und Elend geraten könnte.

Mit all diesen Ängsten fertig zu werden hilft ihr ihre Religion; sie betet, sie bittet Gott um Hilfe, sie sagt sich die Gesangbuchverse auf, die ihr die Möglichkeit geben, ihre eigenen Empfindungen überhaupt einmal in Worte zu fassen, sie damit ein Stück weit aufzuarbeiten.

Überhaupt findet sie in diesen Gesangbuchversen ihre eigenen Lebensverhältnisse wieder, nicht nur, was die Angst betrifft, sondern auch, was die Erfahrungen der Freude oder des Glückes, des Vertrauens oder der Enttäuschung, des Leidens und des Sterbens angeht.

(2) Der zweite Bereich, in dem die Religion eine wichtige Bedeutung für die Frau hat, sind die sogenannten **Sinnfragen des Lebens**. Es ist nicht so, dass sie sich dauernd mit diesen Fragen beschäftigt, dass sie von ihnen umgetrieben würde. Aber sie

Wilhelm Leibl (1844–1900), Drei Frauen in der Kirche, 1881

40 weiß, sie sind grundsätzlich beantwortet. Diese Fragen, woher es beispielsweise kommt, dass man das Gute will und doch das Böse tut, woher es kommt, dass der eine, obwohl ein durch und durch anständiger Mensch, geradezu vom Pech verfolgt ist, und der andere, ein durchtriebener Schurke, auch noch Glück mit seinen finsteren Geschäften hat; warum Menschen überhaupt leiden und sterben müssen;
45 diese Fragen haben ihre beängstigende Macht verloren. Im Katechismus hat sie gelernt, warum die Welt so ist wie sie ist.
(3) Der dritte Bereich betrifft die **sittliche Ordnung,** die ethischen Werte und Normen, das, was man im Volksmund »gut und böse« nennt. Diese sittliche Ordnung hatte ihr Zentrum in den Zehn Geboten, ausgelegt und erklärt wiederum im luthe-
50 rischen Katechismus. Gewiss erlebte die Frau ständig, dass diese 10 Gebote nicht streng eingehalten wurden, und gewiss war sie keineswegs darauf aus, mit erhobenem Zeigefinger hinter jedem herzulaufen, der ein Gebot ersichtlich übertreten hatte. Sie war keineswegs eine religiöse Fanatikerin. Trotzdem hielt sie entschieden daran fest, dass von den Zehn Geboten nicht ein Tüpfelchen abgestrichen wer-
55 den dürfe; denn wenn die grundsätzliche Gültigkeit der Zehn Gebote außer Kraft gerate, dann, so meinte sie, ebenso wie die allermeisten ihrer Zeitgenossen, werde das Leben aus den Fugen geraten, werde gewissermaßen alles »drunter und drüber« gehen.

---

1 Beschreiben Sie, wie die religiöse **Erziehung** und der spätere religiöse Alltag der Bäuerin aussah. Vergleichen Sie beides mit heutigen Formen der religiösen Erziehung und des Alltagslebens. Zu den Frauen auf dem **Bild**: → M3

2 »**Funktionen der Religion**« – was versteht man darunter? Welche Funktionen schreiben Sie der Religion heute zu?

3 Wer übernimmt **heute** die Funktionen der Religion, die früher im Leben der Menschen bestimmend waren?

❖ Die **Theologie** (gr. = »Rede von Gott«) ist die Wissenschaft, die die Offenbarung Gottes zu verstehen und in eine Lebenspraxis umzusetzen versucht. Sie reflektiert den christlichen Glauben und die Lehre der Kirche.

❖ Im Unterschied zur **Theologie** gehen die **Religionswissenschaften** und die **Philosophie** nicht von der Offenbarung Gottes aus. Sie sehen bei ihrer Arbeit vom religiösen Glauben ab und nehmen den Glauben auch nicht als Grundlage oder Maßstab für ihre Urteile und Bewertungen. So ist z. B. die Bibel für die Religionswissenschaften und die Religionsphilosophie ein religiöses Dokument neben anderen, nicht aber normatives Wort Gottes. Ihre Ergebnisse können mit dem Glauben vereinbar sein, aber auch im Gegensatz zu ihm stehen.

Klären Sie an der **Einstellung des Leutnants** den Unterschied zwischen **Religion und Religionswissenschaft**.

Ein Steuerungssystem

… Ihr religiöser Vorstellungsrahmen ist geradezu das Steuerungssystem, mit dessen Hilfe sie ihr Lebensschiff durch ihre Alltagswelt steuert, an dem sie Orientierung gewinnt, wenn die Fahrt einmal durch gefährliche, unsichere und dunkle Gewässer geht.

Wir sahen, dass die Frau dieses ihr Steuerungssystem sich in ihrer Kindheit angeeignet, es gewissermaßen erlernt hat, dass sie die Werte und Normen ihrer Religion »internalisiert« hat, wie man heute sagt, dass sie also diese Religion sozusagen in ihr Innenleben hineingenommen, dass sie sie verinnerlicht hat. Damit soll ausgedrückt werden, dass es sich bei einem solchen Hineinwachsen in die Religion keineswegs nur um das Erlernen eines abfragbaren Wissens handelt. Außer dem Bereich des Wissens, des Verstandes, wie wir landläufig sagen, spielt für die Religion der Bereich der Gefühle oder, genauer, dessen, was wir die Seele nennen können, eine ganz erhebliche Rolle. Freilich sind alle diese Unterscheidungen ein wenig gewaltsam. Denn in Wahrheit sind ja Gefühl und Verstand auch im religiösen Bereich auf das engste miteinander verflochten.

Im Konflikt mit der modernen Welt

Weshalb wir trotzdem diese Unterscheidungen einführen müssen, kann an einem Beispiel deutlich werden.

Auf dem kleinen Hof der Frau wird im Zusammenhang der sogenannten Befreiungskriege für einige Wochen ein junger Leutnant einquartiert. Der junge Mann erklärt, dass er Religionswissenschaft studiere und selbst eines Tages Forscher werden wolle; von Haus aus sei er katholisch erzogen; inzwischen habe er jedoch längst seinen Kinderglauben überwunden und halte sich jetzt für einen aufgeklärten Atheisten. Die Frau weiß nicht so recht, was das ist, kümmert sich auch nicht weiter darum. Beiläufig erfährt sie jedoch, dass der Leutnant auch vom lutherischen Katechismus und den Gesangbuchliedern sehr viel mehr weiß als sie selbst. Trotzdem, so spürt sie, hat dieses Wissen bei ihr und ihm doch eine andere Bedeutung. Dass der Leutnant viel mehr weiß, bedeutet noch längst nicht, dass dieses Wissen für die Steuerung seines Lebens eine ebenso wichtige Rolle spielt wie das vergleichsweise viel kleinere Wissen, das die Bäuerin von der Religion hat, für sie selbst spielt. Sie versteht zwar nicht so gut die Zusammenhänge und Probleme, aber sie ist, wie man so sagt, mit dem Herzen dabei. Sie reagiert empfindlich, wenn der Student eine schnodderige Bemerkung macht; man merkt, dass die Worte, die sie selbst findet, mit starken Gefühlen beladen sind. Und genau das ist es, was als Definition von Religion im Sinne unserer funktionalen Betrachtungsweise dazu gehört; der hohe Anteil von Emotionalität, von Gefühlsbindungen.

Karl Wilhelm Dahm (geb. 1931)

Schilder in der Universität – Was erwartet Sie dort?

Theologische Fakultät

Religionswissenschaftliches Seminar

Institut für Religionsphilosophie

2. Definitionsversuche

Kennzeichen der römischen Religion
Religion ist die gewissenhafte Beachtung dessen, was für die Verehrung der Götter wichtig ist, z. B. bestimmte Opfer, Deutung des Vogelflugs und Beachtung der Wahrsager.

Cicero *(106–43 vC), römischer Redner und Philosoph*
Religion ist das, was die Menschen als eine höhere Ordnung der Natur, die sie göttlich nennen, anbeten und der sie dienen.

Blaise Pascal *(1623–1662), französischer Philosoph und Mathematiker*
Die wahre Religion müsste die Größe und das Elend der Menschen lehren.

Immanuel Kant *(1724–1804), Philosoph, Begründer des Deutschen Idealismus*
Religion ist (subjektiv betrachtet) die Erkenntnis aller unserer Pflichten als göttliche Gebote.

Friedrich Schleiermacher *(1768–1834), evangelischer Theologe und Philosoph*
Das Wesen der Religion besteht in dem Gefühl der schlechthinnigen Abhängigkeit und ist Sinn und Geschmack fürs Unendliche.

Helmuth von Glasenapp *(1891–1963), Religionswissenschaftler*
Religion ist der im Denken, Fühlen, Wollen und Handeln bestätigte Glaube an das Dasein übernatürlicher persönlicher oder unpersönlicher Mächte, von denen sich der Mensch abhängig fühlt, die er für sich zu gewinnen sucht oder zu denen er sich zu erheben trachtet.

Hans Küng *(geb. 1928), katholischer Theologe*
Religion ist die in einer Tradition und Gemeinschaft sich lebendig vollziehende (in Lehre, Ethos und meist auch Ritus) sozial-individuell realisierte Beziehung zu etwas, was den Menschen und seine Welt übersteigt oder umgreift: zu einer wie immer zu verstehenden allerletzten wahren Wirklichkeit (das Absolute, Gott, Nirwana). Im Unterschied zur Philosophie geht es in der Religion um Heilsbotschaft und Heilsweg zugleich.

Niklas Luhmann *(1927–1998), Soziologe und Systemtheoretiker*
Die spezifische Funktion der Religion liegt in der Bereitstellung letzter, grundlegender Reduktionen, die die Unbestimmtheit des Welthorizonts in Bestimmtheit oder doch Bestimmbarkeit angebbaren Stils überführen.

2. Vatikanisches Konzil *(1962–1965)*
Die Menschen erwarten von den verschiedenen Religionen Antwort auf die ungelösten Rätsel des menschlichen Daseins, die heute wie von je die Herzen der Menschen im Tiefsten bewegen: Was ist der Mensch? Was ist Sinn und Ziel unseres Lebens? Was ist das Gute, was die Sünde? Woher kommt das Leid, und welchen Sinn hat es? Was ist der Weg zum wahren Glück? Was ist der Tod, das Gericht und die Vergeltung nach dem Tode? Und schließlich: Was ist jenes letzte und unsagbare Geheimnis unserer Existenz, aus dem wir kommen und wohin wir gehen?

---

1. Ergänzen Sie die religionskritischen Definitionen der **Wissenschaften** (→ S. 64 f) und der **Philosophie** (→ S. 76 ff).
2. Was ist in allen Definitionen jeweils **Beschreibung**, was **Wertung**?
3. Welche Beschreibung/Definition und Bewertung von Religion halten **Sie** für zutreffend?

❖ Das **lateinische Wort** »religio« leitet sich nach Cicero (römischer Philosoph, 1. Jh. vC) von »relegere«, d. h. (Weisungen) »gewissenhaft beobachten« oder nach Laktanz (Kirchenvater, 4. Jh. nC) von »religari«, d. h. (an Gott) »rückgebunden sein« ab.

❖ Es ist schwer zu sagen, was **Religion** eigentlich ist, weil ihre Erscheinungsformen sehr verschieden sind und die Zahl der Religionen groß ist. Das ihnen Gemeinsame lässt sich kaum auf eine Formel bringen. Darum ist es schon verwunderlich, dass man diese Vielfalt unter dem einheitlichen **Begriff** »Religion« zusammenfasst. Keine Definition erfasst »Religion« vollständig, wenn auch die meisten Versuche etwas Richtiges sehen. Zumeist werden Teilfunktionen für ihr Ganzes ausgegeben. Die Definitionen und noch mehr alle **Bewertungen** hängen immer von den Voraussetzungen dessen ab, der die Definition formuliert oder die Bewertung vornimmt.

3. Kennzeichen der Religion

❖ Religion stellt sich den **Grundfragen des Lebens**. Auch wenn der Mensch noch so viel weiß, bleiben ihm Fragen, die nicht einfach durch Lebenserfahrungen, durch die Wissenschaften oder durch die Philosophie beantwortet werden können. Solche Fragen lauten: Wer bin ich? Wo komme ich her? Wo gehe ich hin? Was soll ich tun? Wie kann ich glücklich werden? Was soll mein Leben? Woher kommt die Welt? Was soll die wechselvolle Geschichte, in der wir leben? Gibt es ein endgültiges Heil, eine endgültige Erlösung? Gott – wer ist das?

❖ Religion **kann nicht immer alle diese Fragen beantworten**. Sie ist nicht eine letzte Instanz, die ein geheimes Wissen hat, das sonst niemand auf der Welt kennt. Aber Religion sucht Antworten, prüft Antworten und verwirft Antworten. Sie stellt sich diesen Fragen. Sie trägt vor allem dazu bei, dass sie in der Hektik des Lebens **nicht verdrängt und vergessen** werden.

Links: Katholische Kirche, Taufe
Rechts: Evangelische Kirche, Konfirmation
Rechte Seite: Orthodoxe Kirche, Prozession mit Popen; Verehrung einer Ikone

Die andere und größere Wirklichkeit

❖ Religion durchbricht den Erfahrungsraum des Lebens und weist auf ein Ziel hin, das über die Welt hinausreicht. Sie rechnet mit einer Wirklichkeit, die anders und größer ist als die empirische Realität. Diese andere und **größere Wirklichkeit** ist nicht wie alle vergänglichen Dinge und Lebewesen gebunden an den Raum, in dem wir leben, und begrenzt in der Zeit. Das Wort, das sie benennt, ist nicht einheitlich. Es ist in den verschiedenen Zeiten und Kulturen jeweils anders. Die Religionen haben viele Eigennamen dafür, z. B. Amun in Ägypten, El in Kanaan, JHWH im Judentum, Zeus im Griechischen, Vishnu im Hinduismus oder die Leere im Buddhismus. Sie sprechen von Göttern, von Göttlichem, von Gott, von Transzendenz, vom Unbedingten und Umgreifenden, vom Licht, vom unendlichen Geist, von Leben, vom Ewigen, vom Faszinosum und Numinosum, vom Heiligen, vom letzten Geheimnis, vom Unnennbaren, vom Absoluten und sogar vom »Nichts« in dem Sinn, dass kein Wort diese andere Wirklichkeit angemessen beschreiben kann. Die Großen in den Religionen haben sich am Ende ihrer Erfahrungen mit dieser größeren Wirklichkeit ins Schweigen eingeübt.

❖ Religion ist aber genauso auch **Sache von Menschen**. Menschen haben ihre Religionen entworfen, geprägt und weiterentwickelt. In allen religiösen Äußerungen spiegeln sich menschliche Erfahrungen. Jede Religion ist von ihrer Zeit und Kultur sichtlich geprägt. Als Menschenwerk ist Religion ambivalent, in ihrem Gegenstand einmalig und unvergleichbar.

Hoffnung im Leben und über den Tod hinaus

Religion gibt **Hoffnung** und **Zuversicht**. Sie stärkt das Vertrauen in eine Macht, die mehr kann als der Mensch. Diese Macht wird an wichtigen Stationen des Lebens erfahren: bei der Geburt, zu Beginn der Reifezeit, bei der Hochzeit, im Glück und Unglück, in Angst und Schrecken, in Krankheiten und beim Tod. Die Hoffnung der Religion reicht über den Tod hinaus. Reli-

Basiswissen: Religion – Was ist das?

gion verheißt Anteil am Königtum Gottes, Ewiges Leben, den Himmel, das Paradies oder Befreiung vom ewigen Kreislauf des Leidens im Nirwana. Sie schenkt dem Menschen die Erwartung, dass er selbst an der größeren Wirklichkeit teilhaben kann.

Religiöse Handlungen und Berufe

❖ Solange es Religionen gibt, gibt es **religiöse Handlungen** eigener Art. Sie reichen vom blutigen Schlachtopfer über magische Praktiken, Wahrsagerei, Zauberei und bunte Wallfahrten bis zur vergeistigten Meditation. Es gibt asketische Weltflucht, freiwillige Ehelosigkeit (Zölibat), Fasten, Bußübungen und Kasteiungen, Sündenbekenntnis und Schuldvergebung, Segen und Weihen, politische Gestaltung der Welt aus religiöser Überzeugung.

Eine der wichtigsten religiösen Handlungen ist in allen Religionen das **Gebet**. Es lebt in unendlich vielen Varianten als Anrufung und Beschwörung der Götter, als Lob und Preis Gottes, als Dank für erfahrene Wohltaten, als Bitte um Hilfe, Vergebung und Rettung, als Klage und Anklage, als Bekenntnis des Glaubens. Gebete sind die eigentliche Sprache der Religion. Wer die Religionen verstehen will, muss ihre Gebete verstehen: das jüdische Sch`ma Israel, das christliche Vaterunser, das muslimische Pflichtgebet, das Gayatri-Mantra der Hindus oder das buddhistische OM MANI PADME HUM.

❖ Für die spezifisch religiösen Tätigkeiten haben sich in allen Religionen eigene **Berufsstände** herausgebildet: Rabbiner/innen, Priester/innen, Katechet/innen, Koranlehrer, Imame, Brahmanen, Nonnen, Mönche u. a.

Orientierung für die Lebenspraxis

❖ Religionen haben in ihren **Gesetzen, Geboten und Weisungen** gute Maximen des Handelns. Indem sie Lohn und Strafe für einzelne Taten benennen, beeinflussen sie wirkungsvoll das Verhalten der Menschen. Religion wendet sich gegen alle gefährlichen Formen der Selbstsucht des Einzelmenschen und gegen die zerstörerischen Tendenzen, die von Politik und Wirtschaft ausgehen können.

Das biblische Gebot der Gottes-, Nächsten- und Selbstliebe, die fünf Säulen des Islam, der indische Weg des Mitleids und der Gewaltlosigkeit, der buddhistische Weg der Befreiung von Hass, Gier und Verblendung haben die Welt auf positive Weise verändert.

❖ Religion weiß von den **Erfahrungen des Leidens**. Katastrophen der Natur und Geschichte, Hunger und Ungerechtigkeit, Krankheit und Tod gehören zum Dunkel der Welt. Schrecklich ist das Leid, das selbst Kinder trifft. In der Geschichte mag sich das jeweilige Gesicht des Leidens ändern, aber es verschwindet nicht aus ihr. Eher scheint es in der Gegenwart ins Unermessliche anzuwachsen. Auschwitz ist für das 20. Jahrhundert eine Chiffre für unendliches Leid. Die Frage nach dem Leid und nach dem Bösen ist eine Grundfrage der Religionen. Alle Religionen stellen sich dem Problem, wenn auch mit unterschiedlichen Voraussetzungen und Schwerpunkten.

Für Religionen, die an einen persönlichen Gott glauben, ist die Frage nach dem Verhältnis Gottes zum Leid die bedrückendste aller Fragen. Wie kann es sein, dass in der Welt Gottes so viel Leiden und Böses vorkommt (»Theodizee«: → S. 124 f.)? Im Hinduismus trägt der Mensch auf Grund der Karmalehre selber die letzte Verantwortung für sein Leid. Er hat es selbst in einem früheren Leben verursacht. Im alten Buddhismus, der Gott nicht ins Spiel bringt, ist das Leid der Ausgangspunkt einer Lehre, die Befreiung vom Leid verspricht.

❖ Auf jeden Fall müssen sich alle Religionen unter den Erfahrungen des Leidens bewähren. Ein Weg ist ihr eindringlicher Aufruf zur aktiven Bekämpfung des Leids und zum Mitleid mit den Leidenden. Wo die Religionen den Menschen Wege zeigen, mit dem Leiden zu leben, entreißen sie das Leid dem Verdacht, blindes Schicksal zu sein und als pure Sinnlosigkeit verstanden werden zu müssen. Keine andere Institution der Welt hat so wirkungsvoll Trost im Leid spenden können wie die Religion.

❖ Wenn man die Religionen – besonders in ihrer heutigen Gestalt – miteinander **vergleicht**, findet man viele Merkmale, die auf den ersten Blick **ähnlich** aussehen, z. B. in ihrer Metaphysik, Anthropologie, Ethik, Soziologie und Eschatologie. Es ist nützlich, sich diese Ähnlichkeiten vor Augen zu führen.

❖ Doch wäre es verkehrt, auf Grund dieser Betrachtung zu dem weit verbreiteten Fehlurteil zu kommen, alle Religionen seien im Grund gleich. Eine eingehendere Betrachtung dieser Merkmale wird zu dem Ergebnis kommen, dass die Religionen sich gerade auch in dem, worin sie ähnlich sind, stark **unterscheiden**.

---

1 Suchen Sie für alle Merkmale der Religion **konkrete Beispiele**. Soweit Sie die angeführten Beispiele aus den Religionen nicht kennen, informieren Sie sich darüber und stellten Sie ihre Informationen im Kurs vor: → M 1
2 Wenn Sie die Merkmale der Religion in einer **wertenden Reihenfolge** aufstellen sollten – wie sähe diese aus?
3 Zeigen Sie an Beispielen, dass den **Ähnlichkeiten** der Religionen große, manchmal sogar größere **Unähnlichkeiten** entsprechen.
4 **Suchen** Sie systematisch für eine Woche/für einen Monat/für ein halbes Jahr **in den Medien nach Meldungen**, die die Religion betreffen. Fassen Sie Ihren Eindruck in ein paar Thesen zusammen.
5 Viele Zeitgenossen sehen eher die **Katastrophen**, die die Religion(en) verursachen und ängstigen sich vor dem Schrecken, den die Religion(en) verbreiten. Warum ist das so?

Gemeinschaft

Religion vollzieht sich in einer **Gemeinschaft**, die dem Einzelnen Halt, Heimat und Hilfe verspricht. Sie schenkt ihm Orientierung auf dem Weg zur Transzendenz bzw. zu Gott. Zugleich gibt sie ihm die Chance, seine Kräfte für sinnvolle Aufgaben im Leben zu entfalten. Religiöses Zusammengehörigkeitsgefühl kann viel Engagement bewirken.

Dies gilt auf jeweils andere Weise für das Volk Israel, die christlichen Kirchen, die islamische Umma, die indischen Kasten, den buddhistischen Sangha.

Kunst und Brauchtum

❖ Keine andere Institution der Welt hat einen solchen Reichtum an **Literatur** und **Musik**, an **Malerei** und **Skulptur** hervorgebracht und damit die **Schönheit** der Welt außerordentlich gefördert. Unerschöpflich ist die Vielfalt der Gottes- und Buddhabilder in den ostasiatischen Religionen, während sich die monotheistischen Religionen des Judentums, Christentums und Islams an das Bilderverbot (→ S. 94 ff.) gebunden wissen. Sie haben andere Werke von höchstem Rang hervorgebracht: den unerschöpflichen Thoraschmuck, das vielgestaltige Christusbild oder die unübertroffene arabische Schrift des Koran. Beispielhaft für den Rang der religiösen **Architektur** sind die jüdischen Synagogen, die christlichen Kirchen, die muslimischen Moscheen, die indischen Tempel und die buddhistischen Stupas. Meist wurden die Werke der Kunst aber nicht um der Kunst willen geschaffen. Sie wollen das Heilige offenbar machen und die Menschen innerlich zu ihm hinführen. In den Werken der Kunst wird Göttliches manifest.

❖ Auch die vielen religiösen **Bräuche**, die nicht zur großen Kunst zu zählen sind, haben eine unerhörte Bedeutung, weil sie dem Alltag der Menschen eine neue Weite geben. In **Fest und Feier**, in **Riten und Liturgien** erscheint das gewöhnliche Leben in ungewöhnlichem Glanz. Unverwechselbar und einmalig sind das jüdische Pesach, die Osternacht der Christen, das islamische Fest am Ende des Ramadan, das Lichterfest der Hindus und die buddhistische Nacht der Erleuchtung.

❖ Die Religionen konnten und können so viel **Schönheit** hervorbringen, weil sie die Schönheit der Welt als Abglanz der ewigen Herrlichkeit verstehen. In der Schönheit ihrer Werke zeigt sich die größere Schönheit des Ewigen.

Judentum: Pesach-Fest

Große Gestalten

Am **Leben religiöser Menschen** lassen sich die Merkmale der Religion oft besser erkennen als beim Studium gelehrter Bücher. Wir finden Prophet/innen, die das Wort Gottes verkünden und das Böse in der Welt öffentlich anklagen, auch wenn sie selbst dabei in Gefahr geraten, und Mystiker/innen, die sich in die Tiefen ihres Selbst versenken und dort Erfahrungen der größeren Wirklichkeit machen. Reformatoren haben das Gesicht der Religionen verändert, und fromme Frauen und Männer haben still nach den Weisungen der Religion gelebt. Asketen, Mönche und Nonnen haben die lärmende Welt verlassen, um sich in der Stille auf die Erfahrung Gottes konzentrieren zu können, und Politiker/innen haben versucht, aus dem Geist ihrer Religion die Welt zu verbessern. Philosoph/innen haben Themen der Religion im Denken aufgegriffen, und manchmal haben die geistig Armen mehr von der Sache der Religion verstanden als die großen Gelehrten. Es gibt die wild bewegten Ekstatiker und die stillen Beter/innen. Bekannte und unbekannte Heilige in allen Religionen haben sich um die Armen und Schwachen gekümmert, ihr Brot mit den Hungrigen geteilt, Ungerechtigkeit zu lindern versucht, Kinder und Erwachsene unterrichtet, Streitende miteinander versöhnt und den Kranken und Sterbenden Trost zugesprochen.

Buddhismus: Mönch in Meditation

Das schreckliche Gesicht der Religionen

Die Religionen haben auch **unermessliches Leiden verursacht.**

❖ Oft ist ihr großes Thema in den Dienst von vordergründigen und **eigennützigen Interessen** gezerrt worden. An die Stelle der Besinnung auf eine größere Wirklichkeit treten dann gefährliche Politisierungen, falsche Ideologien, starre Lehrsysteme oder weltfremde Dogmatiken. Nicht selten ist die offizielle Religion in die Hände von Machtbesessenen, Karrieremenschen, Bürokraten oder auch Scharlatanen geraten, die der Sache der Religionen unendlich geschadet haben.

❖ In der **negativen Bilanz** der Religionen stehen heilige Kriege, Kreuzzüge, Verfolgungen, Bannflüche, Inquisition, Scheiterhaufen, Massenselbstmord, Selbstverstümmelung, Sadismus, Masochismus, Tempelprostitution, Sexismus, Verfemung der Sexualität, Bilderstürme, Götzendienst, Magie, Wunderschwindel, Ämterkauf, Geschäftemacherei, Ausbeutung, Freiheitsberaubung, Rechtsbeugung, Gesinnungsterror, Kastenordnung, Menschenopfer, Diffamierung von Anders-Glaubenden, Missachtung der Frauen, Hexen- und Witwenverbrennungen, Intoleranz, Terrorismus, Verletzung der Menschenrechte.

❖ Nicht immer hat die Religion dem Leben gedient, oft war sie offen oder versteckt **lebensfeindlich.** Es gab und gibt Ausbeutung und den Missbrauch der Religionen als Opium des Volkes. Allzuoft leisteten die Religionen gegenüber totalitären Mächten nicht den gebotenen Widerstand, sondern passten sich der Gewalt und Lüge an. Manchmal wurden die Religionen selbst totalitär. Statt Hoffnung bewirkte und bewirkt Religion allzu oft Angst, statt Freiheit Unterdrückung, statt Vertrauen Misstrauen, statt Weisheit Unmündigkeit.

❖ Auf das Konto der Religionen gehen auch **Mittelmaß, Sentimentalität, Kitsch und Geschmacklosigkeit.** Oft sind religiöse Praktiken ausgesprochen hässlich.

❖ Die **Schuld der Religionen** ist deshalb so furchtbar, weil sie (meist) im Kontrast steht zu ihrem hohen **Ethos,** ihren guten Programmen, ihrer wichtigen Zielsetzung.

❖ Diese Schuld ist nicht nur **Sache von Einzelnen,** die sich um die Grundsätze ihrer Religion nicht kümmern, sondern oft genug auch **Sache des Systems Religion,** das nicht selten schuldhaftes Vergehen geradezu als religiöse Pflicht herausgefordert hat.

❖ Solche Schuld ist nicht nur für die **Vergangenheit,** sondern auch für die **Gegenwart unübersehbar.** Noch immer bekämpfen sich Christen gegenseitig blutig. Noch immer stehen Juden und Muslime hasserfüllt gegeneinander. Noch immer führen Muslime Terrorakte gegen Muslime und Nicht-Muslime aus. Noch immer gibt es brutale Auseinandersetzungen zwischen Hindus und Buddhisten. Fast täglich hören wir von religiös motiviertem Mord, Krieg und von Intoleranz.

❖ Aus dieser negativen Bilanz erklärt sich mindestens teilweise der **Vertrauensverlust,** den die Religionen seit der Aufklärung hinnehmen mussten.

❖ Papst Johannes Paul II., hat im Jahr 2000 die **Schuld der Kirche** auf vielen Gebieten öffentlich benannt und Gott deshalb um Vergebung gebeten.

4. Funktionsverlust Gottes in nachchristlicher Zeit

René Magritte (1898–1967), Le Rossignol, 1962. »Rossignol« ist doppeldeutig übersetzbar. Das Wort kann »Nachtigall« und »Ladenhüter« bedeuten.

Säkularisierung (von lat. saeculum, d. h. »Zeitalter«) ist der vor allem seit der Zeit der **Aufklärung** im 18. Jahrhundert in Gang gekommene Prozess der Trennung aller Bereiche unserer Lebenswelt aus dem Kontext der Religion. Das hat zu einer »**Entzauberung der Welt durch wissenschaftliche Rationalität**« (Max Weber) geführt. Seitdem
❖ spielt **Gott** in den Wissenschaften und in anderen Lebensbereichen keine Rolle mehr.
❖ sind die **religiösen Traditionen** in Westeuropa schwächer geworden.
❖ wird Religion mehr und mehr zur **Privatsache**.
❖ hat sich das Welt- und Menschenverständnis unserer Zeit erheblich geändert und den Gedanken der »**Autonomie des Menschen**« gefördert.
❖ Dieser Prozess wird auch als »**Emanzipation**«, d. h. Befreiung von entmündigenden Verhältnissen und als »**Verweltlichung**« gedeutet.
In diesem Prozess erscheint die Gegenwart als »**nachchristliche Zeit**«.

Gott ohne Aufgaben in dieser Welt
In unserer Zeit werden Gott viele Aufgaben nicht mehr oder nicht mehr so unmittelbar zugeschrieben wie früher.
❖ Die **Naturwissenschaften** erklären Entstehung und Gesetzmäßigkeiten der Welt prinzipiell ohne Gott. In ihren Methoden sind sie atheistisch: → S. 74 ff.
❖ In den **Geschichtswissenschaften** spielt Gott – anders als z. B. in der biblischen Geschichtsauffassung – keine Rolle. Sie erklären die historischen Fakten nicht durch ein Eingreifen Gottes.
❖ In der **Politik** demokratischer Staaten sind die Regierenden nicht »von Gottes Gnaden« eingesetzt, sondern vom Willen der Mehrheit der Bevölkerung. Ihre Macht ist nicht religiös, sondern politisch begründet. Das gilt auch dann, wenn sie ihren Amtseid mit der Formel »So wahr mir Gott helfe« verbinden.

❖ Aus dem **privaten Leben** des Einzelnen und aus dem **öffentlichen Leben** moderner Gesellschaften ist Gott weitgehend verschwunden. Die Menschen vertrauen mehr auf das Sozialsystem und die Versicherung als auf das Beten. Gesundheit und Krankheit, Armut und Reichtum, Erfolg und Misserfolg werden von vielen Menschen eher auf Glück und Unglück, Leistung und Versagen, auch auf Zufall und blindes Schicksal, nicht aber auf Gott zurückgeführt.

❖ Nicht wenige Menschen begründen heute ihr **Ethos**, d. h. ihre moralischen Maßstäbe, mit dem Prinzip der Selbstbestimmung (»Autonomie«). Was gut und böse ist, bestimmen sie aufgrund eigener vernünftiger Überlegungen selbst und beziehen dabei evtl. noch die staatlichen und konventionellen Gesetze ein, aber nicht mehr Gott.

Die richtige Autonomie der irdischen Wirklichkeiten

Nun scheinen viele unserer Zeitgenossen zu befürchten, dass durch eine engere Verbindung des menschlichen Schaffens mit der Religion die **Autonomie des Menschen**, der Gesellschaften und der Wissenschaften bedroht werde. Wenn wir unter Autonomie der irdischen Wirklichkeiten verstehen, dass die geschaffen Dinge und auch die Gesellschaften ihre eigenen Gesetze und Werte haben, die der Mensch schrittweise erkennen, gebrauchen und gestalten muss, dann ist es durchaus berechtigt, diese Autonomie zu fordern. Das ist nicht nur eine Forderung der Menschen unserer Zeit, sondern entspricht auch dem Willen des Schöpfers. Durch ihr Geschaffensein selber nämlich haben alle Einzelwirklichkeiten ihren festen Eigenstand, ihre eigene Wahrheit, ihre eigene Gutheit sowie ihre Eigengesetzlichkeit und ihre eigenen Ordnungen, die der Mensch unter Anerkennung der den einzelnen Wissenschaften und Techniken eigenen Methode achten muss.

Vorausgesetzt, dass die methodische **Forschung** in allen Wissensbereichen in einer wirklich wissenschaftlichen Weise und gemäß den Normen der Sittlichkeit vorgeht, wird sie niemals in einen echten Konflikt mit dem Glauben kommen, weil die Wirklichkeiten des profanen Bereichs und die des Glaubens in demselben Gott ihren Ursprung haben. Ja wer bescheiden und ausdauernd die Geheimnisse der Wirklichkeit zu erforschen versucht, wird, auch wenn er sich dessen nicht bewusst ist, von dem Gott an der Hand geführt, der alle Wirklichkeit trägt und sie in sein Eigensein einsetzt. Deshalb sind gewisse Geisteshaltungen, die einst auch unter Christen wegen eines unzulänglichen Verständnisses für die legitime Autonomie der Wissenschaft vorkamen, zu bedauern. Durch die dadurch entfachten Streitigkeiten und Auseinandersetzungen schufen sie in der Mentalität vieler die Überzeugung von einem Widerspruch zwischen Glauben und Wissenschaft.

Wird aber mit den Worten »**Autonomie der zeitlichen Dinge**« gemeint, dass die geschaffenen Dinge nicht von Gott abhängen und der Mensch sie ohne Bezug auf den Schöpfer gebrauchen könne, so spürt jeder, der Gott anerkennt, wie falsch eine solche Auffassung ist. Denn das Geschöpf sinkt ohne den Schöpfer ins Nichts. Zudem haben alle Glaubenden, gleich, welcher Religion sie zugehören, die Stimme und Bekundung Gottes immer durch die Sprache der Geschöpfe vernommen. Überdies wird das Geschöpf selbst durch das Vergessen Gottes unverständlich.

2. Vatikanisches Konzil (1962–65)

Der **Funktionsverlust Gottes** hat unterschiedliche Auswirkungen.

❖ **Negativ**: Einerseits hat er bewirkt, dass die **Religion für viele Menschen keine lebensbedeutende Rolle** mehr spielt, da für sie Gottes Wirken in ihren Lebensbereichen nicht mehr unmittelbar erfahrbar wird.

❖ **Positiv**: Andererseits trägt er aber auch dazu bei, die **Sonderrolle der Religion** deutlicher zu erkennen. Er fördert die Einsicht, dass Gott nicht in weltlichen Funktionen für die Gesellschaft (z. B. Nutzen) aufgehen darf. Stattdessen gewinnt die Religion die Funktion, die Gesellschaft insgesamt in den Blick zu nehmen, ihre Begrenztheit (»Kontingenz«) zu deuten und ihre zerstörerischen Tendenzen (Ungerechtigkeit, Elend, Umwelt, Armut, vermeidbarer Hunger und Krankheit usw.) zu kritisieren. Vor allem bleibt es ihre Aufgabe, Mensch und Welt auf Gott zu beziehen. Sie ist **eine der letzten sinnstiftenden Instanzen unserer Welt**.

---

1. Suchen Sie **Beispiele** aus Vergangenheit und Gegenwart für die Rolle Gottes in Wissenschaften, Politik, Ethik und privatem Leben.
2. Was bedeutet der Prozess der **Säkularisierung** für Schule, Universität, Krankenhaus, soziale Dienste, Politik usw.?
3. **Funktionsverlust** Gottes – was ist das? Welche Auswirkungen hat er heute?
4. Was könnte der Systemtheoretiker **Niklas Luhmann** gemeint haben, wenn er der Religion die spezifische Funktion zuschreibt, »Erlösung von der Gesellschaft« zu bieten und »alles, was immanent erfahrbar ist, auf Transzendenz zu beziehen«?
5. Schon in der **Bibel** finden sich Beispiele für eine »Entzauberung der Welt«, z. B. im ersten Schöpfungsbericht Gen 1, 1–2, 4a. Versuchen Sie diese These zu begründen.
6. Zum Thema **Aufklärung und Religion** finden Sie einen Text von Hermann Lübbe: → S. 22.

5. Fundamentalismus, Tradition, Reform

Die **Säkularisierung** kann die Religion heute vor ein gefährliches Dilemma stellen.

❖ Wenn Religion die Errungenschaften der **Moderne** (z. B. in Wissenschaft und Politik) **ablehnt** und sich auf überholte Traditionen festlegt, wird sie immer weniger Zustimmung finden. Dann betreibt sie einen Prozess der **Selbstgettoisierung**.

❖ Wenn sich Religion den Denkhorizonten und Lebenswirklichkeiten der **Moderne anpasst**, wird sie ihr eigenes Profil verlieren und darum überflüssig werden. Dann betreibt sie einen Prozess der **Selbstsäkularisierung**.

Die Religion kann diesem Dilemma entgehen, wenn sie sich stärker auf ihren eigenen Bereich konzentriert und ihre tradierten Elemente **zukunftstauglich** macht. Dazu gehört es, veraltete weltbildbedingte Positionen abzubauen und den überzeitlichen Charakter ihrer Botschaft so darzustellen, dass er unter den veränderten Bedingungen der Moderne neu verstanden werden kann.

Demonstration islamischer Fundamentalisten

Fundamentalismus

»**Fundamentalismus**« meint eine religiöse Einstellung, die die Religion auf ihre »Fundamente« zurückführen will. Er kommt ursprünglich aus den USA, wo sich Christen im Namen der Religion gegen die Lehren Darwins von der Evolution des Menschen wehren, weil sie meinen, die Lehre sei mit der Bibel nicht vereinbar: → S. 66. Fundamentalistische Trends gibt es heute in unterschiedlicher Stärke in den **monotheistischen Religionen** des Judentums, Christentums und besonders des Islams.

❖ Das **Grundprinzip** des religiösen »Fundamentalismus« ist eine undifferenzierte und radikale Ablehnung der Moderne (»**Antimodernismus**«). Er will ein Gegengewicht zur postmodernen Welt und zum Zeitgeist bilden, weil er davon überzeugt ist, nur so dem Willen Gottes zu entsprechen. Darum wehrt er sich **gegen jede Neuinterpretation der Religion durch die moderne Vernunft**. Die **Glaubenslehren** dürfen nicht neu interpretiert, sondern müssen im wörtlichen Sinn akzeptiert werden. Die historisch-kritische Erforschung der heiligen Schriften soll verboten sein, stattdessen wird ihre möglichst buchstabengetreue Befolgung eingeschärft.

❖ Zu den **Kennzeichen** des Fundamentalismus gehört die Ablehnung von Reformen. Das Alte soll um jeden Preis festgehalten werden. Es wird mit der Aura des Göttlichen umgeben. Harte Mittel wie der Ausschluss Andersdenkender aus der Gemeinschaft, Strafen gegen Abtrünnige und immer häufiger auch **Gewalt und Terror** werden in den Dienst der Auseinandersetzung genommen. Kritisiert wird die **Säkularisierung** von Politik und Kultur und stattdessen Gottes Herrschaft für alle Bereiche des Lebens gefordert.

❖ Die **Gleichberechtigung der Frauen** wird eindeutig abgelehnt.

❖ Eine **Trennung der Religion von Wissenschaft, Staat und Kultur** wird nicht akzeptiert.

❖ Der Fundamentalismus besteht kompromisslos auf dem alleinigen **Wahrheitsanspruch** der Religion, wie er sie versteht.

❖ Er hält den **Pluralismus** für einen gefährlichen Zustand und kämpft dafür, dass die eigene Religion überall allein bestimmend ist.

❖ Die Einladung zum interreligiösen **Dialog** lehnt der Fundamentalismus ab, weil er im Dialog nur den verkappten Versuch sieht, die eigene religiöse Wahrheit zur Disposition zu stellen.

❖ Die **Gegenwart** wird oft als Schrecken und Vorzeichen der Endzeit interpretiert, so dass es jetzt darauf ankommt, alles zu tun, um bei der letzten Entscheidung bestehen zu können.

❖ Eine der **Ursachen** des heutigen islamischen Fundamentalismus, der auch vor blutiger Gewalt nicht zurückschreckt, liegt weniger in der Religion und mehr in den **sozialen und politischen Verhältnissen**. Zu nennen sind hier z. B. Armut, Verelendung, Unfreiheit, Unbildung, die Ablehnung Israels, die Unmoral des Westens, insbesondere der USA.

❖ Wo der Fundamentalismus brutale Gewalt anwendet, spricht man heute von **Terrorismus**.

Traditionalismus und Konservativismus

Religiöser Traditionalismus, der auch Konservativismus genannt wird, hat ein differenzierteres Verhältnis zur modernen Welt.

❖ Er tritt für die Beibehaltung der alten religiösen Überlieferungen ein und ist vorsichtig bei der **Neuinterpretation alter Lehren**.

❖ **Gewaltanwendung** lehnt er eindeutig ab.

❖ Er ordnet das **Erbe der Vergangenheit** nicht neuzeitlichen Ideen unter. Philosophie, Dichtung und Kunst der Zeit werden mit aufmerksamer Sorge betrachtet.

❖ Im Gedanken der **Säkularisierung, Autonomie und Emanzipation** des Menschen wird eine prinzipielle Gefahr gesehen, wenn dabei Gott nicht mehr im Zentrum steht, sondern der Mensch.

❖ Traditionalisten sehen überall den Verfall der überlieferten **Moral** und fordern die Beachtung der alten Gebote.

❖ Häufig bevorzugen sie für die meisten religiös belangvollen Aufgaben **Männer**, während sie dem Gedanken der Gleichberechtigung der **Frauen** eher zurückhaltend gegenüberstehen.

❖ Sie lehnen die Demokratisierung der **religiösen Herrschaft** ab und verlangen die Beibehaltung überlieferter Institutionen.

❖ Dem **Dialog** verweigern sie sich zwar nicht, sehen in ihm aber eher ein Mittel zur gegenseitigen Information als einen Weg der gemeinsamen Wahrheitssuche.

❖ Die **Gegenwart** wird als Zeit des Niedergangs gewertet. Niemand weiß, ob sich die jetzige Krise verstärken wird oder ob sie doch noch überwunden werden kann.

---

1. Suchen Sie aktuelle **Beispiele** – auch **Bilder** – fundamentalistischer Aktivitäten und besonders von Gewalttaten. Was meinen Sie: Welche (religiösen) Motive liegen ihnen zugrunde? Was meint der Satz »**Es gibt keinen religiösen Terrorismus**«?
2. Manche meinen, die moderne Säkularisierung **schwäche den religiösen Glauben**, andere behaupten, sie erwachse geradezu aus einem richtig verstandenen Glauben. Suchen Sie Argumente für beide Einstellungen und wägen Sie diese ab.
3. Stellen Sie in einem dreigliedrigen Schema dar, was (1) **Fundamentalisten**, (2) **Konservative** und (3) **Reformer** von Folgendem halten: • Säkularisierung und moderne Kultur • Gewalt • Demokratie und Pluralismus • Mann und Frau • heilige Schriften • Dialog

Reformbewegungen

Die Reformbewegungen in den Religionen gehen nochmals andere Wege. Sie wollen wie die Traditionalisten nicht alle Grundannahmen der Moderne kritiklos übernehmen. Zu offensichtlich würde eine solche Anpassung zur Selbstsäkularisierung der Religion führen. Aber sie wehren sich nicht so prinzipiell gegen jede Anregung, die aus neuzeitlichem Denken und Empfinden kommt.

❖ Für die Reformer ist Moderne nicht ein Begriff, der negativ besetzt ist. So plädieren sie für eine kritische **Akzeptanz der modernen wissenschaftlichen Welt- und Menschenauffassung** bei gleichzeitigem Verzicht auf veraltete Welt- und Menschenbilder der religiösen Tradition. Sie bestehen allerdings darauf, Kosmologie und Anthropologie für die Theologie offenzuhalten.

❖ **Theonomie** und **Autonomie** müssen keine Gegensätze sein, da Gott dem Menschen die Autonomie geschenkt hat, die an den göttlichen Weisungen Orientierung findet.

❖ Das Gespräch mit der neuen **Philosophie, Dichtung und Kunst** wird gesucht. Impulse, die von dort kommen, werden geprüft und verarbeitet.

❖ Die Reformer lesen die Heiligen Schriften nicht nur als Bücher göttlicher Offenbarung, sondern fördern auch ihre **historisch-kritische Erforschung**.

❖ Sie gestehen Fehler und **Schuld der Religion** in Vergangenheit und Gegenwart offen ein und fordern die **Abstellung von religiösen Missständen**.

❖ Das Feld für **innerreligiöse Reformen** wird weit abgesteckt. Dabei geraten autoritäre Strukturen in den **Hierarchien**, veraltete Dogmen, obsolet gewordene ethische Forderungen, inhumane Rechtssysteme, die herkömmliche Stellung der **Frau**, das Verständnis von Sexualität, die Disposition der Religion für **Gewalt** u. v. a. in die Kritik.

❖ Darüber hinaus wird ein starkes **Engagement** der Religion nach außen zur Bewältigung der großen Zukunftsprobleme der Menschheit gefordert. Stichworte: Ungerechtigkeit, Armut, Krankheit, Hunger, Alphabetisierung, Bevölkerungswachstum, Bewahrung der Umwelt, Erhaltung der Kulturen, Gewaltlosigkeit, Frieden, Demokratisierung, Menschenrechte.

❖ Der **Dialog zwischen den Religionen und der nichtreligiösen Welt** gilt als die wichtigste Voraussetzung zur Lösung der anstehenden Weltprobleme. Viele Reformer sind der hoffnungsvollen Ansicht, die Religion stehe erst am Beginn ihres Weges. Erst jetzt beginne sie allmählich, ihre großen Möglichkeiten zu entfalten. Religion habe eine große Zukunft.

6. Ist der Mensch von Natur aus religiös?

❖ Seit langem gibt es die theologische und philosophische Auffassung, der Mensch sei von Natur aus religiös (lat.: »**homo religiosus**«). Damit meint man, dass die Veranlagung zur Religion ebenso zu seinem Wesen, d. h. zu einem menschlichen Grundbestand gehöre, wie die Veranlagung zu Sprache, Arbeit, Denken usw. Diese Veranlagung könne entfaltet, aber auch verschüttet werden, aber nicht verloren gehen. Sie bleibe in jedem Fall ein Merkmal des Menschen.

❖ In der heutigen Zeit gibt es auch die gegenteilige Auffassung. Demnach komme der Mensch in seinem Leben ohne Religion aus (lat.: »**homo areligiosus**«). Es fehle ihm nichts Wesentliches, wenn ihm die Religion fehle. Der areligiöse Mensch verliere ebenso wenig wie der unmusikalische Mensch sein Menschsein.

JA – Homo religiosus

Eberhard Tiefensee, Professor für Philosophie, befasst sich mit Fragen der Religiosität in der ehemaligen DDR, die ihm aus seiner eigenen Biographie vertraut ist. Seine Ausführungen lassen sich so zusammenfassen:

❖ Schon im Jahre 197 findet sich bei dem lateinischen Kirchenvater **Tertullian** (um 150–230) die Aussage: **Anima naturaliter christiana**, d. h. Die Seele ist von Natur aus christlich. Das Christentum ist genau das, was der Mensch im Innersten sucht. Religiosität gehört zur natürlichen Ausstattung des Menschen.

❖ Zu allen Zeiten sind Versuche gemacht worden, diese Behauptung zu verifizieren. Dafür spricht der globale **Minderheitsstatus der Areligiosität**.

❖ Die **philosophische Anthropologie** geht davon aus, dass wir Menschen – soweit bekannt – das einzige Wesen sind, das **Fragen** stellt. Mit jeder Frage verbindet sich die Hoffnung auf Antwort. Bei der Frage nach dem Menschen erweist sich die Hoffnung auf Antwort aber als unerfüllbar. Das gilt auch für die Gottesfrage. Der französische Philosoph, Physiker und Mathematiker **Blaise Pascal** (1623–1662; → S. 83) brachte es im 17. Jahrhundert so auf den Punkt:

Das ist unsere wirkliche Lage, sie ist es, die uns unfähig macht, etwas gewiss zu wissen und wirklich nichts zu wissen. Auf einer unermesslichen Mitte treiben wir dahin, immer im Ungewissen, und während wir treiben, werden wir von einem Ende gegen das andere gestoßen. An welchen Grenzstein wir uns halten und binden möchten, jeder zerbricht und verschwindet, wollen wir ihm folgen, so entschlüpft er unserm Griff und entgleitet uns und entflieht in einer Flucht ohne Ende.

Hier kommt kein wissenschaftsfeindlicher Pessimismus zu Wort. Pascal gibt vielmehr seiner Grunderfahrung des **wissenden Nichtwissens** Ausdruck. Ähnlich denkt auch der Philosoph **Ludwig Wittgenstein** (1889–1951: → S. 43, 63).

Wir fühlen, dass selbst wenn alle möglichen wissenschaftlichen Fragen beantwortet sind, unsere Lebensprobleme noch gar nicht berührt sind.

Protest gegen Kirchenschließung

❖ **Religion** ist nicht nur wissendes Nichtwissen und ist auf jeden Fall mehr als Emotion oder zeitweise Anwandlung angesichts der Todesfurcht. Sie ist ein ganz bestimmter Umgang mit unserer endlichen Grundbefindlichkeit.

Der Bischof, Theologe und Philosoph **Augustinus** (354–430) charakterisierte in seinen »Bekenntnissen«, der ersten Autobiographie des Abendlandes, diese Grundbefindlichkeit als innere Unruhe:

Auf dich hin hast du, Gott, uns gemacht, und unruhig ist unser Herz, bis es ruht in dir.

Danach sind wir im Kern unseres Wesens so konstruiert, dass wir beim Gegebenen und Erfassbaren nie stehenbleiben können, sondern das Unmögliche versuchen: das Unverfügbare zu erreichen, das unser Menschsein letztlich bestimmt.

Nein – Homo areligiosus

❖ Wenn man die Lage in **Ostdeutschland** betrachtet, ist es kühn zu behaupten, es gäbe keine Menschen ohne Religion. Die Zahlen illustrieren, wie die Situation ist, die man einen »Supergau der Kirche« genannt hat. In nicht ganz zwei Generationen erfolgte ein durchschnittlicher Rückgang der Christen von 94% auf 30% und etwa eine Verzehnfachung der Konfessionslosen von knapp 6% auf zwei Drittel der Bevölkerung. Bei den jungen Leuten sind inzwischen etwa 80% ohne Konfession – ein Durchschnittswert, der örtlich weit höher liegt. Eine außerkirchliche Religiosität ist kaum bemerkbar. Wer hier nicht zur Kirche gehört, fährt in der Regel auch nicht zum Dalai Lama.

❖ Auch in **Westdeutschland** bilden sich seit den 68er Jahren des 20. Jahrhunderts areligiöse Inseln – besonders in den Großstädten. Die Einbrüche der Religion sind aber bei Weitem nicht so dramatisch wie in Ostdeutschland – selbst bei den jungen Leuten nicht. Das gilt noch mehr in globaler Perspektive. Diejenigen, die sich keiner Religion zuordnen, bilden etwa 15% der Weltbevölkerung.

❖ Allem Anschein nach ist der **Anteil der Religionslosen derzeit weltweit rückläufig**, was beweist, wo das Phänomen hauptsächlich verortet ist: in Westeuropa, dessen Bevölkerung im Weltmaßstab gesehen abnimmt. Wenn also Westeuropa so etwas wie ein kirchliches Katastrophengebiet bildet, dann ist Ostdeutschland das Epizentrum. Nur Böhmen und Estland können hier »konkurrieren«.

❖ Von einer **massenhaft auftretenden Areligiosität** können wir erst seit reichlich hundert Jahren sprechen. Vorher kam sie nur vereinzelt und vor allem in intellektuellen Bevölkerungsschichten vor. Die Ursachen können nicht allein in der Modernisierung der Welt und in den Folgen der Aufklärung gesucht werden, wie die florierende Religion in den USA beweist. Auch die kommunistische Propaganda war nicht allein entscheidend, wie ehemals sozialistische Länder mit weiterhin hohem Anteil von religiöser Bevölkerung, z. B. Polen und Russland, beweisen.

❖ In den neuen Bundesländern erscheint die Aussage »**Ich habe keine Religion**« normal und das Gegenteil eher außergewöhnlich. »Wie man betet, weiß ich nicht, ich weiß nur, dass man am Ende Amen sagt.« Fast in jeder anderen Kultur wäre eine solche Stellungnahme höchst auffällig. Dazu ein Beispiel: Ein Inder holte die ganze Dorfbevölkerung zusammen, als ein dorthin gereister Sachse sich entsprechend outete, damit sie dieses seltsame Exemplar bestaunten: Nicht den Sachsen, sondern einen Menschen ohne Religion.

❖ **Ein Beispiel: Jan Philipp Reemtsma** (geb. 1952), der 1996 gewaltsam entführt worden war, wurde nach seiner Befreiung gefragt, ob er in der schweren Zeit Trost in der Religion gefunden habe. Er antwortete:

Überhaupt nicht. Ich habe festgestellt, dass ich wirklich nicht religiös bin. Ich habe Briefe bekommen, die diese religiöse Dimension anmahnten. Ich habe sie als eine unglaubliche Zumutung empfunden! Abgesehen davon, dass ich keine Adresse habe, an die ich irgendeinen Dank richten könnte: Hätte ich sie, wäre es dieselbe Adresse, bei der ich mich zu beschweren hätte. Ich bin nicht religiös, und da hab ich's gemerkt.

Nach Eberhard Tiefensee (geb. 1952)

---

1. Begründen Sie näher, warum Sie auf die Frage »Ist der Mensch von Natur aus religiös« eher dem »**JA**« oder dem »**NEIN**« zustimmen.
2. **Beispiele** für Grundfragen des Menschen, die ihn zum »homo religiosus« machen: → 2. Vatikan. Konzil, S. 9.
3. Ein Beispiel für den »homo areligiosus«: → Reich-Ranicki, S. 28.
4. Jürgen Habermas, ein bekannter deutscher Sozialphilosoph (→ S. 23), hat sich einmal als »**religiös unmusikalisch**« bezeichnet. Was kann er damit gemeint haben?

7. Religion in der Gegenwart

Die Religion der Gegenwart ist nicht leicht zu fassen. Fest steht allerdings, dass sie **kein einheitliches Profil** hat, sondern **plurale Formen** aufweist. Es gibt z. B.:

❖ **die institutionalisierte (kirchliche) Religion** – Religion als *Bekenntnis*
❖ **die persönliche/private Religion** – Religion als *Privatsache*
❖ **die öffentliche/mediale Religion** – Religion als *Event*
❖ **die Zivilreligion** – Religion als eine *Stütze* (»Kitt«, »Ferment«) der Gesellschaft
❖ **den religiösen Markt** — Religion als *Bedürfnisbefriedigung*
❖ **die Kombination mit anderen Religionen** (Asien, Indianer): Religion als *Mix oder Coctail*

Alle diese Formen kommen in vielen **Kombinationen** vor: Religion als *Patchwork*

---

1 Suchen Sie Beispiele für **private, öffentliche und mediale Religion**. Stellen Sie dazu eine Bildserie (Zeitungen, Bücher, Internet) zusammen. Wie verhalten sich diese Formen zum Christentum?
2 Wie kann man sinnvoll zwischen **Religion und Religiosität** unterscheiden?
3 Diskutieren Sie darüber, ob der Satz »**Religion ist Privatsache**« aus Sicht der Sozialwissenschaften und der Theologie stimmt.
4 Warum haben der **Papst und der Dalai Lama** eine Homepage und sind oft in den Medien vertreten? Weshalb haben Katholiken und Protestanten in Deutschland einen eigenen Pressedienst (KNA und EPD) und unterhalten viele Zeitungen?
5 Wo liegen Möglichkeiten und Grenzen der **Zivilreligion**? Was heißt »funktionale« Religion?
6 Suchen Sie **Symbole** im öffentlichen Leben, die aus der Religion kommen oder religionsähnlich sind, z. B. Kerzendemonstrationen, Pokale, Halloween, Amtsroben, Jugendweihe, …

Religion in Deutschland

Die **institutionalisierte Religion** ist quantitativ auf dem Rückzug, qualitativ schwankt sie zwischen Traditionalismus/Konservativismus und Reformen.
❖ Neben den **Katholiken** (32,7 Prozent) und **Protestanten** (32,6 Prozent) gibt es **kleinere christliche Kirchen**, z. B. orthodoxe Christen (1,4 Prozent) und **andere religiöse Gruppierungen**, die in letzter Zeit eher an Zulauf gewinnen z. B. Mormonen, Zeugen Jehovas, Adventisten.
❖ Erheblich an Bedeutung und Zulauf gewonnen haben in den letzten Jahrzehnten das **Judentum** mit heute ca. 150 000 Mitgliedern (0, 2 Prozent) und der **Islam** mit ca. 3, 4 Millionen Muslimen (4, 1 Prozent). Beide Religionen gliedern sich auch in Deutschland in verschiedene Richtungen und sehen sich vor erheblichen Problemen, die meistens von der Spannung zwischen religiöser Tradition und Moderne verursacht werden.
❖ Knapp 29 Prozent der Bevölkerung ist **religionslos** oder **verweigert nähere Angaben** zur Religion.

Die Zahlen der Statistik sagen nichts über das religiöse Engagement der Einzelnen. Die aktive Teilnahme am religiösen Leben dürfte erheblich geringer sein.

Differenzierungen

❖ Die **persönliche/private Religion (»Religiosität«),** die auch unter Jugendlichen stark verbreitet ist, gehört zur Intimsphäre des Menschen, wird vor allem nach ihrem Erlebniswert und Lebensnutzen gewählt, hat oft eine schwankende Struktur, setzt sich aus wechselhaften Gefühlen und Erfahrungen zusammen, ist an Spiritualität, aber nicht/kaum an den kirchlichen Lehren orientiert.
❖ Die **öffentliche Religion** tritt bei feierlichen Anlässen in Erscheinung. Sie zeigt sich an Kirchen- und Weltjugendtagen, bei Papstbesuchen, bei feierlichen Gottesdiensten anlässlich von Katastrophen, Staatsbegräbnissen, Eröffnungen, bei der Vereidigung von Ministern usw. Sie tritt als »Event« in den Medien unter Beteiligung von Prominenten aus Kirche, Kultur und Politik in Erscheinung. Darum spricht man auch von einer **»medialen Religion«**.
❖ Die **Zivilreligion** – der Begriff stammt von Jean-Jacques Rousseau (1712–1778) – ist der religionsähnliche Anteil in einer säkularisierten Demokratie, der als Minimalkonsens notwendig bzw. nützlich erscheint, damit die Gesellschaft funktioniert. Dazu gehören z. B. ein nicht klar konturierter Glaube an Volk und Vaterland, ein staatsbejahendes Ethos, der Respekt vor der Würde des Menschen, die Unantastbarkeit der Verfassung, der Respekt vor den Verfassungsorganen (man steht auf, wenn der Bundespräsident kommt), und manche Symbole wie die Nationalflagge oder der Adler im Bundestag. Die Zivilreligion stützt z. B. den staatlichen Eid für Regierungsmitglieder, Beamte und Soldaten oder liefert die Begründung für staatliche Feiertage. Man kann in ihr das politische Dach sehen, unter dem im weltanschaulich neutralen Staat die unterschiedlichen Religionen und Weltanschauungen leben können. Als rein funktionale Religion unterscheidet sie sich sich prinzipiell von der Prägnanz, Verbindlichkeit und Originalität etwa des Judentums und Christentums. Heute wird darüber gestritten, ob die Zivilreligion ein Restbestand des Christentums ist oder ein notwendiger Faktor beim Aufbau einer europäischen Werteordnung.

Religion außerhalb der Religion

❖ Für religiöse Bedürfnisse außerhalb der Kirchen und Religionen besteht offenbar erheblicher Bedarf. Er wird auf dem lukrativen religiösen Markt mit seinen astrologischen, esoterischen, psychedelischen, magischen, okkulten Angeboten bedient. Hier spielen Steine, Pendel, Kugeln, Energien, Geister, Engel, Tote usw. eine große Rolle. Dieser Markt ist heute ein bedeutender Wirtschaftsfaktor und findet großen Zulauf und Zuspruch.

❖ Der Religionsmix ist da anzutreffen, wo z. B. die Naturfrömmigkeit der Indianer oder die Meditationspraktiken fernöstlicher Religionen im persönlichen Leben angeeignet werden.

❖ Ethische Gehalte der Religion finden sich häufig auch im Engagement kirchlich nicht gebundener Menschen. Sie setzen sich für Notleidende, Kranke und Arme überall in der Welt ein, prangern die Verletzung der Menschenrechte, die Zerstörung der Natur oder Kriege öffentlich an und fordern Gerechtigkeit, Bildung, Arbeitsplätze und Lebensqualität für alle.

❖ Religiöse Gehalte und Symbole finden sich in profanem Gewand in vielen öffentlichen Bereichen. So lässt der **Sport** Gemeinschaftsgefühl erleben, verpflichtet zur Einhaltung von Regeln, kennt Vorbilder und setzt Preise/Belohnungen für gute Leistungen aus. **Fernsehen und Computerspiel** ermöglichen das Eintauchen in eine andere Welt, erklären Sinnzusammenhänge, geben lebenspraktische Ratschläge und machen sogar die Praxis der Beichte öffentlich. Im **Film** tauchen häufig religiöse Assoziationen auf, die an mythologische und biblische Themen erinnern. **Konzert- und Museumsbesucher** machen in der Welt der Musik/Kunst Transzendenzerfahrungen, lassen den Alltag hinter sich, erleben wunderbare geheimnisvolle Welten (»Kunstreligion«). Selbst die **Werbung** kommt ohne religiöse Symbole nicht aus, z. B. Engel, paradiesische Elemente, Nonnen …

---

7 Sammeln Sie Daten über den **religiösen Markt**: → M 1.
8 Berichten Sie von religiösen Assoziationen in **Filmen**.
9 Während früher die meisten Wissenschaftler von der »**Säkularisierung**« des Lebens (→ S. 14, 16) sprachen, gibt es heute Stimmen, die von einer »**Desäkularisierung**« (→ S. 22) sprechen. Was kann damit gemeint sein?
10 Formulieren Sie ein paar Thesen über die **Bedeutung der Religion in unserer Zeit**.

Analysen und Reflexionen

Die Religion stirbt nicht ab

Hermann Lübbe hat in seinem Buch »Religion nach der Aufklärung« (→ S. 14, 16) die Aufklärung da als erfolgreich beschrieben, wo sie die Freiheit der Meinung, der Wissenschaften, des Gewissens und auch der Religion – gegen die Widerstände der Kirchen – durchgesetzt hat. Wo Religion im Namen der Aufklärung als Opium des Volkes (→ S. 78) oder Illusion (→ S. 80) entlarvt werden sollte, habe die Aufklärung sich fundamental geirrt. Religiöse Weltbilder, religiöse Intoleranz und religiöser Widerstand gegen die Wissenschaften (→ S. 66ff.) seien nach der Aufklärung erledigt. Aber Religion habe wichtige Funktionen auch nach der Aufklärung.

Wir stehen heute vor der Frage, wieso die Religion, obwohl der Rückzug aus ihren Institutionen heute kaum noch sozial geächtet ist, gar keine Anstalten macht abzusterben. Das Verschwinden der Religion ist, als Folge von Aufklä-
5 rungsprozessen, oft genug angekündigt worden. Wieso blieben die entsprechenden Erwartungen bis heute stets enttäuscht? Liegt es daran, dass die Aufklärung noch unvollendet ist und die historischen Bedingungen noch nicht komplett beieinander sind, unter denen die Religion
10 funktionslos geworden sein würde? Die umgekehrte These, dass die Religion Funktionen erfüllt, die vom Fortschritt nicht beeinflusst und abgeschafft werden können, ist weitaus plausibler. ... Nicht die Religion hat sich als Illusion (Feuerbach, Freud) erwiesen, sondern die Religionstheorie, die
15 sie als solche behandelte. Nicht der kulturelle und soziale Fortschritt ist eine Illusion, wohl aber die Erwartung, dass er uns schließlich in Lebensumstände versetzen könnte, in denen wir auf Leistungen religiöser Kultur nicht mehr angewiesen sein würden.
Hermann Lübbe (geb. 1926)

Die Demokratie und ihre Voraussetzungen

E.-W. Böckenförde, ehemals Richter am Bundesverfassungsgericht, hat sich die Frage gestellt, aus welchen geistigen Wurzeln der freiheitliche Staat lebt. Er weist auf Unverzichtbares für die pluralistische Demokratie hin, das nicht im politischen Bereich angesiedelt werden kann. In einer weithin bekannt gewordenen Formulierung hat er gerade auch an das Christentum gedacht.

Er (der heutige Staat) ist zu seiner eigenen Fundierung und Erhaltung auf andere Mächte und Kräfte angewiesen, anders gesagt, er lebt von Voraussetzungen, die er sich selbst nicht garantieren kann.
Ernst-Wolfgang Böckenförde (geb. 1930)

Die Rückkehr der Religion

Gianni Vattimo, einflussreicher italienischer Politiker und Philosoph, spricht seit Jahren engagiert von einer Rückkehr der Religion in unserer Zeit. Was er im folgenden Text nicht sagt: Er hält die klassische Religionskritik für überholt und plädiert für eine postchristliche Religion der (christlichen) Liebe, die weder eine Institution noch metaphysische Sätze und Dogmen braucht. Unsere Vernunft lässt sowieso nur »schwaches Denken« zu und kann allzu starke philosophische und theologische Sätze nicht mehr rechtfertigen. Darin ist er ein typischer Vertreter der Postmoderne: → S. 128f.

Wenn ich mich dazu überwinde, über Glauben und Religion zu sprechen und zu schreiben, dann deshalb, weil die Angelegenheit nicht nur ein wiedererwachtes individuelles Interesse an diesem Thema betrifft; entscheidend ist, dass ich im kulturellen Klima, in dem ich mich bewege, insgesamt 5 ein Wiedererwachen des religiösen Interesses verspüre. Das ist zwar ein vager Grund, da wiederum ziemlich subjektiv: wenig mehr als ein Eindruck. Aber indem ich versuche, diesen zu rechtfertigen und zu belegen, werde ich bereits einige Schritte in der Bearbeitung des Themas weiterkom- 10 men. Die neu erwachte Empfänglichkeit für das Religiöse, die ich um mich herum »fühle«, entspricht in ihrer Vagheit und rigorosen Undefinierbarkeit gut dem Glauben, dass man glaubt, worum meine Ausführungen kreisen werden. Also: ein Gemisch aus individuellen und kollektiven Tatsa- 15 chen. Es ist richtig, dass ich an einem Punkt im Leben angekommen bin, an dem es natürlich, absehbar und auch ein wenig banal erscheint, dass man sich die Frage nach dem Glauben wieder stellt. Ich sage »wieder«, eben weil es sich – zumindest für mich – um die Wiederkehr einer Thematik 20 handelt, an die mich in der Vergangenheit etwas band. Ist es, ganz nebenbei, überhaupt möglich, dass die Frage nach dem Glauben kein erneutes Aufwerfen eines alten Themas ist? ... Niemand von uns in unserer abendländischen Kultur und vielleicht in jeder Kultur fängt in der Frage des religiö- 25 sen Glaubens bei Null an.
Gianni Vattimo (geb. 1936)

Ambivalenter religiöser Schwebezustand

Wir erleben einen seltsamen, ambivalenten religiösen Schwebezustand unserer Kultur und Gesellschaft. Es gibt eine Art Erschöpfung angesichts der Heilsversprechen ohne Gott. Vieles erweist sich als hohl, als Illusion. »Zahnersatz und Binnenmarkt sind keine Heilsversprechen, die Euphorie auslösen würden.« Die
5 humanistische, religionsfreie Menschheit hat sich mit Wissenschaft, Technik und Rechtsstaat den Himmel auf die Erde holen wollen: »Unsterblichkeit, Freiheit von Leid und Mangel, Aufhebung des Bösen, Kontrolle der Triebe, Überwindung der Natur. Das Projekt war göttlich, womöglich aber zu hoch angesetzt ... Die Reaktionen auf den Schwund des säkularen Heils und den Schiffbruch des Humanismus
10 lassen sich im Alltag beobachten.« Statt des Fortschrittsglaubens hat sich »eine Art aspiringestützter Nihilismus« breitgemacht. »Shopping statt Suizid.« Zugleich empfinden nicht wenige Menschen, dass es ohne eine religiöse Hoffnung, ohne eine tiefere Utopie in der Seele wohl doch nicht geht. »Vielleicht hilft es schon, sich die religiösen Fundamente des eigenen Säkularismus ins Gedächtnis zu rufen.«

Nach: Süddeutsche Zeitung, 25. 2. 2006

Religion verblasst, Religiosität hat Konjunktur

Hans-Joachim Höhn, Professor für Systematische Theologie und Religionsphilosophie, befasst sich in seinen Publikationen mit der Rolle der Religion in der modernen Welt.

Religion als Sozialgestalt wird eine marginale Größe. Auf den zweiten Blick wird jedoch deutlich: Dies gilt nicht in gleichem Maße für »Religiosität«, wenn man darunter eine spezifische (»transzendenzoffene«) Disposition von Individuen für eine besondere Stilisierung bestimmter Lebenssituationen versteht.
5 Die »Melancholie der Erfüllung«, die der Erlebnisorientierung heutiger Religiosität notwendig anhängt, führt zu ständig gesteigerten Erlebnisbedürfnissen und Erfüllungssehnsüchten, die ihrerseits die Spirale der Erlebnisorientierung vorantreibt – auch der religiösen. Ungeachtet ihrer öffentlichen Wirkungen gilt die Religion als Privatsache.

Hans-Joachim Höhn (geb. 1957)

Einzelstimmen

Jürgen Habermas, deutscher Philosoph, weiß, dass die Philosophie keine Erlösung anbieten kann, wohl aber die Religion.
In den religiösen Gemeinden kann etwas intakt bleiben, was andernorts verloren gegangen ist, nämlich Sensibilitäten für verfehltes Leben, für gesellschaftliche Pathologien, für das Misslingen individueller Lebensentwürfe und die Deformation entstellter Lebenszusammenhänge.

Jürgen Habermas (geb. 1929)

Wenn die Gewissheiten derer dahin sind, die Religion für überflüssig und schädlich halten, aber auch die Gewissheit der Gläubigen, dass außerhalb des Glaubens nur Verfall sein könne, dann ist vielleicht eine günstige Stunde für eine neue Betrachtungsweise der Religion.

Hans Joas (geb. 1949), Soziologe

Hinter der scheinbaren Selbstsicherheit der aufgeklärten Welt verbirgt sich oft eine große Rat- und Orientierungslosigkeit in letzten Fragen.

Benedikt XVI., Papst seit 2005

❖ Während noch vor einigen Jahren Beobachter des gesellschaftlichen Lebens – unter dem Eindruck der Aufklärung und im Glauben an den Fortschritt – den raschen **Niedergang** der Religion und ihr absehbares Ende proklamierten, hat die Religion nicht nur gegen alle Voraussagen ihrer Unheilspropheten überlebt, sondern einen neuen **Aufschwung** genommen. Der Wissenschafts- und Fortschrittsglaube ist unglaubwürdig geworden. Weltweit finden die Religionen mehr Aufmerksamkeit als je zuvor.

❖ In Deutschland ist die Lage **ambivalent**. Religion ist heute fragwürdig geworden und wird zugleich auch vielfach wieder gefragt. Einerseits befindet sich die etablierte kirchliche Religion in einer nie zuvor gekannten Krise, andererseits lässt sich Religion überall mühelos entdecken. Viele religiöse Strömungen füllen die Lücken, die durch den Niedergang der Kirchen entstanden sind.

❖ Offensichtlich verfügt die Religion über eigene Kräfte, die **gegen die Religionskritik der Aufklärung resistent** sind und in anderen Bereichen nicht/kaum oder nicht zusammenhängend vorkommen: ihre transzendente Dimension, ihre ethischen Ressourcen, ihre Vorbilder, ihr Protest gegen die Ungerechtigkeiten der Gesellschaft, ihre Antwort auf Sinnfragen, ihr Trost in den unaufhebbaren Formen des Leidens, ihre Hoffnung auf Heil.

❖ Nach dem Niedergang der Religion haben sich nicht durchgängig Humanisierung, sondern weitgehend **Entfremdung, atheistischer Totalitarismus, geistige Orientierungslosigkeit und aggressiver Nihilismus** ausgebreitet.

Einstieg in die Thematik

Caspar David Friedrich (1774–1840), Der Mönch am Meer, 1808–1810

1. Zum Bild: → M 3. Welchen **Aufbau** weist das Bild auf? Wie sind Düne, Meer und Wolken dargestellt? Wie wirken sie?
2. Welchen Eindruck macht der **Mensch – Mönch – Maler**? Welche Stellung hat er im Bild? Was könnte ihn im Inneren bewegen? Was könnte er fragen oder sagen?
3. Warum sehen manche Fachleute in dem Werk ein modernes **religiöses Bild**? Welches **Lebensgefühl** zeigt sich hier?
4. Formulieren Sie **Fragen oder Thesen** zum (religiösen) Gehalt des Bildes.
5. Warum kann das Bild ein **Einstieg in die Thematik** des Kurses sein?

Zum Verständnis: Das Gemälde erregte schon bei seiner ersten Ausstellung heftige Reaktionen. Begeisterte Zustimmung (Heinrich von Kleist) wechselte mit heftiger Kritik ab. In einem waren sich Freunde und Gegner einig: Der Maler hat mit diesem Bild der Kunst eine neue Dimension eröffnet. Er schafft ein ungewöhnliches Naturbild und darin in kleinen Abmessungen einen einsamen Mönch, der die Mitte des Bildes einnimmt und da aufrecht steht – ein Mönch, ein Mensch, ein Selbstporträt des Künstlers. Er ist konfrontiert mit dem dunklen Meer und dem verhangenen Himmel.

Für viele Interpreten steht das Bild am Beginn der Moderne. Es zeigt eindrucksvoll, wie klein und einsam der Mensch in der unendlichen Welt ist. Der Himmel ist ihm eher verschlossen und der Zugang zu Gott erscheint nicht mehr so leicht zu sein wie in früheren Epochen.

Ein großes Thema

❖ Gott – das ist **kein Thema wie jedes andere Thema**. Mit Gott kann man sich nicht befassen wie mit Sokrates, Mohammed oder Einstein. Gott kann man nicht erforschen wie die Gravitationsgesetze der Welt oder die Gene des Menschen. Gott ist nicht wie ein Mensch, den man verstehen, oder wie ein Gegenstand, den man untersuchen könnte. Gott ist anders als alles, was wir kennen. Das angemessene Verhalten gegenüber Gott muss deshalb auch anders sein als wissenschaftliche Analyse oder verstehende Hermeneutik.

❖ Während das Wort Gott im Alltag und in der Philosophie, in den Wissenschaften und Religionen höchst unterschiedlich verwendet wird, hat es für **Christinnen und Christen** eine eigene Bedeutung.

- Gott ist der allmächtige Schöpfer, dem alles sein Dasein verdankt. Er, das ursprunglose, ewig-geheimnisvolle Sein, hat es aus dem Nichts geschaffen. Schon im Alten Testament hat er durch die Propheten gesprochen.
- In Jesus Christus ist Gott selbst zu Wort gekommen. In ihm hat Gott sich endgültig der Welt mitgeteilt.
- In der Einheit von Vater, Sohn und Heiligem Geist (»Dreifaltigkeit«) ist Gott Liebe. Er will das Glück und Heil der Menschen.

❖ Die christliche Antwort auf diese Offenbarung Gottes ist der vertrauende **Glaube** an dieses Wort Gottes, die lebendige **Hoffnung** auf eine Zukunft ohne Schuld und Tod, die tatkräftige **Liebe** zu Gott und dem Nächsten, durch die die Welt verändert werden soll.

❖ Das **Reden** mit ihm und von ihm sollte wie die Sprache der Liebenden oder der Dichter sein. Auch das **Schweigen** vor ihm hat einen wichtigen Platz, weil es um die Schwierigkeiten unseres Redens weiß. Diese Möglichkeiten werden sich im Rahmen eines Faches, das im Abitur einer sachlichen Prüfung unterliegt, nicht durchgängig ergeben.

❖ Worüber man aber anspruchsvoll nachdenken und kreativ arbeiten kann, das sind die unterschiedlichen Zugänge, die Menschen zu Gott gesucht haben. Wir können uns mit religiöser **Sprache, Tradition und Kunst** befassen. Wir können den Wegen, die die **Philosophie** gewiesen hat, nach- und mitdenkend folgen. Wir können uns einen ersten Zugang zu den Gottesauffassungen der anderen Weltreligionen erarbeiten. Wir können uns den Aussagen der **Bibel** stellen und hören, was Christen glauben. Dabei beziehen wir **moderne Fragestellungen** zur Gottesthematik ein.

❖ So lassen sich die Fragen entfalten, die im Alltag immer wieder skeptisch oder gläubig zu hören sind: Gott – Wer ist das? Gott – Wie steht er zu den Menschen?

Auf die Frage **»Gott – Wer ist das?«** werden ganz verschiedene Antworten gegeben.

❖ Viele Zeitgenossen – die **Agnostiker** – sehen sich nicht in der Lage, auf diese Frage zu antworten. **Atheisten** meinen, ihm komme keine Realität zu. Und nicht wenige **Desinteressierte** verdrängen diese Frage oder gehen nicht auf sie ein.

❖ **Philosophen** aller Zeiten haben denkend wichtige Einsichten von Gott formuliert, wenn sie ihn »das höchste Gut«, »den Urgrund«, »den Transzendenten«, »das Absolute«, den »Grund unserer Fraglichkeit« usw. nennen.

❖ Die großen **Religionen** haben ihm viele Namen gegeben: Amun, Aton, Brahman, Vishnu, Kuanyin, Baal, Zeus, Jupiter oder Wotan.

❖ Das **Christentum** – und mit ihm das Judentum – ist der Überzeugung, dass Gott selbst gesagt hat, wer er ist und was er will. Hier ist er »der Schöpfer«, »der Erhalter«, der »Vollender« der Welt, das »unergründliche Geheimnis unseres Lebens« (Karl Rahner), das »Du« (Martin Buber), »die Liebe« (Bibel)«.

---

1 »Gott – Wer ist das?« – Entwerfen Sie eine **Homepage Gottes**.
2 Überlegen Sie gemeinsam mit Ihrem Religionslehrer/Ihrer Religionslehrerin, welchen **Einstieg** Sie in das Thema wählen sollten. Sie können es zuerst in den größeren Horizont des Themas »**Religion**«, dem Basiswissen für alle Kurse, stellen. Sie können aber auch mit einem Kapitel dieses Arbeitsbuches beginnen. Zugleich wäre zu entscheiden, welche weiteren **Schwerpunkte** Sie für den **Kurs** setzen möchten.
3 Was bedeutet der Satz: »Gott ist nicht **selbstverständlich**, aber er hat sich **selbst verständlich** gemacht«?

Annäherungen

1. Erfahrungen von Schülerinnen und Schülern

Die Wochenzeitschrift »Christ in der Gegenwart« *(→ S. 136) hat Schülerinnen und Schüler eingeladen, auf die Frage* »Was sagt mir ›Gott‹«? *aufgrund ihrer persönlichen Suche, ihrer Erfahrung, auch ihres Zweifelns, zu antworten. An der Aktion haben sich mehr als 2500 Schülerinnen und Schüler aus Deutschland beteiligt. Manche verweigerten eine Antwort, weil sie nicht über so ein persönliches Thema sprechen wollten.*

Die eingegangenen Antworten zeugen von Glaube und Vertrauen, von Neugier und Suche, von Unsicherheit und Zweifel, auch von Ablehnung und Widerspruch. Sie spiegeln das **ganze heutige Spektrum** *der Gottesfrage wider.*

Gott ist wie ein Tagebuch

Gott ist wie ein Tagebuch, denn ihm kann man alles anvertrauen.
Gott ist wie meine Seele, denn er weiß alles über mich.
Gott ist wie mein Glück, denn das kann ich oft gebrauchen.
Er gibt mir Kraft, wenn ich schwach bin;
Er gibt mir Hoffnung, wenn ich hoffnungslos bin;
Er hält mich fest und lässt mich niemals fallen.
Gott ist wie ein Herz, denn ohne ihn kann man nicht leben!

L. S., Königswinter, Christophorusschule, Klasse 12

Immer wieder Zweifel

»Gott« hängt bei mir stark mit Begriffen wie Moral und Ethik zusammen. Ich glaube, dass diese nur dann Sinn machen, wenn es Gott gibt. Trotzdem tue ich mich mit dem Glauben an Gott schwer. Immer wieder überfallen mich Zweifel. Naturwissenschaft, Psychologie, aber auch das Leid in der Welt stellen die Existenz Gottes oft in Frage.

O. N., Amberg, Gregor Mendel Gymnasium, Klasse 13

So richtig dran glauben?

Wenn es mir nicht so gut geht, spreche ich manchmal mit ihm und versuche, auf irgendein Problem eine Antwort zu bekommen! Dann beschäftige ich mich schon mit ihm, aber so richtig dran glauben? Ich weiß nicht ...

O. N., Amberg, Gregor Mendel Gymnasium, Klasse 13

... dass ich als Mensch etwas wert bin

Gott sagt mir, dass ich mehr bin als nur eine »Kohlenstoffeinheit«, nicht nur ein funktionierender Organismus, sondern dass ich als Mensch etwas wert bin. ... Gott ist für mich kein alter Mann mit »Rauschebart«, der darauf achtet, ob man immer artig war und einen gegebenenfalls bestraft. Gott hat viele Gesichter beziehungsweise Namen.

J. S.-J., Königswinter, Christophorusschule, Klasse 12

Ich weiß, dass es Gott nicht gibt

Ich weiß, dass es Gott nicht gibt. Ich weiß auch, dass Gott ein vom hilfsbedürftigen Menschen erfundenes höheres Wesen ist, von dem sich der Mensch Hoffnung und Hilfe in schwierigen Zeiten verspricht. Der Mensch flüchtet sich in schwierigen Zeiten, in denen er nicht mehr daran glaubt, aus eigener Kraft aus ihnen herauszukommen, zu einem von ihm selbst erfundenen übermächtigen, irrational existierenden Wesen, so dass ihm in schwierigen Lagen etwas sehr Wichtiges und Starkes bleibt, und das ist positives Denken. Positives Denken, das auch dazu führt, die eigene, im Verhältnis zum Universum überdimensional winzige Existenz als nicht sinnlos anzusehen.

O. N., Amberg, Gregor Mendel Gymnasium, Klasse 13

Eine höhere Macht

Seine Existenz habe ich zwar schon einige Male angezweifelt, aber wenn ich dann diese Thesen über die Entstehung des Lebens lese und wie verschwindend gering die Chance war, dass überhaupt ein lebender Organismus entstehen konnte, ist für mich klar, dass dabei eine höhere Macht im Spiel war.

P. K., Königswinter, Christophorusschule, Klasse 12

Gott lenkt mein Leben

Gott lenkt mein Leben. Er gibt mir Rat und steht mir immer bei, egal ob es mir gut geht oder schlecht. Er ist immer für mich da, und ich kann immer zu ihm kommen und mit ihm reden. Im Gespräch mit Gott versucht er mir zu helfen und mir nahe zu sein. Er vergibt mir meine Fehler und versucht, sie mit mir zu berichtigen und zu verbessern. Er steht mir in jeder Situation bei und man kann immer zu ihm kommen, egal, wie spät es ist.

O. N., Augsburg, Maria Ward Gymnasium, Klasse 11

Gott nicht nur in Not um Hilfe bitten

Mein Gott,
Warum hast du mich verlassen?
Wo warst du, als ich dich so sehr brauchte?
Wieso halfst du mir nicht?
Nein, wir dürfen Gott nicht nur in Not um Hilfe bitten.
Nein, wir dürfen Gott nicht nur dann suchen, wenn wir ihn brauchen.
Ist nicht Gott in dem armen, hungernden Jungen am Straßenrand,
der uns ein Lächeln schenkt?
Bereitet er uns denn nicht täglich kleine Freuden?
Ist denn Gesundheit, Zufriedenheit, Familie, Freunde nicht das größte Geschenk unseres Vaters?
Wir müssen uns nur öffnen für die kleinen Dinge unseres Lebens.

S. S., Augsburg, Maria Ward Gymnasium, Klasse 11

Die Leitung ist durchgeschnitten

Es kommt mir aber vor, als ob die Leitung zwischen Gott und mir durchgeschnitten wurde. Ich kann nicht mehr die unbelastete und ungezwungene Beziehung zu ihm aufbauen, wie ich es als Kind getan hatte. Sicherlich haben Schicksalsschläge wie der Tod mir nahestehender Menschen dazu beigetragen. Was mir aufgefallen ist: Ich denke oft nur an Gott, wenn es mir schlecht geht. Eigentlich ihm gegenüber nicht fair. Die Hoffnung, dass er mir irgendwann doch wieder so nah ist wie in meiner Kindheit, habe ich nicht aufgegeben und werde ich nie aufgeben. Doch bevor ich das Recht habe zu fragen: »Was sagt mir Gott?«, muss ich fragen: »Was sage ich Gott?«

O. N., Augsburg, Maria Ward Gymnasium, Klasse 11

God – Is it just a name?

Is it just a name
as so many people think?
Or is he for real?
...
He is in everything surrounding us
He wants to be in everyone of us
We just have to let him in
But how can we?

B., Augsburg, Maria Ward Gymnasium, Klasse 11

Das Thema ist eine harte Nuss

Das Thema »Was sagt mir Gott?« ist echt eine harte Nuss. Denn direkt mir ins Gesicht sagt er nichts. Man muss sich klar machen, dass Gott überall und immer vor dir steht, auch wenn es nicht so scheint. Und das ist der eigentliche Punkt, an dem die meisten Leute aufgeben. Keiner denkt darüber nach, warum die Sonne scheint, eine schöne Blume auf einer Wiese steht oder warum wir Freude und Glück spüren. Nur wenn Unglück ins Leben kommt, heißt es: »Gott hat mich verlassen!«

Das Ganze ist echt schwierig. Denn wer will schon an etwas bzw. jemand Abstraktes glauben. Aber darin liegt die eigentliche Aufgabe der Menschen auf der Welt. Ich versuche mich jeden Tag aufs Neue!

O. N., Augsburg, Maria Ward Gymnasium, Klasse 11

Vater und Mutter

Für mich ist Gott ein Freund, gleichzeitig mein Vater und meine Mutter in einer Person vereint, ich kann gewiss meine Seele und mein Leben in seine Hände legen.

J., Krefeld, Arndt-Gymnasium, Klasse 11

---

1. Führen Sie in Ihrem **Kurs/Jahrgangsstufe/Sekundarstufe II** eine ähnliche Befragung durch und werten Sie sie auch aus. Welche Trends zeigen sich?
2. Diskutieren Sie über die **Antworten** der Schülerinnen und Schüler und bringen Sie die Antworten in eine gewisse Systematik.
3. Warum haben kaum Schulen aus **Ostdeutschland** an der Befragung teilgenommen? (→ S. 19)
4. Zur **weiteren Anregung:** Nicht wenige Schülerinnen und Schüler verfassten Gedichte, malten Bilder, gestalteten Plakate und stellten sie in der Schule aus. Andere erarbeiteten Powerpoint-Präsentationen, elektronisch animierte Graphiken beziehungsweise Karten.

2. Stimmen von Prominenten

Der Gründer der Taizé-Gemeinschaft

Schon in meiner Kindheit hörte ich meine Mutter sagen, dass sich das Wesentliche des Glaubens mit drei Worten sagen lässt: »Gott ist Liebe«. Was fesselt einen an diese Worte, die vom Apostel Johannes stammen? Man entdeckt in ihnen etwas Herrliches: Gott hat Christus nicht auf die Erde gesandt, um die Welt zu verurteilen, sondern damit durch ihn jedes menschliche Geschöpf gerettet und versöhnt wird. …
Gott kann nur lieben.

Frère Roger Schutz (1915–2005)

Der bekannteste deutsche Literaturkritiker

Einer jüdischen Maxime zufolge kann ein Jude nur mit oder gegen, doch nicht ohne Gott leben. Um es ganz klar zu sagen: Ich habe nie mit oder gegen Gott gelebt. Ich kann mich an keinen einzigen Augenblick in meinem Leben erinnern, an dem ich an Gott geglaubt hätte. Die Rebellion des Goetheschen Prometheus – »Ich dich ehren? Wofür?« – ist mir vollkommen fremd. In meiner Schulzeit habe ich mich gelegentlich und vergeblich bemüht, den Sinn des Wortes »Gott« zu verstehen, bis ich eines Tages einen Aphorismus Lichtenbergs fand, der mich geradezu erleuchtete – die knappe Bemerkung, Gott habe den Menschen nach seinem Ebenbild geschaffen, bedeute in Wirklichkeit, der Mensch habe Gott nach seinem Ebenbild geschaffen.
Als ich viele Jahre später einem Freund, einem gläubigen Christen, sagte, für mich sei Gott überhaupt keine Realität, sondern eher eine nicht sonderlich gelungene literarische Figur, vielleicht vergleichbar mit Odysseus oder dem König Lear, antwortete er durchaus schlagfertig, es könne überhaupt keine stärkere Realität geben als Odysseus oder den König Lear. Die diplomatische Antwort gefiel mir sehr, ohne mich im Geringsten zu überzeugen. Dank Lichtenbergs effektvoll formulierter Einsicht fiel es mir noch leichter, ohne Gott zu leben.

Marcel Reich-Ranicki (geb. 1920)

Ein Islamkenner

»Er« sagt mir nichts, er spricht nicht zu mir; denn ich glaube nicht, dass es Gott gibt. Und doch – es würde mir fehlen, nicht von ihm zu hören; von anderen, die an ihn glauben und dies in ihrem Leben bezeugen.
Meine Profession bringt es mit sich, dass ich fast täglich mit solchen Menschen zu tun habe – die meisten von ihnen sind Muslime. Ihnen ist Gott eine ständig gelebte Gegenwart. Manch einer meiner muslimischen Kollegen beginnt seinen Vortrag mit »Im Namen Gottes des Barmherzigen, des Erbarmers«, einem Wort, das – mit einer Ausnahme – über jeder der 114 Suren des Korans steht. Und wie viele Verabredungen werden mit einem »So Gott will« – »in sha'a Allah« – geschlossen.
Es erscheint uns unzeitgemäß, sich so unverstellt zu Gott zu bekennen; es erscheint uns vielleicht sogar beunruhigend, etwas so Wichtiges und Gültiges wie eine Verabredung oder die Ankunftszeit eines Zuges oder gar eines Flugzeuges dem Willen Gottes anvertraut zu wissen. Für mich, der ich damit umgehen kann, hat der Freimut des Bekenntnisses etwas Anrührendes. Mag manches auch zur Formel geworden sein – die meisten der Menschen, die Gott so unbefangen im Munde führen, unterscheiden sich von dem menschlichen Umfeld meines täglichen Lebens. Was vor allem auffällt, ist ihre innere Ruhe. …
Ich sehe in der Begegnung mit Frommen – Muslimen, Christen und anderen – eine Bereicherung und eine Chance, aus der Sackgasse des Völlig-ohne-Gott-Lebens herauszukommen. In diesem Sinne sagt mir »Gott« viel – und sei es nur als Hoffnung, dem Menschlichen in unserer Gesellschaft mehr Raum zu geben.

Udo Steinbach (geb. 1943)

Der Chef der »Bild«-Zeitung

Das ist eine schwierige Frage. … Warum treffen sich zwei Herzen, warum blühen Blumen, warum altern wir, warum fühlen, denken, empfinden Menschen so unterschiedlich? Wer sich den Sinn für das tägliche Wunder in der Realität erhält, sieht Gott überall. Er ruht im Kern der Dinge wie der Fragen. Nicht alle löst er einem, und der Tod ist das größte Rätsel. Aber es ist nur eines unter vielen, und mag es auch paradox klingen: Gerade die Rätselhaftigkeit und Wunderfülle dieser Welt ist mir Anlass zu großem Vertrauen. Denn darin vernehme ich die Stimme des Schöpfers.

Kai Diekmann (geb. 1964)

Die Präsidentin des Zentralrats der Juden

Für mich ist G'tt die unveränderliche Kraft, die unser Leben von der Geburt bis zum Tod und darüber hinaus bestimmt.

G'tt ist derjenige, der die Welt, der den Menschen mit all seinen Fehlern und Unzulänglichkeiten geschaffen hat und der dennoch sein Wirken in der Weltgeschichte, insbesondere in der Geschichte seines Volkes Israel, ständig sichtbar werden lässt.

G'tt ist der Eine Einzige, der dem kleinsten und unbedeutendsten aller Völker seine Tora, seine Lehre gegeben hat, um sie zu einer Weisung für alle Völker zu machen.

ER ist es, der Sein Volk Israel aus der Knechtschaft in Ägypten befreit hat, dem Schlüsselerlebnis der jüdischen Geschichte.

ER hat in der Vergangenheit gewirkt, wirkt in der Gegenwart und wird sein Wirken auch in der Zukunft in jeder Generation zeigen. G'tt ist für mich die Quelle der Kraft, jeden Tag neu.

Charlotte Knobloch (geb. 1932)

Ein Psychotherapeut

Für mich ist heute eine der bleibenden, bedrückenden Schwierigkeiten im Glauben der metaphysische Schwachsinn der Massen. Ein Mensch lässt einfach sein Interesse an Gott einschlafen oder verlöschen. ... Das Schlimmste, was einem Menschen überhaupt zustoßen kann, das stille Abhandenkommen des Göttlichen aus seinem Bewusstsein, tut nicht weh. Die lächerlichsten kleinen Krankheiten, die gar nicht gefährlich sind, machen große Schmerzen, aber das, was uns wirklich zentral vernichten kann, das tut nicht weh. So merkwürdig sind wir gebaut. ... Und doch: Aus psychoanalytischer Erfahrung glaube ich zu wissen, dass bei ausnahmslos allen Patienten ... unter vielen Verdrängungen und Widerständen eines Tages ohne mein Zutun jenes Thema zur Sprache kommt, das weit tiefer tabuiert und von Prüderie verdeckt ist als das der Sexualität. Es ist das Thema der Religion und des Glaubens.

Albert Görres (1918–2006)

Der Autor von »Sofies Welt«

»Ich war schon so oft draußen im Weltraum«, protzte der Kosmonaut, »aber ich habe weder Gott noch Engel gesehen.« – »Und ich habe schon so viele kluge Gehirne operiert«, antwortete der Gehirnforscher, »aber ich habe nirgendwo auch nur einen einzigen Gedanken entdeckt.«

Jostein Gaarder (geb. 1952)

Ein Astronaut

Bin ich als Raumfahrer Gott näher gekommen? Hatte ich nach meiner Rückkehr aus dem All Erlebnisse und Einsichten gewonnen, die den zu Hause Gebliebenen verwehrt sind? Meine Antwort ist klar und eindeutig: Ja! Aber lassen Sie mich gleich hinzufügen, dass dies nicht bedeutet, dass ich nach meiner Mission religiöser geworden bin, wie es ehedem bei James B. Irvin, dem Astronauten der vierten Mondmission, der Fall war, der dies öffentlich immer wieder bekundete: »Nirgendwo sonst fühlte ich die Nähe Gottes mehr als auf dem Mond« und nach seiner Mondmission aus dieser Einsicht heraus Priester wurde. ... Ich war vor meiner Mission religiös und bin es im selben Maße auch danach. Ich bin überzeugt von der Existenz eines Schöpfers, wenn ich auch nicht vollständig mit den Vorstellungen und Dogmen übereinstimme, wie sie die christlichen Konfessionen lehren.

Als glaubender Mensch und als Wissenschaftler sehe ich Gott vielmehr im gesamten Sein. Für mich äußert sich Gott in den überraschend ausgewogenen, einfachen, aber im Detail doch sehr komplizierten Naturabläufen und den sie steuernden Naturgesetzen.

Ulrich Walter (geb. 1954)

Ein Erfolgsrapper

Du bist einfach nur da, um Gott zu loben, ihn tagtäglich zu suchen und zu finden. Für mich gibt es keinen Zweifel. Ich habe nicht einen Glauben an Gott, sondern ein Wissen um Gott. ... Dass ich hier leben darf, dass ich hier singen darf, dass Musik durch meine Boxen kommt und all diese ganz kleinen Wunder, die sich allein in meiner Wohnung abspielen, das ist himmlisch.

Xavier Naidoo (geb. 1971)

Ein Künstler

Mein Gott ist der gute Wille. Das genügt mir. Ich brauche keine Bibel. Die Menschenrechte z. B., die genügen mir. Wissen Sie, was Gott ist für mich? Die Natur ist Gott. Wenn ich mich im Wald gegen einen Baum lehne, um Energie zu finden. Dann kann ich Gott spüren.

Tomi Ungerer (geb. 1931)

---

1. Hier könnten Sie sich **ähnliche Aufgaben** stellen wie die auf S. 27.
2. Welche Unterschiede können Sie zwischen den Antworten der **Jugendlichen und der »Promis«** herausfinden?

3. Theologische Fragmente

> Im Unterschied zum **Rätsel**, das sich lösen lässt und dadurch seine Rätselhaftigkeit verliert, hat das **Geheimnis** immer Bestand. Gott ist Geheimnis, weil er nicht in endlichen Begriffen oder Bildern erfasst werden kann und für den endlichen Menschen immer unerkennbar bleibt.

Auf dich hin hast du uns gemacht,
und unruhig ist unser Herz, bis es in dir ruht.
Augustinus (354–430), Kirchenlehrer

Ich weiß, was Gott für mich ist; was er an und für sich ist, weiß er.
Bernhard von Clairvaux (1091–1153), Ordensgründer, Mystiker

Von Schöpfer und Geschöpf kann keine Ähnlichkeit ausgesagt werden, ohne dass sie eine größere Unähnlichkeit zwischen beiden einschlösse.
4. Laterankonzil (1215)

Gott hat uns erschaffen, weil er wünscht,
dass noch andere zusammen mit ihm die Liebe wagen.
Duns Scotus (1266–1308), Philosoph und Theologe

»Du sollst nicht andere Götter haben.« Das ist, du sollst mich alleine für deinen Gott halten. Was ist das gesagt (= bedeutet das) und wie versteht man's? Was heißt einen Gott haben oder was ist Gott? Antwort: Ein Gott heißt das, dazu man sich versehen soll alles Guten und Zuflucht haben in allen Nöten. Also dass einen Gott haben nichts anderes ist, denn ihm von Herzen trauen und glauben, wie ich oft gesagt habe, dass alleine das Trauen und Glauben des Herzens machet beide, Gott und Abgott. Ist der Glaube und Vertrauen recht, so ist auch dein Gott recht, und wiederum, wo das Vertrauen falsch und unrecht ist, da ist auch der rechte Gott nicht. Denn die zwei gehören zuhaufe, Glaube und Gott. Worauf du nun ... dein Herz hängest und verlässest, das ist eigentlich dein Gott.
Martin Luther (1483–1546), Reformator

Nichts soll dich ängstigen, nichts dich erschrecken. Alles vergeht. Gott ändert sich nicht. Die Geduld erreicht alles. Wer sich an Gott hält, dem fehlt nichts. Gott allein genügt.
Teresa von Avila (1515–1582), Mystikerin

Der Gott der Christen ist nicht einfach ein Gott als Urheber der geometrischen Wahrheiten und der Ordnung der Elemente; das ist der Teil, den Heiden und Epikureer von ihm hatten. Er ist nicht nur ein Gott, der seine Vorsehung auf das Leben und die Güter der Menschen erstreckt, um denen, die ihn verehren, ein langes und glückliches Leben zu schenken, das ist der Anteil, den die Juden hatten. Sondern der Gott Abrahams, der Gott Isaaks, der Gott Jakobs, der Gott der Christen ist ein Gott der Liebe und des Trostes, ist ein Gott, der die Seele und das Herz derjenigen erfüllt, die er besitzt, ist ein Gott, der sie im Innern ihr Elend und seine unendliche Barmherzigkeit spüren lässt, der sich in der Tiefe ihrer Seele ihnen vereint und sie mit Demut, Freude, Vertrauen und Liebe erfüllt und sie unfähig macht, ein anderes Ziel zu haben als ihn. Alles Wahrnehmbare zeigt weder völlige Abwesenheit noch eine offenbare Gegenwärtigkeit des Göttlichen, wohl aber die Gegenwart eines Gottes, der sich verbirgt.
Blaise Pascal (1623–1662), Mathematiker und Philosoph

Wenn ich in Gott vergeh', so komm ich wieder hin,
Wo ich von Ewigkeit vor mir gewesen bin.
Schau alle Ding in Gott und Gott in allen an,
Du siehst, dass alles sich in ihm vergleichen kann.

Angelus Silesius (1624–1677), Mystiker

So einen Menschen kann es ja gar nicht geben, der sich nicht vor irgendetwas beugt; wenn er Gott verstoßen hat, so beugt er sich vor einem Götzen – einem hölzernen oder goldenen oder eingebildeten.

F. M. Dostojewski (1821–1881), Schriftsteller

Der Name der unendlichen Tiefe und des unerschöpflichen Grundes alles Seins ist Gott. Jene Tiefe ist es, die mit dem Wort Gott gemeint ist. Und wenn das Wort für euch nicht viel Bedeutung besitzt, so übersetzt es und sprecht von der Tiefe in eurem Leben, vom Ursprung eures Seins, von dem, was euch unbedingt angeht, von dem, was ihr ohne irgendeinen Vorbehalt ernst nehmt. Wenn ihr das tut, werdet ihr vielleicht einiges, was ihr über Gott gelernt habt, vergessen müssen, vielleicht sogar das Wort selbst. Denn wenn ihr erkannt habt, dass Gott Tiefe bedeutet, so wisst ihr viel von ihm.

Paul Tillich (1886–1965), evangelischer Theologe

Gott ist nicht das Gute. Er ist das Ganze

Thomas Mann (1875–1955), Schriftsteller, Nobelpreisträger

Gott kannst du nicht mit einem Anderen reden hören, sondern nur, wenn du der Angeredete bist.

Ludwig Wittgenstein (1889–1951), Philosoph

Für mich sind Ich und die Welt eine unendliche Frage. Mir ist es selbstverständlich, dass es auch in der entferntesten Zukunft der menschlichen Erfahrungsgeschichte und sekundär dazu der Wissenschaft nie einen Punkt geben wird, an dem alle Fragen beantwortet, alle Probleme aufgearbeitet und endgültig erledigt sein werden. Mich aber umfängt und durchdringt das ewige Geheimnis, das unendliche Geheimnis, das alles andere ist, als die zusammengekratzten Restbestände des vorläufig noch nicht Gewussten und noch nicht Erfahrenen, das Geheimnis, das in seiner Unendlichkeit und Dichte zugleich äußerst und innerst den tausend zersplitterten Wirklichkeiten ist, die wir unsere Erfahrungswelt nennen. ... In dem Augenblick, in dem man dieses Geheimnis, das alles schweigend umfasst, nicht anbetend liebt, wird es einem zum Ärgernis. Es ist da und lässt sich nicht einordnen. Es scheint nur zu schweigen und alle unsere eigenen Deutlichkeiten und Sicherheiten aufzuheben.

Karl Rahner (1904–1984), katholischer Theologe

Gott existiert. Gott existiert nicht. Worin besteht das Problem? Ich bin völlig gewiss, dass es einen Gott gibt, insofern ich völlig gewiss bin, dass meine Liebe keine Täuschung ist. Ich bin völlig gewiss, dass es keinen Gott gibt, insofern ich gewiss bin, dass nichts Wirkliches dem gleicht, was ich mir vorstellen kann, wenn ich diesen Namen ausspreche. Doch das, was ich mir nicht vorstellen kann, ist keine Täuschung.

Simone Weil (1909–1943), jüdische Philosophin

Der Glaube an das Gute, Wahre, Schöne – an Gott – ist heute nicht einfach ausgelöscht. Nur: es ist weniger ein Wissen denn ein Träumen, ein Ahnen.

Johannes Röser (geb. 1956), Journalist

Ubi amor et caritas, Deus ibi est
(lat.: Wo die Liebe und die Güte, da ist Gott).

Gesang aus Taizé

---

1 Wählen Sie den einen oder anderen Text aus und formulieren Sie, warum er Ihnen wichtig ist. Informieren Sie sich näher über den **Autor**, seine **Zeit** und seine **Bedeutung**: → M 1.

2 Die Zeugnisse des Glaubens aus zwei Jahrtausenden, sind historisch geordnet. Gliedern Sie diese nach sachlichen Gesichtspunkten.

3 Suchen sie in diesem Arbeitsbuch **andere theologische Fragmente**.

Reden und Schweigen

1. Das Wort Gott

Worte der Bibel

Mein Wort ist ganz nah bei dir,
es ist in deinem Mund und in deinem Herzen,
du kannst es halten. *Dtn 30, 14; Röm 10, 8*

Das Gras verdorrt, die Blume verwelkt,
doch das Wort unseres Gottes bleibt in Ewigkeit. *Jes 40, 8*

¹ Im Anfang war das Wort,
und das Wort war bei Gott,
und das Wort war Gott.
² Im Anfang war es bei Gott.
³ Alles ist durch das Wort geworden
und ohne das Wort wurde nichts, was geworden ist. *Joh 1, 1–3*

Die Worte, die ich zu euch gesprochen habe,
sind Geist und sind Leben. *Joh 6, 63.*

Parabel vom Gärtner, den es gar nicht gibt

Antony Flew, britischer Philosoph, vertrat lange einen atheistischen Standpunkt, wurde aber seit 2004 Theist, der von der Existenz Gottes überzeugt ist, ohne Anhänger des Christentums oder einer anderen Religion zu werden. Er begründet seinen Schritt damit, dass die Ergebnisse der Naturwissenschaft der letzten 50 Jahre für das Vorhandensein von »intelligentem Design« sprechen, während er keine materialistische Erklärung der Entstehung des Lebens kenne. Im folgenden Text versucht er noch eine sprachphilosophische Ablehnung Gottes.

Es waren einmal zwei Forschungsreisende, die kamen zu einer Lichtung im Dschungel, wo viele Blumen und Kräuter wuchsen. Da sagte der eine Forscher: »Es muss einen Gärtner geben, der dieses Stück Land bebaut.« Der andere widersprach: »Es gibt keinen Gärtner.«
Da schlugen sie ihre Zelte auf und überwachten die Lichtung. Aber kein Gärtner ließ sich blicken. »Vielleicht ist es ein unsichtbarer Gärtner.« So zogen sie einen Zaun aus Stacheldraht und setzten ihn unter Strom. Und sie schritten ihn mit Spürhunden ab. Kein Schrei aber ließ jemals vermuten, dass ein Eindringling einen Schlag bekommen hätte. Keine Bewegung des Drahtes deutete jemals auf einen Unsichtbaren hin, der hinüberkletterte. Auch die Spürhunde schlugen niemals an. Dennoch war der Gläubige noch nicht überzeugt. »Es gibt doch einen Gärtner, unsichtbar, unberührbar, unempfindlich gegen elektrische Schläge, einen Gärtner, der keine Spur hinterlässt und keinen Laut von sich gibt, der aber heimlich kommt und sich um den Garten kümmert, den er liebt.«
Schließlich sagte der Skeptiker verzweifelt: »Was ist denn eigentlich von deiner ursprünglichen Behauptung übrig geblieben? Wie unterscheidet sich denn dein unsichtbarer, unberührbarer, ewig ungreifbarer Gärtner von einem eingebildeten oder gar von überhaupt keinem Gärtner?« *Antony Flew (geb. 1923)*

Heute haben viele Menschen Probleme, von und mit Gott zu sprechen.
❖ Manche Gründe sind **religiöser Natur**. Gerade religiöse Menschen leiden darunter, dass so oft gedanken- und bedenkenlos von Gott gesprochen wird. Sie kritisieren den Missbrauch religiöser Rede. Sie fragen sich, wie man angemessen von Gott und mit ihm sprechen kann. Oftmals vermissen sie auch Gottes Antwort auf ihr Gebet.
❖ Andere haben **philosophische Bedenken**. Manche Atheisten, Agnostiker und Sprachphilosophen meinen, jede Rede von Gott sei sinnlos oder unmöglich, da Gott keine Realität zukomme.

Gott – Das beladenste aller Menschenworte

Martin Buber, jüdischer Religionsphilosoph, lebte lange in Deutschland, bis er in der Nazizeit nach Jerusalem auswandern musste. Er hat wichtige Werke zur Bibel, Philosophie und zum osteuropäischen Chassidismus (→ S. 49) geschrieben. Der folgende Text gibt ein Gespräch wieder, das er mit einem alten Mann geführt hat, in dessen Haus er einmal zu Gast war. Der Gast:

»Wie bringen Sie das fertig, so Mal um Mal ›Gott‹ zu sagen? Wie können Sie erwarten, dass ihre Leser das Wort in der Bedeutung aufnehmen, in der Sie es aufgenommen wissen wollen? Was Sie damit meinen, ist doch über alles menschliche Greifen und Begreifen erhoben, eben dieses Erhobensein meinen Sie; aber indem Sie es aussprechen, werfen Sie es dem menschlichen Zugriff hin. Welches Wort der Menschensprache ist so missbraucht, so befleckt, so geschändet worden wie dieses! All das schuldlose Blut, das um es vergossen wurde, hat ihm seinen Glanz geraubt. All die Ungerechtigkeit, die zu decken es herhalten musste, hat ihm sein Gepräge verwischt. Wenn ich das Höchste ›Gott‹ nennen höre, kommt mir das zuweilen wie eine Lästerung vor.«

Die kindlich klaren Augen flammten. Die Stimme selbst flammte. Dann saßen wir eine Weile schweigend einander gegenüber. Die Stube lag in der fließenden Helle des Frühmorgens. Mir war es, als zöge aus dem Licht eine Kraft in mich ein. Was ich nun entgegnete, kann ich heute nicht wiedergeben, nur noch andeuten. ...

»Ja«, sagte ich, »es ist das beladenste aller Menschenworte. Keines ist so besudelt, so zerfetzt worden. Gerade deshalb darf ich darauf nicht verzichten. Die Geschlechter der Menschen haben die Last ihres geängstigten Lebens auf dieses Wort gewälzt und es zu Boden gedrückt; es liegt im Staub und trägt ihrer aller Last. Die Geschlechter der Menschen mit ihren Religionsparteiungen haben das Wort zerrissen; sie haben dafür getötet und sind dafür gestorben; es trägt ihrer aller Fingerspur und ihrer aller Blut. Wo fände ich ein Wort, das ihm gliche, um das Höchste zu bezeichnen! Nähme ich den reinsten, funkelndsten Begriff aus der innersten Schatzkammer der Philosophen, ich könnte darin doch nur ein unverbindliches Gedankenbild einfangen, nicht aber die Gegenwart dessen, den ich meine, dessen, den die Geschlechter der Menschen mit ihrem ungeheuren Leben und Sterben verehrt und erniedrigt haben. Ihn meine ich ja, ihn, den die höllengepeinigten, himmelstürmenden Geschlechter der Menschen meinen. Gewiss, sie zeichnen Fratzen und schreiben ›Gott‹ darunter; sie morden einander und sagen ›in Gottes Namen‹. Aber wenn aller Wahn und Trug zerfällt, wenn sie ihm gegenüberstehn im einsamsten Dunkel und nicht mehr ›Er, er‹ sagen, sondern ›Du, du‹ seufzen, ›Du‹ schreien, sie alle das Eine, und wenn sie dann hinzufügen ›Gott‹, ist es nicht der wirkliche Gott, den sie alle anrufen, der Eine Lebendige, der Gott der Menschenkinder?! Ist nicht er es, der sie hört? Der sie – erhört? Und ist nicht eben dadurch das Wort ›Gott‹, das Wort des Anrufs, das zum Namen gewordene Wort, in allen Menschensprachen geweiht für alle Zeiten? Wir müssen die achten, die es verpönen, weil sie sich gegen das Unrecht und den Unfug auflehnen, die sich so gern auf die Ermächtigung durch ›Gott‹ berufen; aber wir dürfen es nicht preisgeben.«

Martin Buber (1878–1965)

---

1 Welche Bedeutung hat im **Johannesprolog** »das Wort« (gr.: »logos«)?

2 Vergleichen Sie den Text mit dem Anfang der Bibel: → Gen 1, 1–3. Was bedeutet da das Sprechen Gottes?

3 Warum ist Flews Erzählung **»Vom Gärtner, den es gar nicht gibt«** eine **Parabel** (→ S. 35)? Warum erscheint hier dem Skeptiker alles Reden vom Gärtner sinnlos, warum dem Gläubigen nicht? Begründen Sie Ihre eigene Auffassung.

4 Warum ist für den jüdischen Religionsphilosophen **Martin Buber** das Wort »Gott« das beladenste aller Menschenworte? Warum erscheint es ihm dennoch unverzichtbar? Deuten Sie die Spannung, die in dem Text liegt. Zum biblischen Hintergrund: → S. 88. Zu den Texten: → M 1

5 Diskutieren Sie darüber, warum alles **Reden von Gott** so problematisch und warum es dennoch unverzichtbar ist.

Etymologie des Wortes »Gott«

❖ **Gott** m.: Mhd., ahd. got, got. gup, engl. god, schwed. gud gehen zurück auf germ. guda – »Gott«, das urspr. sächliches Geschlecht hatte, weil es männliche und weibliche Gottheiten zusammenfasste. Nach der Christianisierung wurde das Wort im gesamten germ. Sprachbereich als Bezeichnung des Christengottes verwendet. Der Ursprung des gemeingerm. Wortes ist nicht sicher geklärt. Am ehesten handelt es sich bei dem Wort um das substantivierte zweite Partizip idg. ghuto-m der Verbalwurzel ghau- „(an)rufen", wonach also ›Gott‹ als »das [durch Zauberwort] angerufene Wesen« zu verstehen wäre. Andererseits kann das gemeingerm. Wort im Sinne von »das, dem [mit Trankopfer] geopfert wird« zu der unter gießen dargestellten idg. Wz. gheu- »gießen« gehören.

❖ Das griechische Wort **»theos«** (»θεός«, »Gott«; → »Theologie«) kommt wahrscheinlich von einem alten Verb, das »hauchen« bedeutet. Es könnte auf die unsichtbare Seite Gottes anspielen. Das lateinische Wort **»deus«** ist mit dem griechischen Wort verwandt.

Duden

2. Von Gott sprechen

Die Bibel zeigt, **wie Menschen von Gott sprechen**: in einer reichen und farbigen **Bildersprache** mit Vergleichen, Metaphern, Gleichnissen, Parabeln, Allegorien und Symbolen, die auch sonst in der Literatur verwendet werden.

Die Bibel grenzt die verschiedenen Formen der Bildrede nicht voneinander ab. Sie sind meistens leicht zu verstehen, auch wenn man ihre literarische Qualifizierung nicht kennt.

Ein **Symbol** ist ein Zeichen, das auf etwas anderes hinweist, das oft nicht sichtbar ist.
❖ Es gibt **ursprüngliche Symbole**, z. B. ist eine Rose Symbol für die Liebe.
❖ Es gibt **konstruierte Zeichen** (»Piktogramme«), z. B. die Verkehrsschilder oder PC-Icons.
❖ **Symbole Gottes** sind z. B. das Licht, der Kreis oder der Horizont. Das Kreuz ist ein Symbol der Erlösung, der Weg und das Rad ein Symbol des Lebens.

Sprache der Religion – Sprache der Wissenschaft

*Werner Heisenberg (→ S. 63), bedeutender deutscher Physiker und Nobelpreisträger (1932) berichtet 1927 von einem Gespräch, das in Brüssel zwischen führenden europäischen Naturwissenschaftlern über das Verhältnis von Naturwissenschaft und Religion stattfand. Dort sagte u. a. der dänische Physiker **Niels Bohr**, Nobelpreisträger 1922 und Begründer des nach ihm benannten Atommodells:*

Man muss sich doch vor allem darüber klar sein, dass in der Religion die Sprache in einer ganz anderen Weise gebraucht wird als in der Wissenschaft. Die Sprache der Religion ist mit der Sprache der Dichtung näher verwandt als mit der Sprache der Wissenschaft. Man ist zwar zunächst geneigt zu denken, in der Wissenschaft handele es sich um Informationen über objektive Sachverhalte, in der Dichtung um das Erwecken subjektiver Gefühle. In der Religion ist objektive Wahrheit gemeint, also sollte sie den Wahrheitskriterien der Wissenschaft unterworfen sein. Aber mir scheint die ganze Einteilung in die objektive und die subjektive Seite der Welt hier viel zu gewaltsam. Wenn in den Religionen aller Zeiten in Bildern und Gleichnissen und Paradoxien gesprochen wird, so kann das kaum etwas anderes bedeuten, als dass es eben keine anderen Möglichkeiten gibt, die Wirklichkeit, die hier gemeint ist, zu ergreifen. Aber es heißt nicht, dass sie keine echte Wirklichkeit sei. Mit der Zerlegung dieser Wirklichkeit in eine objektive und eine subjektive Seite wird man nicht viel anfangen können. Daher empfinde ich es als eine Befreiung unseres Denkens, dass wir aus der Entwicklung der Physik in den letzten Jahrzehnten gelernt haben, wie problematisch die Begriffe »objektiv« und »subjektiv« sind (→ S. 63). Das hat ja schon mit der Relativitätstheorie angefangen. Früher galt die Aussage, das zwei Ereignisse gleichzeitig seien, als eine objektive Feststellung, die durch die Sprache eindeutig weitergegeben werden könne und damit auch der Kontrolle durch jeden beliebigen Beobachter offenstehe. Heute wissen wir, dass der Begriff »gleichzeitig« ein subjektives Element enthält, insofern, als zwei Ereignisse, die für einen ruhenden Beobachter als gleichzeitig gelten müssen, für einen bewegten Beobachter nicht notwendig gleichzeitig sind. Die relativistische Beschreibung ist aber doch insofern objektiv, als ja jeder Beobachter durch Umrechnung ermitteln kann, was der andere Beobachter wahrnehmen wird oder wahrgenommen hat. Immerhin, vom Ideal einer objektiven Beschreibung im Sinne der alten klassischen Physik hat man sich doch schon ein Stück weit entfernt …

Daher scheint es mir auch durchaus begreiflich, dass über den Inhalt der Religion nicht in einer objektivierenden Sprache gesprochen werden kann. Die Tatsache, dass verschiedene Religionen diesen Inhalt in sehr verschiedenen geistigen Formen zu gestalten suchen, bedeutet dann keinen Einwand gegen den wirklichen Kern der Religion. Vielleicht wird man diese verschiedenen Formen als komplementäre Beschreibungsweisen auffassen sollen, die sich zwar gegenseitig ausschließen, die aber erst in ihrer Gesamtheit einen Eindruck von dem Reichtum vermitteln, der von der Beziehung der Menschen zu dem großen Zusammenhang ausgeht.

Werner Heisenberg (1901–1976)

---

1 Wie grenzt **Niels Bohr** die Sprache der Religion von der Sprache der Naturwissenschaften ab?
2 Suchen Sie in einem Text der **Literatur** und der **Alltagssprache** nach verschiedenen Formen der Bildrede.
3 Ordnen Sie andere **biblische Texte** den unterschiedlichen Formen der Bildrede zu.
4 Welche Symbole kommen in unserem Leben vor? Unterscheiden Sie ursprüngliche **Symbole** und **Zeichen** bzw. **konstruierte Symbole**.
5 Warum sind Bildreden/Symbole für das **religiöse Sprechen** unverzichtbar?

Formen der Bildsprache

Für einen **Vergleich** *ist das »wie« in einem Text kennzeichnend.*
Seht, ich sende euch wie Schafe mitten unter die Wölfe; seid daher klug wie die Schlangen und arglos wie die Tauben!
Mt 10, 16

In der **Metapher** *werden zwei Begriffe untereinander in Beziehung gesetzt, die ursprünglich nichts miteinander zu tun haben. In ihr nimmt das Bild den Platz der zu beleuchtenden Sache/Person ohne »wie« ein.*
Gott ist Licht.
1 Joh 1, 5

Das **Gleichnis** *ist ein ausgeführter Vergleich, in dem ein alltäglicher Vorgang der Natur oder Menschenwelt mit einer religiösen Wirklichkeit verglichen wird.*
Das Reich Gottes ist wie der Sauerteig, den eine Frau unter einen großen Trog Mehl mischte, bis das Ganze durchsäuert war.
Lk 13, 21

Eine **Parabel** *handelt von einem ungewöhnlichen Vorgang, an dem eine Wahrheit oder Verhaltensnorm abgelesen werden kann, ohne dass alle Details zum Vergleich herangezogen werden dürfen.*
⁸ Wenn eine Frau zehn Drachmen hat und eine davon verliert, zündet sie dann nicht eine Lampe an, fegt das ganze Haus und sucht unermüdlich, bis sie das Geldstück findet?
⁹ Und wenn sie es gefunden hat, ruft sie ihre Freundinnen und Nachbarinnen zusammen und sagt: Freut euch mit mir; ich habe die Drachme wiedergefunden, die ich verloren hatte.
¹⁰ Ich sage euch: Ebenso herrscht auch bei den Engeln Gottes Freude über einen einzigen Sünder, der umkehrt.
Lk 15, 8–10

Die **Allegorie** *(gr.: etwas anders ausdrücken) ist ein ausgeführtes Gleichnis, in dem alle Details zur Interpretation wichtig sind.*
¹ Ich bin der wahre Weinstock und mein Vater ist der Winzer.
² Jede Rebe an mir, die keine Frucht bringt, schneidet er ab und jede Rebe, die Frucht bringt, reinigt er, damit sie mehr Frucht bringt.
³ Ihr seid schon rein durch das Wort, das ich zu euch gesagt habe.
⁴ Bleibt in mir, dann bleibe ich in euch. Wie die Rebe aus sich keine Frucht bringen kann, sondern nur, wenn sie am Weinstock bleibt, so könnt auch ihr keine Frucht bringen, wenn ihr nicht in mir bleibt.
⁵ Ich bin der Weinstock, ihr seid die Reben. Wer in mir bleibt und in wem ich bleibe, der bringt reiche Frucht; denn getrennt von mir könnt ihr nichts vollbringen.
⁶ Wer nicht in mir bleibt, wird wie die Rebe weggeworfen und er verdorrt. Man sammelt die Reben, wirft sie ins Feuer und sie verbrennen.
Joh 15, 1–6

Die **Beispielerzählung** *ist kein Vergleich, sondern ein Text, der dem Zuhörer an einem wirklichen oder erdachten Vorfall zeigt, wie er sich verhalten soll.*
³⁰ Ein Mann ging von Jerusalem nach Jericho hinab und wurde von Räubern überfallen. Sie plünderten ihn aus und schlugen ihn nieder; dann gingen sie weg und ließen ihn halb tot liegen.
³¹ Zufällig kam ein Priester denselben Weg herab; er sah ihn und ging weiter.
³² Auch ein Levit kam zu der Stelle; er sah ihn und ging weiter.
³³ Dann kam ein Mann aus Samarien, der auf der Reise war. Als er ihn sah, hatte er Mitleid,
³⁴ ging zu ihm hin, goss Öl und Wein auf seine Wunden und verband sie. Dann hob er ihn auf sein Reittier, brachte ihn zu einer Herberge und sorgte für ihn.
³⁵ Am andern Morgen holte er zwei Denar hervor, gab sie dem Wirt und sagte: Sorge für ihn, und wenn du mehr für ihn brauchst, werde ich es dir bezahlen, wenn ich wiederkomme.
Lk 10, 30–35

Ein **Symbol** *(gr.: das Zusammengefügte, Zusammengehörige) ist das sichtbare Zeichen einer unsichtbaren Wirklichkeit.*
Der Herr zog vor ihnen her, bei Tag in einer Wolkensäule, um ihnen den Weg zu zeigen, bei Nacht in einer Feuersäule, um ihnen zu leuchten. So konnten sie Tag und Nacht unterwegs sein.
Ex 13, 21
Der Heilige Geist kam sichtbar in Gestalt einer Taube auf ihn herab.
Lk 3, 22

Ein Dröhnen
Ein Dröhnen: es ist die Wahrheit selbst unter die Menschen getreten, mitten ins Metapherngestöber.
Paul Celan (1920–1970)

Anthropomorphe (gr. = menschengestaltig) **Aussagen** sind solche, die von Gott ähnlich wie von einem Menschen sprechen, z. B. »Gott sieht«, »kommt«, »straft«, »rettet« oder »Gott ist Vater«. Die Bibel verwendet unzählige anthropomorphe Aussagen. Sie sind deshalb berechtigt, weil sie Gott lebendig nahebringen. Wir können kaum anders von ihm reden. Aber sie gelten von Gott anders als von Menschen.

Drei Wege des Redens von Gott

Eigentlich können wir von Gott nichts sagen, da alle unsere Begriffe aus der Erfahrungswelt stammen, die so nicht auf Gott zutreffen. Gott übersteigt in jeder Hinsicht unser Begreifen. Im Licht des biblischen Glaubens gibt es aber drei Wege, von ihm zu sprechen. Sie beruhen auf der Voraussetzung, dass sich Gott uns zuerst mitgeteilt hat.

❖ Das **bejahende (»via affirmativa«) Sprechen** von Gott ist möglich, weil die Welt von Gott geschaffen ist und ganz und gar von ihm abhängt.
Beispiele: Gott ist wahr, gut und schön. Er ist Geist, Leben und Liebe.

❖ Das **verneinende (»via negativa«) Sprechen** von Gott ist möglich, weil Gott ganz und gar von der Welt verschieden ist.
Beispiele: Gott ist unendlich, d. h. er ist nicht endlich. Gott ist unbegrenzt, d. h. er kann nicht definiert werden.

❖ Der **Weg der Steigerung ins Unendliche (»via eminentiae«)** ist möglich, weil alle affirmativen und negativen Aussagen über Gott nichts im Vergleich zu ihm selbst sind.
Beispiele: Gott ist all-mächtig. Gott ist all-gegenwärtig.

René Magritte (1898–1967),
Die unendliche Besichtigung, 1963

Der Gebrauch von Begriffen und Wörtern

In der Alltagssprache
In unserer Sprache kommen Wörter/Begriffe auf dreierlei Weise vor.
* Sie werden *univok* gebraucht, wenn wir sie im gleichen Sinn gebrauchen, z. B. Eine Rose ist eine *Blume*. Eine Anemone ist eine *Blume*.
* Sie werden *äquivok* gebraucht, wenn sie einen verschiedenen Sinn haben, z. B. einen heftigen *Strauß* ausfechten, einen schönen *Strauß* überreichen.
* Sie werden *analog* gebraucht, wenn sie eine ähnliche, d. h. eine sowohl vergleichbare als auch unvergleichbare Bedeutung haben, z. B. ein *Sturm* der Entrüstung brach los; Ein *Sturm* tobt über der Insel.

Bei der Anwendung auf Gott
Wie verwenden wir den Begriff/das Wort »Vater«, wenn wir Gott »Vater« nennen oder sagen, er sei (wie) ein Vater?
* Wir verwenden hier das Wort »Vater« *nicht univok*. Denn der Begriff »Vater« wird nicht in demselben Sinn auf Gott und auf menschliche Väter angewandt.
* Wir verwenden das Wort »Vater« auch *nicht äquivok*, da der Sinn des Wortes in beiden Fällen nicht völlig verschieden ist.
* Wir verwenden das Wort »Vater« *analog*, weil es einerseits Ähnliches meint. Denn Gott hat etwas Väterliches, wie wir es in großer Spannweite von menschlichen Vätern kennen. Aber das Wort wird andererseits auch verschieden gebraucht, weil die Unähnlichkeit mit einem menschlichen Vater größer als die Ähnlichkeit ist.

Analog reden wir auch von Gott, wenn wir auf den drei Wegen (→ S. 36) von Gott sprechen. Die Analogie gilt auch bei der Verwendung der Bilder und Symbole (→ S. 35).

Ohne **Analogie** könnten wir von Gott nicht sprechen. Sie ermöglicht alles Reden von Gott und wahrt gleichzeitig Gottes Transzendenz.

Der analoge Sprachgebrauch spielt auch in den **modernen Wissenschaften** eine große Rolle, z. B. im Modelldenken der Biologie oder Physik. Man denke etwa an Begriffe wie Körper, Welle, Strom oder Zelle.

Ein anderer Weg – Wo Gott zum ersten Mal ins Wort kommt

Emmanuel Levinas, jüdischer Philosoph und Talmudkenner, forderte in einer Zeit, für die Gott kein philosophisches Thema zu sein schien, dazu auf, von Gott zu sprechen, obwohl er der Ansicht war, dass Gott nicht gedacht werden kann. Aber er war davon überzeugt, dass Gott selbst spricht und Weisungen gibt. Er fällt ins Denken ein, und zwar im Antlitz des anderen Menschen, das für Levinas zur »Spur des Unendlichen« wird. Seine ganze Philosophie begründet er vom »Blick auf den Anderen« her, der uns unmittelbar zeigt, warum Gerechtigkeit und Menschlichkeit notwendig sind. So verbindet er das Sprechen Gottes mit ethischer Verantwortung des Menschen.

Der Satz, in dem Gott zum ersten Mal ins Wort kommt, heißt nicht »ich glaube an Gott«. Die jeder religiösen Rede voraufgehende religiöse Rede ist nicht der Dialog. Sie ist das »sieh mich, hier bin ich«, das ich zum Nächsten sage, dem ich ausgeliefert bin; das »sieh mich, hier bin ich«, mit dem ich den Frieden, d. h. meine Verantwortlichkeit für den Anderen, verkünde.

Emmanuel Levinas (1906–1995)

Das Wort »Gott« wird **illegitim** benutzt,
* wenn »Gott« als Ersatz für unser Unwissen steht: Gott als **Lückenbüßer**;
* wenn »Gott« für individuelle oder gesellschaftliche Vorteile in Anspruch genommen wird: Gott als **Legitimator menschlicher Interessen**;
* wenn »Gott« die Verantwortung eines anderen aufgebürdet wird: Gott als **Sündenbock**;
* wenn man mit dem Hinweis auf Gott (»So will es Gott«) der Mühe weiteren Nachdenkens und Argumentierens entgehen will: Gott als **Notbremse**;
* wenn man mit Gott menschliches Fehlverhalten entschuldigen will: Gott als **Entschuldigungsgrund**.

Du also Herr, hast Himmel und Erde erschaffen, der du schön bist – denn sie sind schön; der du gut bist – denn sie sind gut; der du bist – denn sie sind. Doch sind sie nicht in der Weise schön und sind nicht in der Weise gut und nicht in der Weise sind sie, wie du, ihr Schöpfer, ... mit dem verglichen sie weder schön sind noch gut sind noch sind.

Augustinus (356-430), Kirchenvater und Bischof von Hippo

---

1. Üben Sie an unterschiedlichen Aussagen die **verschiedenen Wege** des Redens von Gott ein.
2. Zeigen Sie an einigen Beispielen auf, was es heißt, Begriffe **univok, äquivok und analog** zu gebrauchen.

3. Mit Gott reden

Dank

*Der nachexilische Psalm ist das **Danklied** eines Einzelnen, das sich auf die ganze Welt ausweitet. Er erkennt, dass Gott auf Seiten der Niedrigen steht und aus großer Not retten kann.*

¹ [Von David.] Ich will dir danken aus ganzem Herzen,
dir vor den Engeln singen und spielen;
² ich will mich niederwerfen zu deinem heiligen Tempel hin
und deinem Namen danken für deine Huld und Treue.
Denn du hast die Worte meines Mundes gehört,
deinen Namen und dein Wort über alles verherrlicht.
³ Du hast mich erhört an dem Tag, als ich rief;
du gabst meiner Seele große Kraft.
⁴ Dich sollen preisen, Herr, alle Könige der Welt,
wenn sie die Worte deines Mundes vernehmen.
⁵ Sie sollen singen von den Wegen des Herrn;
denn groß ist die Herrlichkeit des Herrn.
⁶ Ja, der Herr ist erhaben;
doch er schaut auf die Niedrigen
und die Stolzen erkennt er von fern.
⁷ Gehe ich auch mitten durch große Not:
du erhältst mich am Leben.
Du streckst die Hand aus gegen meine wütenden Feinde
und deine Rechte hilft mir.
⁸ Der Herr nimmt sich meiner an.
Herr, deine Huld währt ewig.
Lass nicht ab vom Werk deiner Hände!

Psalm 138

Lob

*Dieser musikalische Psalm wurde wahrscheinlich um das Jahr 200 vC eigens als das großartige Finale des Buches der Psalmen gedichtet. Das zehnfache **Lob** erinnert an die Zehnzahl des Dekalogs. Sie ist Symbol der Fülle und Schönheit. Der Psalm schließt mit einer Anforderung: »alles, was atmet«, d. h. die ganze Welt, solle Gott loben. Am Anfang und Ende steht der gleiche Jubelruf; »Halleluja« (hebr.: »Preiset Gott«).*

¹ Halleluja! Lobt Gott in seinem Heiligtum,
lobt ihn in seiner mächtigen Feste!
² Lobt ihn für seine großen Taten,
lobt ihn in seiner gewaltigen Größe!
³ Lobt ihn mit dem Schall der Hörner,
lobt ihn mit Harfe und Zither!
⁴ Lobt ihn mit Pauken und Tanz,
lobt ihn mit Flöten und Saitenspiel!
⁵ Lobt ihn mit hellen Zimbeln,
lobt ihn mit klingenden Zimbeln!
⁶ Alles, was atmet,
lobe den Herrn! Halleluja!

Psalm 150

Links: Edvard Munch (1863–1944), Betender, 1902

Rechts: Vincent van Gogh (1853–1890), Betende Frau, 1883

Die Bibel ist in einem doppelten Sinn ein Dokument der Gottesrede.

❖ Sie erzählt, **wie *Gott* zu den Menschen spricht**, z. B. im Wort der Propheten oder Apostel, vor allem durch seinen Sohn, der selbst »das Wort« (gr.: »Logos«; Joh 1, 14) genannt wird:
→ S. 86.

❖ Sie erzählt, **wie *Menschen* mit Gott sprechen**. Zahlreiche Gebete sind in beiden Teilen der Bibel aufgezeichnet. Es gibt dort unterschiedliche Arten des Sprechens mit Gott: **Dank** und **Lob**, **Bitte** und **Klage/Anklage**.

38 Reden und Schweigen

Bitte

*Dieser **Bußpsalm**, der wahrscheinlich im 3. Jahrhundert vC entstand, ist ein Schrei aus tödlicher Gefahr und beängstigender Schuld. In dieser existenziellen Bedrohung hofft der Beter vertrauensvoll auf Gottes Hilfe und Vergebung. Am Ende weitet sich sein Blick von seinem »Ich« auf das Volk Israel.*

¹ [Ein Wallfahrtslied.] Aus der Tiefe rufe ich, Herr, zu dir:
² Herr, höre meine Stimme! Wende dein Ohr mir zu,
achte auf mein lautes Flehen!
³ Würdest du, Herr, unsere Sünden beachten,
Herr, wer könnte bestehen?
⁴ Doch bei dir ist Vergebung,
damit man in Ehrfurcht dir dient.
⁵ Ich hoffe auf den Herrn, es hofft meine Seele,
ich warte voll Vertrauen auf sein Wort.
⁶ Meine Seele wartet auf den Herrn
mehr als die Wächter auf den Morgen.
Mehr als die Wächter auf den Morgen
⁷ soll Israel harren auf den Herrn.
Denn beim Herrn ist die Huld,
bei ihm ist Erlösung in Fülle.
⁸ Ja, er wird Israel erlösen
von all seinen Sünden.

Psalm 130

---

1. **Wichtige Gebete in der Bibel**: die Psalmen, das Magnificat Marias (Lk 1, 46–55); das Gebet des greisen Simeon (Lk 2, 29–32); der Gesang der Engel (Lk 2, 14); das Vaterunser (Lk 6, 9–13) das Abschiedsgebet Jesu (Joh 17); die Gebete Jesu in der Passion und am Kreuz (Mk 14, 32–36; 15, 34; Lk 23, 46; Joh 19, 30); die Huldigung vor Gottes Thron (Offb 4, 11). Ein anderer Psalm: → S. 89.
2. Um die **Psalmen** zu verstehen, lässt sich zu folgenden Stichworten arbeiten: Gliederung/Aufbau, Sprache, Bilder, Aussagen über Gott, Mensch und Israel, Verwendungssituation (»Sitz im Leben«), (altes) Weltbild, heutige Würdigung u. Ä.
3. Heinrich **Schütz** hat den Psalm 130, **Felix Mendelssohn-Bartholdy** den Psalm 22 und **Igor Strawinsky** den Psalm 150 in seiner »Psalmen-Symphonie« herrlich vertont. Wer kann diese oder andere Psalm-Vertonungen auf einer CD im Kurs zum Klingen bringen und eine kurze musikalische und theologische Interpretation dazu geben?

Klage/Anklage

*Dieses **Klagelied** eines Kranken oder Einsamen, das in nachexilischer Zeit entstand, ist in dunklen Farben gemalt. Nur in der Anrede »Gott, mein Heil« wird ein Hauch von Hoffnung erkennbar. Die Fragen in den Versen 11–13 sind für das Alte Testament charakteristisch. Sie wollen Gott zur Hilfe im Leben motivieren, weil man damals annahm, dass ihn aus dem Reich des Todes kein Lob und Dank mehr erreicht.*

¹ Ein Lied. Ein Psalm der Korachiter. Für den Chormeister.
² Herr, du Gott meines Heils,
zu dir schreie ich am Tag und bei Nacht.
³ Lass mein Gebet zu dir dringen,
wende dein Ohr meinem Flehen zu!
⁴ Denn meine Seele ist gesättigt mit Leid,
mein Leben ist dem Totenreich nahe.
⁵ Schon zähle ich zu denen, die hinabsinken ins Grab,
bin wie ein Mann, dem alle Kraft genommen ist.
⁶ Ich bin zu den Toten hinweggerafft, wie Erschlagene,
die im Grabe ruhen; an sie denkst du nicht mehr,
denn sie sind deiner Hand entzogen.
⁷ Du hast mich ins tiefste Grab gebracht,
tief hinab in finstere Nacht.
⁸ Schwer lastet dein Grimm auf mir,
all deine Wogen stürzen über mir zusammen. [Sela]
⁹ Die Freunde hast du mir entfremdet,
mich ihrem Abscheu ausgesetzt;
ich bin gefangen und kann nicht heraus.
¹⁰ Mein Auge wird trübe vor Elend.
Jeden Tag, Herr, ruf ich zu dir;
ich strecke nach dir meine Hände aus.
¹¹ Wirst du an den Toten Wunder tun,
werden Schatten aufstehn, um dich zu preisen? [Sela]
¹² Erzählt man im Grab von deiner Huld,
von deiner Treue im Totenreich?
¹³ Werden deine Wunder in der Finsternis bekannt,
deine Gerechtigkeit im Land des Vergessens?
¹⁴ Herr, darum schreie ich zu dir,
früh am Morgen tritt mein Gebet vor dich hin.
¹⁵ Warum, o Herr, verwirfst du mich,
warum verbirgst du dein Gesicht vor mir?
¹⁶ Gebeugt bin ich und todkrank von früher Jugend an,
deine Schrecken lasten auf mir und ich bin zerquält.
¹⁷ Über mich fuhr die Glut deines Zorns dahin,
deine Schrecken vernichten mich.
¹⁸ Sie umfluten mich allzeit wie Wasser
und dringen auf mich ein von allen Seiten.
¹⁹ Du hast mir die Freunde und Gefährten entfremdet;
mein Vertrauter ist nur noch die Finsternis.

Psalm 88

Gedanken über das Beten

Bete und arbeite.
Wahlspruch der Benediktiner

Das Gebet ist der Atem unserer Seele.
Verfasser unbekannt

Dem Himmel ist Betenwollen auch Beten.
Ein einziger Gedanke gen Himmel ist das vollkommenste Gebet.
Gotthold Ephraim Lessing

Das Gebet ändert nicht Gott, aber es verändert den Betenden.
Sören Kierkegaard

Gott beantwortet das Gebet auf seine Weise, nicht auf die unsrige.
Mahatma Gandhi

Erfahrungen und Anregungen

Wenn ich beten will, muss ich riskieren, etwas anzusprechen, was ich nicht, noch nicht kenne. Beten kommt erst in Gang, wenn ich mich selber überschreite. Ich muss zur Sprache »kommen«, muss nur ein Wort nehmen und es mir ganz zu eigen machen. Dann spreche ich das Wort und darf spüren, wie ich im Wort zum Leben komme. Beten kann ich üben – nicht durch viele Worte, sondern durch Wiederholung. Indem ich ein Wort immer wieder»hole«, wird es mir und ich in ihm immer stärker gegenwärtig.

Elmar Gruber (geb. 1931)

Das Gebet ist der höchste Ort der Passivität; des Verzichts, sein eigener Liebhaber und Schönfinder zu sein. Es ist die Passivität, die sich nicht wehrt gegen den Blick, der uns schön und reich findet. Im Gebet weiß ich, dass ich nicht mein Selbsterbauer, Selbstrechtfertiger bin. Ich sage mich aus, ich überliefere mich dem Blick der Güte.
Der Grund des Lebens ist Sprache und Gehör. Aber wo denn, um Gottes willen? Wo hört denn einer? Wir leiden doch daran, dass unsere Gebete echolos in dunkle Abgründe fallen. Ein ganzes Leben beten, ohne eine Antwort zu hören! Gott macht uns das Beten schwer. Wir schlagen ihm in unseren Gebeten täglich die Welt um die Ohren, und er schweigt. Kein Wunder, dass uns das Gebet schwer wird – diese Rede ohne Antwort.

Fulbert Steffensky (geb. 1933)

Zwei Dinge müssen zum Verständnis des Bittgebets gesagt werden.
(1) Bittgebet ist nur dann Gebet, wenn es mit dem Willen zu einem bestimmten und sogar irdisch einzelnen Gut, das erbeten wird, zugleich die absolute Übergabe an den souverän verfügenden Willen Gottes ist. ...
(2) Der Mensch, der so vor Gott tritt, ist der konkrete Mensch, nicht der religiöse Mensch, der einzig nach Gott verlangt. Es ist der Mensch der alltäglichen Lebensbedürfnisse und Lebensängste, der nicht schon genau weiß, wie sich sein Gebet zum Willen Gottes verhält. .. Im Bittgebet wird der Betende nicht nur daran erinnert, wer Gott ist, sondern auch, wer er selbst ist. Dann wird dem Betenden auch klar, dass er nicht meinen kann, sein Bittgebet sei nur dann erhört, wenn es so erhört wird, wie er es sich als konkrete Bitte vorgestellt hat.

frei nach Karl Rahner (1904–1984)

Betende, Priscilla-Katakombe, Rom, Ende 3. Jh.

Ein Dichter betet

Herr, schicke, was du willst,
Ein Liebes oder Leides;
Ich bin vergnügt, dass beides
Aus deinen Händen quillt.

Wollest mit Freuden
Und wollest mit Leiden
Mich nicht überschütten.
Doch in der Mitten
Liegt holdes Bescheiden.

Eduard Mörike (1804–1875)

Zeitgenossen beten

Gott
unendlich endlich
unnahbar nah
unübertroffen klein
unsichtbar groß
unhörbar laut
unbeschreiblich
unsagbar
unbekannt erkannt
unglaublich – GOTT

Johannes Weisgerber

Ist es wahr,
dass Du noch heute gern die Gewässer betrachtest,
die Winde,
das Licht?
Trifft es zu, dass Du Dir einen Sinn bewahrt hast
für Vögel
für Blumen,
für Kinder?

Wovon ich fest überzeugt bin, ist,
dass Du nicht minder gern betrachtest,
was unablässig aus den Händen des Menschen hervorgeht,
mit dem Du Deine Schöpferkraft teilst.

*Helder Camara (1909–1999),
Erzbischof von Olinda und Recife (Brasilien)*

Eine Dichterin betet
Gib mir die gabe der tränen gott

Gib mir die gabe der tränen gott
gib mir die gabe der sprache

Führ mich aus dem lügenhaus
wasch meine erziehung ab
befreie mich von meiner mutter tochter
nimm meinen schutzwall ein
schleif meine intelligente burg

Gib mir die gabe der tränen gott
gib mir die gabe der sprache

Reinige mich vom verschweigen
gib mir die wörter den neben mir zu erreichen
erinnere mich an die tränen der kleinen studentin
    in göttingen
wie kann ich reden wenn ich vergessen habe
    wie man weint
mach mich nass
versteck mich nicht mehr

Gib mir die gabe der tränen gott
gib mir die gabe der sprache

Zerschlage den hochmut mach mich einfach
lass mich wasser sein das man trinken kann
wie kann ich reden wenn meine tränen nur für mich sind
nimm mir das private eigentum und den wunsch danach
gib und ich lerne geben

Gib mir die gabe der tränen gott
gib mir die gabe der sprache
gib mir das wasser des lebens

Dorothee Sölle (1929–2003)

---

1. Welche **Probleme** mit dem Beten haben viele Menschen?
2. Welche **inneren Einstellungen** sind Voraussetzung für das Beten?
3. Welche **Körperhaltungen und -bewegungen** sind Ausdruck des Betens?
4. Warum beten **Tiere** nicht? Warum betet allein der Mensch?
5. Sie werden erstaunt sein, wie viele Anregungen Sie im Internet finden, wenn Sie unter dem Stichwort »Beten« suchen.

4. Vor Gott schweigen

Alle Religionen kennen den hohen Wert des **Schweigens**. Sie wissen: Worte sind auf dem Weg zu Gott nötig, aber je mehr der Einzelne sich Gott nähert, umso mehr muss er schweigen. Darum ist das **Ende und Ziel** allen Redens von Gott das Schweigen. Dabei hat das Schweigen einen doppelten Sinn.

❖ Es ist wichtig, innerlich zur Ruhe zu kommen und alle Hektik hinter sich zu lassen. Vor allem in der Stille kann der Kontakt mit Gott gelingen. Das Schweigen ist eine gute **Voraussetzung**, um das Wort Gottes hören zu können.

❖ Das Schweigen kommt aus der Einsicht, Gott nicht ins Wort bringen zu können. Kein menschliches Reden kann ihn in seiner Größe und Transzendenz fassen, wie er ist.

Das haben die **Mystiker** in allen Religionen gewusst. Dahin führen auch Einsichten der **Theologie** und der modernen **Sprachphilosophie**.

---

1 Was können Sie über **Dionysius Areopagita** herausfinden? → M 1 Machen Sie an einigen Beispielen den Unterschied zwischen positiver und negativer Theologie deutlich.

2 **Mystik** – was ist das? Wer zählt zu den großen Mystiker/innen der Menschheit? → M 1. **Hildegard von Bingen**, eine deutsche Mystikerin: → S. 100

3 Wer trägt ein paar Informationen zum Leben und Werk des **Thomas von Aquin** vor, der einer der bedeutendsten Theologen und Philosophen des Mittelalters war (→ S. 70)? Welche Bedeutung bekommen im Blick auf sein umfangreiches Werk seine letzten Worte?

Zeugnisse der Mystik

Dionysius Areopagita wird nach einem Hörer des Paulus in Athen benannt (Apg 17, 34). In Wirklichkeit handelt es sich um einen Autor, dessen Namen wir nicht kennen. Er könnte ein syrischer Mönch gewesen sein, der unter dem Einfluss der neuplatonischen Philosophie und der östlichen Kirchenväter steht. Bei Dionysius ist Gott das Eine und Vollkommene jenseits allen Daseins. Die Theologie muss einerseits als »*theologia positiva*« auf die Offenbarung Gottes hören, andererseits als »*theologia negativa*« die Verborgenheit Gottes akzeptieren, nach dem Dunkel Gottes fragen und sich um Unsagbarkeit und Schweigen bemühen. Mit seinen Schriften hat Dionysius auf die europäische **Mystik** stark eingewirkt.

Im Schweigen kommen wir zu Gott

Je näher wir Gott sind,
umso karger werden unsere Worte.

Wo wir viele Worte machen,
statt anzubeten,
statt zu verehren,
statt voll Ehrfurcht auf die Knie zu sinken:
Da sind wir von Gott noch weit.

Je näher wir Gott sind,
umso stiller wird es.
Und beginnt das Schweigen,
dann hört das Fragen auf:
dann sind wir bei Gott.

»Oben« hören die Worte auf

Das hat darin seinen Grund: Je mehr wir uns nach oben wenden, umso mehr werden sich die Worte versagen. So, wie wir jetzt, wenn wir in das alles Erkennen übersteigende Dunkel eindringen, nicht einmal mehr Wortkargheit, sondern überhaupt Wortlosigkeit und Un-Denkbarkeit finden.
Denn steigt unser Wort von oben zu den Dingen ab, so wird es, je tiefer der Abstieg, im gleichen Verhältnis ausführlicher. Nun aber, wenn wir von den Dingen unten zu dem, was über allem ist, hinaufsteigen, wird es dementsprechend immer karger. Und nach Vollendung des Aufstiegs wird es ganz tonlos sein und ganz vereint mit der Stille.

Dionysius Areopagita (6. Jh.)

5

*Maurizio Nannucci (geb. 1939),
what to say not to say, 1969*

Ein Grundsatz der Sprachphilosophie

Sprechen und Schweigen

Ludwig Wittgenstein, Sprachphilosoph (→ S. 18, 63), hat in seinem »Tractatus logico-philosophicus« die Auffassung vertreten, dass es unmöglich sei, von Gott zu sprechen, weil Gott kein Ding dieser Welt sei, auf die allein sich sinnvolle Sprache beziehen könne. Er hat die Existenz Gottes auch nicht geleugnet, wohl aber bestritten, dass Gott durch uns mögliche Verfahren zu erkennen sei. Er gibt seinem »Tractatus« einen prägnanten Schluss-Satz, der oft zitiert wird.

Wovon man nicht sprechen kann, darüber muss man schweigen.
Was sich zeigt, ist das Mystische

Ludwig Wittgenstein (1889–1951)

Stimmen der Theologie

Sprechen und Schweigen

Das Wort »Gott« ist immer dem Vorwurf Wittgensteins ausgesetzt, der befiehlt, man solle über das schweigen, worüber man nicht klar reden könne, der aber – indem er diese Maxime ausspricht – sie verletzt. Das Wort selbst stimmt, richtig verstanden, dieser Maxime zu, denn es ist ja selbst das letzte Wort vor dem anbe-
5 tend verstummenden Schweigen gegenüber dem unsagbaren Geheimnis, freilich das Wort, das gesprochen werden muss als Ende allen Redens, soll nicht statt Schweigens in Anbetung jener Tod folgen, in dem der Mensch zum findigen Tier … würde.

Karl Rahner (1904–1984)

Verstehen

»Jedes Wort, jedes Bild, das man für Gott gebraucht, dient eher der Verzerrung als einer Beschreibung.«
»Wie spricht man also von Gott?«
»Durch Schweigen.«
5 »Warum sprecht ihr dann in Worten?«
Darüber lachte der Meister lauthals. Er sagte: »Wenn ich spreche, mein Lieber, darfst du nicht auf die Worte hören. Höre auf das Schweigen.«

Anthony de Mello (1931–1987)

Das Schweigen des Thomas von Aquin

Als Thomas am Nikolaustage des Jahres 1273 von der heiligen Messe zu seiner Arbeit zurückkehrte, war er seltsam verändert. Er schwieg beharrlich; er schrieb nicht; er diktierte nicht. Die *Summa theologica (sein Hauptwerk)*, an der er arbeitete, legte er beiseite; mitten im Traktat über das Bußsakrament brach er ab. Reginald,
5 der Freund, fragt ihn bestürzt: »Vater, wie mögt ihr ein so großes Werk abbrechen?« Thomas hat nur die Antwort: »Ich kann nicht.« Reginald von Piperno glaubt im Ernst, sein Meister und Freund könne geisteskrank geworden sein durch das Allzuviel der Arbeiten. Nach längerer Zeit fragt und drängt er noch einmal. Thomas gibt zur Antwort: »Reginald, ich kann nicht. Alles, was ich geschrieben habe, erscheint
10 mir wie Spreu – verglichen mit dem, was ich geschaut habe und was mir offenbart worden ist.«

Josef Pieper (1904–1997)

❖ Unter **Mystik** (von gr.: »sich schließen«, »[Augen und Ohren] schließen«) versteht man meist den Bereich **außerordentlicher** religiöser Erfahrungen, die einem Menschen zuteil werden können. Der **Mystiker/die Mystikerin** fühlt sich durch Gebet und Kult, durch Bibellesung und Leid spürbar von Gott ergriffen und kann z. B. Licht sehen und Bilder schauen (»Visionen«) sowie Worte und Klänge hören (»Auditionen«), die nicht von dieser Welt sind. Letztlich zielt diese Verbindung mit dem Göttlichen auf das innere Einswerden mit ihm. Dann weist das mystische Erlebnis ähnliche Züge auf wie eine große Liebe zwischen Menschen. Es erfüllt den Mystiker/die Mystikerin mit tiefem Glück. Manche Mystiker/innen fallen aber auch in ein dunkles seelisches Tief, wenn die einmal erlebte Beziehung zu Gott später wieder ausbleibt.

❖ Von den mystischen Erfahrungen zu sprechen stößt oft auf erhebliche Schwierigkeiten, weil die alltäglichen Worte dazu wenig geeignet sind. Nicht selten schenkt man den Erfahrungen der Mystiker keinen Glauben.

❖ Manchmal bezeichnet man mit »Mystik« auch **elementare** religiöse Erfahrungen, die man im Gebet, in der Zuwendung zum Nächsten und zur Welt, in der Meditation macht. Dann kann jeder Christ ein Mystiker sein.

❖ Im Christentum und in den meisten Religionen gibt es viele Mystiker/innen: → S. 50 f.

5. Stimmen der Dichtung

Psalm

Niemand knetet uns wieder aus Erde und Lehm,
niemand bespricht unsern Staub.
Niemand.

Gelobt seist du, Niemand.
Dir zulieb wollen
wir blühn.
Dir
entgegen

Ein Nichts
waren wir, sind wir, werden
wir bleiben, blühend:
Die Nichts –, die
Niemandsrose.

Mit
dem Griffel seelenhell,
dem Staubfaden himmelswüst,
der Krone rot
vom Purpurwort, das wir sangen
über, o über
dem Dorn.

Paul Celan (1920–1970)

Nicht gesagt

Nicht gesagt
Was von der Sonne zu sagen gewesen wäre
und vom Blitz nicht das einzig richtige
Geschweige denn von der Liebe.

Versuche. Gesuche. Mißlungen
Ungenaue Beschreibung

Weggelassen das Morgenrot
Nicht gesprochen vom Sämann
Und nur am Rande vermerkt
Den Hahnenfuß und das Veilchen.

Euch nicht den Rücken gestärkt
Mit ewiger Seligkeit
Den Verfall nicht geleugnet
Und nicht die Verzweiflung

Den Teufel nicht an die Wand
Weil ich nicht an ihn glaube
Gott nicht gelobt
Aber wer bin ich daß

Marie Luise Kaschnitz (1901–1974)

O GOTT

Überall nur kurzer Schlaf
Im Mensch, im Grün, im Kelch der Winde.
Jeder kehrt in sein totes Herz heim.

– Ich wollt die Welt wär noch ein Kind –
Und wüsste mir vom ersten Atem zu erzählen.

Früher war eine große Frömmigkeit am Himmel,

Gaben sich die Sterne die Bibel zu lesen.
Könnte ich einmal Gottes Hand fassen
Oder den Mond an seinem Finger sehn.

O Gott, o Gott, wie weit bin ich von dir!

Else Lasker-Schüler (1869–1945)

Aus dem Stundenbuch

Alle, welche dich suchen, versuchen dich.
Und die, so dich finden, binden dich
an Bild und Gebärde.

Ich aber will dich begreifen,
wie dich die Erde begreift;
mit meinem Reifen
reift
dein Reich.

Ich will von dir keine Eitelkeit,
die dich beweist.
Ich weiß, dass die Zeit anders heißt
als du.

Tu mir keine Wunder zulieb.
Gib deinen Gesetzen recht,
die von Geschlecht zu Geschlecht
sichtbarer sind.

Rainer Maria Rilke (1875–1926)

Ich suche Gott

Ich suche Gott
und finde ihn
in einer Blume
die nicht welkt

Sie sagt
die Zeit hat mir befohlen
dir gut zu sein
ich sage
Amen

Rose Ausländer (1901–1988)

Religionsunterricht
für D. R.

Der liebe Gott, mein liebes Kind
Liebt alle Menschenkinder
Die schwarzen, die weißen, die gelben, die roten
Die guten – die bösen nicht minder

Gott schuf unsre Welt? – Ja, das ist wahr
Gott schuf die Vögel und Affen
Wer aber schuf Gott? – Du, das ist klar:
Den hat ja der Mensch erschaffen

Wir sind seine Schöpfer. Und ER ist gewiss
Viel menschlicher als seine Macher
Gott ist ein gestrenger Lehrmeister und
Ein freundlicher Widersacher

Gott ist unser edleres Ebenbild
So hausen wir hier auf Erden
Wir eifern dem eigenen Kunstwerk nach
So wollen wir Menschen werden

Wolf Biermann (geb. 1936)

Elektronische Hirne

Noch sind sie unsere Knechte
Noch führen sie aus
Was wir ihnen vorschreiben
Dumm, stur, emsig

Aber schon sind die Resultate
Die sie liefern
Nicht mehr zu kontrollieren
Nur durch ihresgleichen

Doch bald
Werden sie weiter rechnen
Ohne uns
Formeln finden,
die nicht mehr zu interpretieren sind

Bis sie endlich Gott erkennen,
ohne ihn zu verstehen
Schuld- und erbarmungslos
Straf- und rostfrei
Gefallene Engel

Friedrich Dürrenmatt (1921–1990)

großer gott klein

großer gott:
uns näher als haut
oder halsschlagader
kleiner
als herzmuskel
zwerchfell oft:
zu nahe
zu klein –
wozu
dich suchen?
wir:
deine verstecke

Kurt Marti (geb. 1921)

an gott

dass an gott geglaubt einstens er habe
fürwahr er das könne nicht sagen
es sei einfach gewesen gott da
und dann nicht mehr gewesen gott da
und dazwischen sei gar nichts gewesen
jetzt aber er müsste sich plagen
wenn jetzt an gott glauben er wollte
garantieren für ihn könnte niemand
indes vielleicht eines tages
werde einfach gott wieder da sein
und gar nichts gewesen dazwischen

Ernst Jandl (1925–2000)

> 1 Wer informiert über **Leben und Werk** eines der Dichter/einer der Dichterinnen und versucht sich – in Kooperation mit dem Deutschunterricht – an der Interpretation eines der Gedichte?
> 2 Wo können Sie **Anklänge an die biblische Sprache** feststellen? Wo entfernen sich die Gedichte von der tradierten religiösen Sprache?
> 3 Was tragen diese Gedichte zum **Gottesverständnis** heute bei?

Weltweite Erfahrungen

1. Gottesbilder der Völker

❖ In der ganzen Welt gibt es Erfahrungen des Göttlichen. In **Naturerscheinungen** (Fluss, Vulkan, Blitz und Donner, Himmel, Sonne, Ernte), in **Tieren**, in **Menschen** (Zauberer, Priester/in, Medizinmann, Schamane) und in **menschlichen Werken** (Statue, Bild, Altar, Tempel) wurde und wird göttliche Macht gesehen und Göttliches verehrt.

❖ Insofern in diesen Erscheinungen eine Ahnung des Göttlichen, seiner Nähe und Andersartigkeit liegt, verdienen sie **Respekt**. Wo sie das Gottesbild unwürdig verzerren und mit Gewalt, Grausamkeit und Verstößen gegen die Menschenwürde einhergehen, verdienen sie **Kritik**.

1. Informieren Sie sich über **eines dieser Bilder** näher, indem sie auf seine Umwelt, seine Gestalt, seine zugrunde liegende Idee, die Wirkung in seiner Zeit und heute usw. eingehen.
2. Suchen Sie **andere Gottesbilder** aus aller Welt. Weitere Gottesbilder: → S. 52 ff, 131.
3. Wo liegen **Gemeinsamkeiten**, wo **Unterschiede**?
4. Welches dieser Bilder erscheint Ihnen als **Verfehlung**, welches als **Ahnung** des Göttlichen?
5. Zum biblischen **Bilderverbot**: → S. 94 ff.

1 *Kanaanäische Gottheit*, möglicherweise **El**, 14.–13. Jh. vC: → S. 90.

2 **Apoll** von Belvedere, um 330 vC

3 **Diana von Ephesus**, Nachbildung des dortigen Kultbildes, 2. Jh. nC. Die vielen Brüste weisen sie als eine Muttergottheit aus, die vielen Tiere auf ihrem Gewand zeigen ihre Naturverbundenheit.

4 **Tangaroa** (Ta'aroa), der polynesische Schöpfergott, schuf aus der Muschelschale und seinem Körper die Welt. Auch die Götterfamilie entstand aus seinem Leib.

5 Der **Gott des Eisens** und des Krieges der westafrikanischen Yoruba-Kultur.

6 **Osiris**, der ägyptische Gott des Totenreiches, 13. Jh. vC

7 Die ägyptische Göttin **Isis** reicht der verstorbenen Königin Nefertari das Anchkreuz (»Lebenszeichen«), 13. Jh. vC.

8 Relief aus Babylon, Löwe als Symbol der Göttin **Ischtar** (Astarte), 6. Jh. vC

9 *Vajrapani*, eine erleuchtete Gestalt des mongolischen Buddhismus, wendet sich voller Zorn gegen Kräfte des Bösen, 18. Jh.

2. Der Gott Israels

Die **Aussagen** der Hebräischen Bibel über Gott bilden eine Grundlage des religiösen Judentums bis heute, wenn sie auch in verschiedenen Zeiten unterschiedlich interpretiert und akzentuiert wurden.

Demnach ist für Juden Gott der **Schöpfer, Lenker und Richter** der Welt. Eine besondere Prägung erhält das jüdische Gottesverständnis durch den Glauben, dass Gott dem Mose seinen **Namen** (JHWH) geoffenbart und dass er mit dem Volk Israel einen besonderen **Bund** geschlossen hat, wodurch er in einmaliger Weise zum »**Gott Israels**« geworden ist. Dieser Gott hat sein Volk zuerst aus dem Sklavenhaus Ägypten befreit, hat ihm das **Land** Israel geschenkt und es später durch die Zeiten geführt. Aufgabe des Volkes ist es, seine Weisungen, die Thora, zu befolgen und seinen **Namen zu heiligen**. Für Juden gilt das **Bilderverbot:** → S. 94.

Wichtige jüdische Aussagen über Gott gehören auch zum Grundbestand des **Christentums**.

Sch'ma Israel

Das wichtigste Gebet Israels ist das »Höre, Israel!« (hebr.: »Sch'ma Israel«). Fromme Juden beten es jeden Tag und in der Stunde des Todes.

⁴ Höre, Israel! Der Ewige, unser Gott, der Ewige ist einzig. ⁵ Darum sollst du den Herrn, deinen Gott, lieben mit ganzem Herzen, mit ganzer Seele und mit ganzer Kraft. ⁶ Diese Worte, auf die ich dich heute verpflichte, sollen auf deinem Herzen geschrieben stehen. ⁷ Du sollst sie deinen Söhnen wiederholen. Du sollst von ihnen reden, wenn du zu Hause sitzt und wenn du auf der Straße gehst, wenn du dich schlafen legst und wenn du aufstehst. ⁸ Du sollst sie als Zeichen um das Handgelenk binden. Sie sollen zum Schmuck auf deiner Stirn werden. ⁹ Du sollst sie auf die Türpfosten deines Hauses und in deine Stadttore schreiben.   *Dtn 6,4–9*

Mit deiner ganzen Seele

*Der **Talmud**, entstanden zwischen 500 vC und 500 nC, ist das wichtigste religiöse Buch der Juden. Hier haben die Rabbinen das, was sie über Gott zu sagen haben, niedergelegt. Hier finden sich viele Ausführungen über Rechte und Pflichten, Feste und Alltag, Ehe, Landwirtschaft usw. Bis heute bestimmt der Talmud mehr noch als die Thora die jüdische Lebenspraxis.*

Rabbi Akiba hatte Hadrians Verbot des Thoralehrens nicht befolgt und wurde zum Märtyrertod verurteilt. Als er in der Anwesenheit des bösen Tinneius Rufus gefoltert wurde, kam die Stunde, das »Höre, Israel« (Dtn 6,4—9) zu sprechen. Er sprach es und lächelte.

Der römische Beamte schrie ihn an: »Alter Mann! Wie kannst du bei deinen Schmerzen lächeln? Du bist entweder ein Zauberer oder du spottest deiner Leiden.«

Akiba antwortete: »Ich bin kein Zauberer und ich spotte meiner Leiden nicht. Aber mein Leben lang habe ich die Worte gesprochen: ›Du sollst den Herrn, deinen Gott, lieben mit deinem ganzen Herzen und deiner ganzen Seele und deinem ganzen Vermögen‹, und ich war traurig, wenn ich daran dachte, wie ich denn Gott mit meiner ganzen Seele lieben könne. Ich habe Gott mit meinem ganzen Herzen und mit meinem ganzen Vermögen geliebt. Doch war mir nicht klar, wie ich Ihn auch mit meiner ganzen Seele lieben könne. Jetzt, wo ich meine Seele aufgebe und die Stunde des ›Höre, Israel‹ gekommen ist und wo ich bei meinem Entschluss bleibe – soll ich da nicht lächeln?« Als er so sprach, verließ ihn seine Seele.

aus dem Talmud nach p. Berakhoth IX

Weltweite Erfahrungen

Frömmigkeit im Alltag

Die Erzählungen der Chassidim (Sg. »Chassid«; d. h. der »Fromme«), die seit dem 18. Jahrhundert in Osteuropa entstanden, gehören zu den Kostbarkeiten der jüdischen Literatur. Sie sind knapp, treffsicher, heiter und melancholisch zugleich, voll praktischer Frömmigkeit und tiefer Menschlichkeit. Sie kommen aus langen Erfahrungen mit den blutigen Verfolgungen, die die osteuropäischen Juden zu ertragen hatten, und wollen Hoffnung und Freude verbreiten. Die hier zitierten Rabbi Mosche Löb und Rabbi Sussja gehören zu den bekannten Chassidim: → S. 71, 73.

Die gute Gottesleugnung

Rabbi Mosche Löb sprach: »Es gibt keine Eigenschaft und keine Kraft am Menschen, die umsonst geschaffen wäre. Und auch alle niederen und verworfenen Eigenschaften haben eine Erhebung zum Dienste Gottes. So etwa der Hochmut: wenn er erhoben wird, wandelt er sich zu einem hohen Mut in den Wegen Gottes. Aber wozu
5 mag wohl die Gottesleugnung geschaffen sein? Auch sie hat ihre Erhebung, in der hilfreichen Tat. Denn wenn einer zu dir kommt und von dir Hilfe fordert, dann ist es nicht an dir, ihm mit frommem Munde zu empfehlen: »Habe Vertrauen und wirf deine Not auf Gott«, sondern dann sollst du handeln, als wäre da kein Gott, sondern auf der ganzen Welt nur einer, der diesem Menschen helfen kann, du allein.«

Rabbi Mosche Löb von Sasow (ca. 1745–1807)

Das Leiden

Als Rabbi Schmelke und sein Bruder zum Maggid von Mesritsch gekommen waren, brachten sie dies vor. Unsere Weisen haben ein Wort gesprochen, das uns keine Ruhe lässt, weil wir es nicht fassen können. Das ist das Wort, der Mensch solle Gott für das Übel lobpreisend danken wie für das Gute und solle es in gleicher Freude
5 empfangen. Ratet uns, Rabbi, wie wir es fassen.«
Der Maggid antwortete: »Geht in das Lehrhaus, da werdet ihr Sussja finden, wie er seine Pfeife raucht. Er wird euch die Deutung sagen.« Sie gingen ins Lehrhaus und legten Rabbi Sussja ihre Frage vor. Er lachte: »Da habt ihr euch den Rechten ausgesucht! Ihr müsst euch schon an einen andern wenden, und nicht an einen wie mich,
10 dem zeitlebens kein Übel widerfuhr.« Sie aber wussten: es war Rabbi Sussjas Leben vom Tag seiner Geburt an bis zu diesem Tag aus Not und Pein ohne anderen Einschlag gewoben. Da verstanden sie, was es heißt, Leid in Liebe empfangen.

Rabbi Sussja von Hanipol (ca. 1745–1800)

Keine Theologie nach und über Auschwitz

Elie Wiesel, Friedensnobelpreis 1986, gehört zu den jüdischen Schriftstellern, die sich aufgrund eigener furchtbarer Erfahrungen mit der Schoa intensiv mit dem Genozid an den Juden befasst haben.

Jene, die es nicht erlebt haben, werden es nie wissen, wie es war. Jene, die es wissen, werden es nie sagen. Nicht wirklich. Nicht alles. Die Vergangenheit gehört den Toten und die Überlebenden erkennen sich nicht in den Bildern und Ideen, die man sich *von* ihnen macht …
5 Es kann keine Theologie nach Auschwitz und schon gar nicht über Auschwitz geben. Denn wir sind verloren, was immer wir tun; was immer wir sagen, ist unangemessen. Man kann das Ereignis niemals mit Gott begreifen; man kann das Ereignis nicht ohne Gott begreifen. Theologie, der *Logos von* Gott? Wer bin ich, um Gott zu erklären? Und dennoch … Es ist ihr Recht, es zu versuchen. Nach Auschwitz ist
10 alles ein Versuch.

Elie Wiesel (geb. 1928)

---

1 Wiederholen Sie, was Sie über das **Judentum** und **Israel** sowie über das Verhältnis des Judentums zum **Christentum** gelernt haben.

2 Informieren Sie sich über Aussagen der **Hebräischen Bibel** (»AT«) zum Thema »Gott«: → S. 86 ff, 94. Arbeiten Sie einige für das Judentum wichtige Grundzüge des biblischen Gottesglaubens heraus.

3 Zeigen Sie auf, dass das »**Sch'ma Israel**« die Gottesbeziehung Israels wie in einer Kurzformel formuliert. Wie ist hier das Verhältnis von Glauben/Theologie und Handeln/Ethik?

4 Suchen Sie weitere Informationen zum **Talmud**, zu den **Chassidim** (→ S. 71) und zu **Elie Wiesel**. Interpretieren Sie dann die angeführten Texte: → M 1 und M 2.

5 Kennen Sie die wichtigsten **Vorurteile und Falschaussagen**, die Christen lange gegenüber dem jüdischen Gottesbild hatten und die heute überwunden sein sollten?

6 In welchen Punkten bestehen bis heute bei aller Gemeinsamkeit **Unterschiede im christlichen und jüdischen Gottesbild**? Einzelheiten dazu: → S. 116 ff.

7 Ein wichtiges Wort über Gott stammt von dem jüdischen Philosophen **Emmanuel Levinas** (1906–1995): → S. 37. Jüdische **Gedichte** zum Thema: → S. 44 f.

8 Zu einer neueren Diskussion über den biblischen **Monotheismus**: → S. 130 ff.

Linke Seite: Sarajewo Haggada, Spanien, 14. Jahrhundert
Die jüdische Miniatur, die von rechts nach links zu betrachten ist, stellt den Beginn der Schöpfung dar (Gen 1, 1–5). Die strenge rechteckige Form weist darauf hin, dass Chaos in Ordnung verwandelt wird. Gott selbst darf wegen des Bilderverbots (Ex 20,4) nicht ins Bild kommen. Rechts bewegt sich Gottes Geist bildlos in Form goldener Strahlen über der Oberfläche des Wassers. Links ist die Scheidung von Licht und Finsternis dargestellt. Das alte Bild weist Züge moderner (abstrakter) Kunst auf: → S. 3.

Die Schriftzeichen im Hintergrund bilden den hebräischen Gottesnamen JHWH: → S. 88.

3. Allah und die Muslime

Die Öffnende – die Fatiha

*Am Anfang des **Koran** steht die »**Fatiha**«, d.h. die »Öffnende« oder die »Eröffnung«. Sie ist ein schlichtes Gebet, das bei den Muslimen etwa die gleiche Bedeutung hat wie bei den Juden das »Sch'ma Israel« (→ S. 48) und bei Christen das »Vaterunser«. Von den Frommen wird es täglich gesprochen. Hier klingen Leitmotive des ganzen Koran an. Ihr Wortlaut:*
Geoffenbart zu Mekka

Im Namen Allahs, des Erbarmers, des Barmherzigen!
Lob sei Allah, dem Weltenherrn,
dem Erbarmer, dem Barmherzigen,
dem König am Tag des Gerichts!
Dir dienen wir und zu dir rufen um Hilfe wir;
Leite uns den rechten Pfad,
den Pfad derer, denen du gnädig bist,
nicht derer, denen zu zürnst,
und nicht der Irrenden.

Sure 1

Der eine Gott

*Eine der letzten Suren des Koran enthält das **Bekenntnis zur Einzigkeit Gottes**. Mohammed hat einmal gesagt, diese Sure sei so viel wert wie ein Drittel des ganzen Koran. In dieser kurzen Sure wird der christliche Glaube an die Dreifaltigkeit Gottes (→ S. 116 ff.) abgelehnt.*
Geoffenbart zu Mekka

Im Namen Allahs,
des Erbarmers, des Barmherzigen!
Sprich: Er ist der eine Gott,
der ewige Gott;
Er zeugt nicht und wird nicht gezeugt,
und keiner ist ihm gleich.

Sure 112

Licht über Licht

Gott ist das Licht der Himmel und der Erde …
Licht über Licht.
Gott leitet zu seinem Licht, wen er will.

Sure 24, 35

Der Thronvers

*Eine berühmte Stelle des Koran ist der »**Thronvers**«, der zusammenfasst, was die Muslime von Gott glauben.*

Allah, es gibt keinen Gott außer ihm, dem Lebendigen, dem Ewigen! Nicht ergreift ihn Schlummer und nicht Schlaf. Sein ist, was in den Himmeln und was auf Erden. Wer ist's, der da Fürsprache einlegt bei ihm ohne seine Erlaubnis? Er weiß, was zwischen ihren Händen ist und was hinter ihnen (Vergangenheit, Gegenwart und Zukunft), und nicht begreifen sie etwas von seinem Wissen, außer was er will. Weit reicht sein Thron über die Himmel und die Erde, und nicht beschwert ihn beider Schutz. Denn er ist der Hohe, der Erhabene.

Sure 2, 256

Abraham

*Der Koran zeigt, wie **Abraham**, der erste Muslim, zunächst von der Schönheit der Sterne, des Mondes und der Sonne so fasziniert ist, dass er sie (wie viele andere Religionen) für göttlich (»Herr«) hält. Am Ende aber erkennt er, dass sie Geschöpfe sind und nur der Glaube an den unsichtbaren Schöpfer berechtigt ist.*

Als die Nacht Abraham überschattete, sah er einen Stern.
Er sprach: »Das ist mein Herr.«
Als er aber unterging, sprach er:
»Nicht liebe ich, was untergeht.«
Und als Abraham den Mond aufgehen sah, sprach er:
»Das ist mein Herr.«
Und als er unterging, sprach er: »Wahrlich, wenn mich nicht mein Herr leitet, so bin ich einer der Irrenden.«
Und als Abraham die Sonne aufgehen sah, sprach er:
»Das ist mein Herr; das ist das Größte.«
Als sie jedoch unterging, sprach er: »O mein Volk, ich habe nichts mit euren Göttern zu schaffen.
Siehe, ich wende mein Angesicht lauteren Glaubens zu dem, der Himmel und Erde erschaffen hat.«

Sure 6, 76–79

*Unten und im Hintergrund:
Das arabische Wort »Allah« (Gott), Kalligraphien*

Das bin ich

*Rumi gehört zu den großen **Mystikern** (→ S. 42 f.) der Welt. Von Gott spricht er in unerhörten Formulierungen:*
Die zweiundsiebzig Bekenntnisse und Sekten in der Welt bestehen nicht in Wirklichkeit: Ich schwör's bei Gott. Jedes Bekenntnis, jede Sekte, das bin ich. Erde und Luft, Wasser und Feuer, ja sogar Körper und Seele, das bin ich. Wahrheit und Falschheit, gut und böse, Wohlsein und Drangsal vom Anfang bis zum Ende, das bin ich. Wissen und Gelehrsamkeit, Askese, Frömmigkeit und Glauben, das bin ich. Das Höllenfeuer, ihr könnt sicher sein, mit seinen lodernden Vorhöllen, Ja, auch das Paradies, der Garten Eden und die Paradiesjungfrauen, das bin ich. Diese Erde, dieser Himmel und alles, was sie bergen, Engel, Elfen, Genien und die gesamte Menschheit, das bin ich.

Rumi (1207–1273)

Alleinige Einheit

*Der ägyptische **Mystiker Dhu'n Nun** hat Gott in der Einsamkeit und Schönheit der Natur gefunden. Seine dichterische Sprache unterscheidet sich deutlich von den strengen asketischen Texten des damaligen Islam.*
O Gott, nie habe ich auf den Lauf eines Tieres oder auf das Rauschen eines Baumes, auf das Murmeln eines Wassers oder den Gesang eines Vogels gelauscht, nicht auf die Erquickung eines Schattens oder das Säuseln eines Windhauchs oder das Krachen eines Donners, ohne diese alle zu erkennen als Zeugen Deiner alleinigen Einheit, die darauf hindeuten, dass nichts Dir gleich ist und dass Du der Überwinder bist, der nicht zu überwinden ist, der Gerechte, der kein Unrecht tut, der Wissende, der keine Unwissenheit kennt, der Milde, der niemals betrügt, der Wahrhaftige, der niemals lügt." ... »Unter den Menschen nenne ich Dich Mein Herr, und in der Einsamkeit rufe ich Dich Mein Geliebter.

Dhu'n Nun (gest. 859)

Viele Wege zu Gott

*Im Islam hat es im Lauf der Geschichte große **Theologen und Philosophen** gegeben, die rationale Wege zum Verständnis des Islam gesucht haben. In Deutschland wurde **Abdoldjavad Falaturi** als Gesprächspartner mit dem Christentum bekannt.*
Ich konnte und kann mir nicht vorstellen, dass ein Gott, der von allen geliebt wird und alle seine Kreaturen liebt, sich der Willkür der Anhänger bestimmter Verkünder der Religionen unterordnet und allen Menschen entsprechend diesem Wunsch und der Willkür Himmel, Paradies und Hölle zuweist. Mir gefiel und gefällt das Prinzip der Mystik, das die Wege zu Gott als so viele darstellt, wie es Menschen gibt.

Abdoldjavad Falaturi (1926–1996)

»**Allah**« ist das arabische Wort, das die Muslime gebrauchen, wenn sie von Gott sprechen. Über die Bedeutung des Gottesnamens gehen die Meinungen auseinander. Manche meinen, das Wort sei aus der Zusammensetzung der beiden Wörter »al« (Artikel) und »ilah« (d. h. Gott) entstanden und bedeute nichts anderes als »**der Gott**«. Andere Muslime halten »Allah« für den **Namen** Gottes.
Von »Allah« reden die Muslime nur mit höchstem Respekt.

❖ Die wichtigste Aussage über Gott steht im Glaubensbekenntnis der Muslime: »Es gibt keinen Gott außer dem einzigen Gott.« Gottes **Einzigkeit** (»Tauhid«) ist für den Islam das religiöse Fundament. Neben ihm haben andere Götter keinen Platz. Ihn in seiner Einzigkeit anzuerkennen, ist wichtigste Pflicht des Menschen.

❖ Gott lebt als Einziger jenseits der Welt. Keine Religion betont Gottes **Transzendenz** so wie der Islam.

❖ Der kompromisslose islamische Monotheismus ist **Protest** gegen jeden Polytheismus. Er versteht sich auch als Kritik an der christlichen **Trinitätslehre** (→ S. 116 ff).

❖ Um Missverständnisse zu vermeiden, nennt der Islam Gott **nicht »Vater«,** obwohl er **99 Namen Gottes** kennt.

---

1. Wiederholen Sie kurz, was Sie über den **Islam, Mohammed, Allah, den Koran, die fünf Säulen und das Verhältnis des Islam zum Christentum** gelernt haben: → M 1.
2. Was sagen das Glaubensbekenntnis, das tägliche Pflichtgebet, die Fatiha und die anderen Koranstellen über **Gott**? Welche der 99 Namen Gottes im Islam kennen Sie?
3. Wie missbrauchen **fundamentalistische** (→ S. 16 f) Kreise im Islam zur Zeit den Gottesglauben der Muslime für politische Zwecke?
4. Zu einer neueren Diskussion über das Gewaltpotenzial des **Monotheismus**: → S. 130 ff.
5. Was können Sie über den gegenwärtigen Stand des **christlich-islamischen Gesprächs** herausfinden?

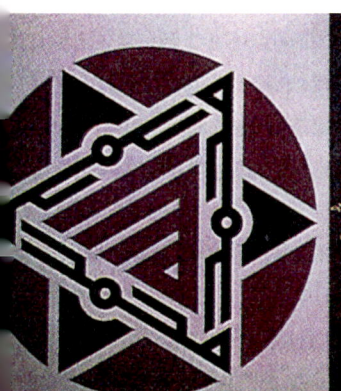

4. Das Pantheon des Hinduismus

❖ Im Indischen gibt es kein Wort, das unserem Wort »Gott« entspricht. Aber es gibt viele Wörter und Namen, die man wohl mit »Gott« übersetzen könnte, z. B. »Herrscher«, »Großer Herr«, »Gnädiger Herr«. Überall erleben die Inder Manifestationen des Göttlichen in männlicher und weiblicher Gestalt. Alles, was in der Natur oder in der Welt mächtig ist, gehört zum **Pantheon des Hinduismus**. Keine andere Weltreligion kennt eine solche Vielfalt des Göttlichen.

❖ Auch die Götter unterliegen dem ewigen Kreislauf des Werdens und Vergehens (»**Samsara**«), der letztlich allein das ewige Gesetz der Welt bildet.

Links: Die Göttin Kali mit 20 Armen und einer Kette aus Menschenschädeln. Von den Hindus wird sie gefürchtet und geliebt.

Rechts: Vishnu, Hängebild, Nepal um 1680. In der Mitte des Bildes steht der Gott unter dem Schirm einer siebenköpfigen Schlange, links unten hält er eine Muschel, rechts oben einen Diskus, rechts unten eine Keule – Symbole für Fruchtbarkeit, Glück und Macht. Links neben ihm die viermige Göttin Shri mit Wasertopf, Buch, Lotos und Spiegel, rechts sein Fabeltier, der Adler Garuda, ein sechsarmiges Zwitterwesen aus Vogel und Mensch. Er trägt u.a. Gebetskette, Topf und Vishnu-Banner.

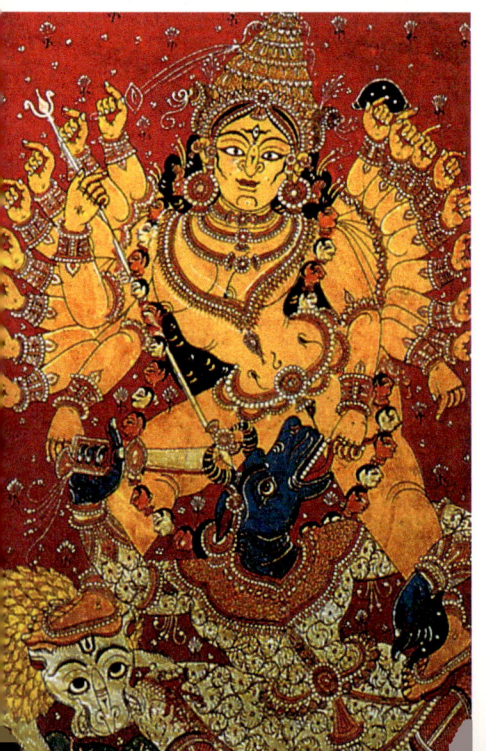

Lied an Indra

Indra wird in den Veden am häufigsten angerufen. In einem kosmischen Kampf der Vorzeit hat er einen gefährlichen Drachen getötet. Man ruft seine Hilfe gegen die Feinde an. Weil er unbesiegbar ist, wird er zum Kriegsgott.

Ein Herrscher bist du, gewaltig und hehr,
ein Vertilger der Feinde, dem niemand gleicht,
besiegt und erschlagen wird nimmermehr,
wem du in Gnaden dich zugeneigt.
Ein Stammesfürst, der das Heil uns schafft,
der den Drachen tötet, den Feind bezwingt,
geh uns, Indra, voran, ein Stier an Kraft,
der die Furcht verscheucht und den Rauschtrank trinkt.

Rigveda X 152

Das bist du – tat tuam asi

Die Upanishaden führen zu der Einsicht, dass Brahman und Atman eins sind. Wenn der Mensch in sich schaut und hinter allem Wechsel seiner Erscheinungen sein Selbst erkennt, das mit der absoluten Wirklichkeit identisch ist, dann kann er sagen: »tat tuam asi« (d.h. »Das bist du«). Diese letztmögliche Einsicht ist in einer tiefsinnigen Erzählung von Aruni und seinem Sohn Shvetaketu festgehalten:

»Hol mir doch eine Feige her.« – »Hier ist sie, Ehrwürdiger.«
»Spalte sie.« – »Sie ist gespalten, Ehrwürdiger.«
»Was siehst du darin?« – »Ganz feine Körner, Ehrwürdiger.«
»Spalte nun bitte eines von ihnen.« – »Es ist gespalten, Ehrwürdiger.«
» Was siehst du?« – »Gar nichts, Ehrwürdiger.« –
Da sprach er zu ihm: »Wahrlich, mein Lieber, dieses Feinste, das du gar nicht wahrnimmst, aus ihm ist jener große heilige Feigenbaum entstanden. Glaube mir, mein Lieber«, sprach er, »was diese feinste Substanz ist, die ganze Welt enthält es als ihr Selbst. Das ist das Wirkliche. Das ist Atman. Das bist du (tat tuam asi), Shvetaketu.«

»Schenk mir noch weitere Belehrung, Ehrwürdiger.« – »So sei es«, sprach er.
»Schütte dies Salz ins Wasser und komme morgen früh wieder zu mir.« So tat er.
Da sagte der Vater zu ihm: »Das Salz, das du gestern abend ins Wasser geschüttet hast, bring mir's her.«
Er griff danach, aber er fand es nicht, da es ganz und gar zergangen war.
»Nimm bitte einen Schluck von dieser Seite«, sagte jener. »Wie ist es?« – »Salzig.«
»Nimm einen Schluck aus der Mitte«, sagte er. »Wie ist es?« – »Salzig.«
»Nimm einen Schluck von jener Seite«, sagte er. »Wie ist es?« – »Salzig.«
»Setz es beiseite und komm zu mir.« Er tat so und sagte: »Es ist immer das Gleiche.«
Da sprach jener zu ihm: »Wahrlich, mein Lieber, du siehst kein Seiendes hier, und doch ist es darin. Was diese feinste Substanz ist, die ganze Welt enthält es als ihr Selbst. Das ist das Wirkliche. Das ist Atman. Das bist du, Shvetaketu!«

Chandigya-Upanishad VI 12, 1–13, 3

Gedanken über Gott

Ramakrishna war ein bedeutender indischer Asket und Mystiker, der neben dem Hinduismus auch die Lehren und Riten des Christentums und des Islam kannte. Seine Aussprüche wurden von seinen Jüngern gesammelt. Er lehrte einen universalistischen Gottesbegriff.

❖ Du siehst viele Sterne bei Nacht am Himmel, aber findest sie nicht, wenn die Sonne aufgeht. Kannst du darum sagen, dass es keine Sterne am Tageshimmel gibt? Darum, o Mensch, wenn du in den Tagen deiner Unwissenheit den Allmächtigen nicht schaust, sage nicht, es gebe keinen Gott.

❖ Wie ein und dasselbe Wasser von verschiedenen Menschen verschieden benannt wird – einer nennt es Wasser, ein anderer *vari,* ein dritter *aqua,* wieder ein anderer *pani* – so wird der Eine, der Sein, Denken und Wonne ist, von den einen als Gott, von den anderen als Allah, von anderen als Hari (Vishnu) und wieder von anderen als Brahman angerufen.

❖ Wie man mittels einer Leiter oder eines Bambusstabes oder einer Treppe oder eines Seiles auf das Dach eines Hauses gelangen kann, ebenso verschieden sind die Wege und Mittel, Gott zu erreichen, und jede Religion in der Welt zeigt einen dieser Wege.

Ramakrishna (1836–1886)

Stufen der Gotteserkenntnis

Sarvapalli Radhakrishnan gilt als ein wichtiger indischer Religionsphilosoph, der 1962–1967 auch indischer Staatspräsident war.

Der Hinduismus unterscheidet Vorstellungen von Gott nicht als richtig oder falsch und nimmt nicht eine bestimmte Idee als Muster und Vorbild für die gesamte Menschheit. Vielmehr erkennt er die Tatsache an, dass die Menschheit ihr Ziel Gott auf verschiedenen Stufen und verschiedenen Wegen sucht und er empfindet mit
5 einer jeden Stufe Sympathie. Der gleiche Gott offenbart sich auf der einen Stufe als Macht, auf einer anderen als Persönlichkeit, auf einer weiteren als allumfassender Geist …
Der Hindu sieht in dem verwirrenden Polytheismus der Massen und in dem unnachgiebigen Monotheismus der Kasten die Offenbarungen einer und derselben
10 Kraft auf verschiedenen Ebenen. Der Hinduismus besteht darauf, dass wir uns langsam hocharbeiten und unsere Gotteserkenntnis bewähren.
Die Verehrer des Absoluten stehen im Rang zuhöchst, danach kommen die Anbeter des persönlichen Gottes, danach die Diener der Offenbarungen wie Rama, Krishna und Buddha. Unter diesen stehen die, welche Ahnen, Gottheiten und Weise
15 anbeten, und darunter die Anbeter niederer Kräfte und Geister.

Sarvapalli Radhakrishnan (1888–1975)

❖ Die **Veden**, die ältesten heiligen Schriften der Inder (1500–500 vC), sind von den Brahmanen (Priestern) verfasst worden. Sie gelten als göttliche Offenbarungen. Ihre vielen Götter wie Sonne und Mond, Himmel und Erde, Morgenröte und Nacht, Winde, Luft und Feuer bilden zusammen mit anderen Göttern das alte indische Pantheon.

❖ Die Verfasser der **Upanishaden** (ca. 800–400 vC) sind keine Priester, sondern eher Philosophen, deren Interesse sich enttäuscht von der vedischen Welt der vielen Götter abwendet. Ihr fragendes Suchen gilt dem Absoluten, das hinter allen Erscheinungen ist. Diese Wirklichkeit wird von ihnen das **»Brahman«** genannt. Das zweite große Thema der Upanishaden ist das **Atman** (verwandt mit »atmen«): die Innenwelt, das Selbst, die Seele.

❖ Wie der Hinduismus in Indien schon immer viele Formen des Göttlichen akzeptiert hat, so erkennt er auch in seinen modernen **Reformbewegungen,** z. B. bei Ramakrishna, Gandhi und Radhakrishnan, die anderen Religionen als Wege zu Gott an.

1 Stellen Sie zusammen, was Sie über den **Hinduismus**, die Religion Indiens, wissen, z. B. über die heiligen Schriften, die Welt des Göttlichen, das Universum und den Menschen (Samsara, Karma, Wiedergeburt usw.), die Erlösungsvorstellungen, das Kastenwesen und moderne Probleme und Bewegungen.

2 Suchen Sie weitere Informationen zu **Ramakrishna, Gandhi und Radhakrishnan**: → M 1.

3 Welch **unterschiedliche Einstellungen** gegenüber dem Göttlichen zeigen die Texte und Bilder? Vergleichen Sie die Worte des Ramakrishna mit Apg 17,22–31.

4 **Vergleichen** Sie die Hindu-Vorstellungen vom Göttlichen mit dem biblischen Gottesglauben.

5. Der Buddha und das Gottesthema

Die Blinden und der Elefant

*Der **Pali-Kanon**, die älteste Schrift des Buddhismus, hat drei Teile, die »**Körbe**« genannt werden. Im 2. Korb wird erzählt, dass eines Tages ein Mönch den **Buddha** mit verhaltenem Vorwurf fragte, warum er gerade die letzten Fragen über Gott und Götter unbeantwortet lasse. Ihm antwortete der Buddha:*
Einstmals lebte in Shravasti ein König. Der gebot seinem Diener: »Lasse alle Blindgeborenen der Stadt an einem Ort zusammenkommen.« Als das geschehen war, ließ er den Blindgeborenen einen Elefanten vorführen und ihnen sagen: »Das ist ein Elefant.« Dann ließ er die einen den Kopf betasten, andere das Ohr oder den Stoßzahn, den Rüssel, den Rumpf, den Fuß, das Hinterteil, den Schwanz, die Schwanzhaare. Dann fragte der König: »Wem gleicht der Elefant?« Die, welche den Kopf betastet hatten, sagten: »Er ist wie ein Topf«, die das Ohr betastet hatten »wie ein geflochtener Korb zum Schwingen des Getreides«, die den Stoßzahn betastet hatten »wie eine Pflugschar«, die den Rüssel betastet hatten »wie eine Pflugstange«, die den Rumpf betastet hatten »wie ein Speicher«, die den Fuß betastet hatten »wie ein Pfeiler«, die das Hinterteil betastet hatten »wie ein Mörser«, die den Schwanz betastet hatten »wie eine Mörserkeule«, die die Schwanzhaare betastet hatten »wie ein Besen«. Und mit dem Ruf: »Der Elefant ist so und nicht so«, schlugen sie sich gegenseitig mit den Fäusten, zur Belustigung des Königs.

So sind auch die Brahmanen und Asketen, die diese und jene Lehrmeinungen (über Gott und Göttliches) vertreten, blind. Sie bleiben unbeirrt auf einem Standpunkt stehen, weil sie nur einen Teil der Wahrheit sehen.

Aus dem 2. Korb des Pali-Kanon: Udana 6, 4

Buddha, Nepal, 17. Jh.

Der **Buddha** (ca. 450–370 vC) hat andere Vorstellungen von der Welt des Göttlichen als die anderen großen Religionsstifter, bei denen die Gottesfrage im Zentrum ihrer Lehre steht. Zwar bezieht er ganz unbefangen die indische **Götterwelt** seiner Zeit in seine Reden ein. Aber die vielen Götter gehören nicht in den Grundbestand seiner neuen Lehre, weil sie nicht die Befreiung vom Leid schenken können und erst recht nicht Endziel seines Erlösungsweges – des »**Nirwanas**« – sind. Sie sind eher die Requisiten, die ganz selbstverständlich zum damaligen Weltbild gehören wie Fluss und Berg, Baum und Blume. Am ehesten nimmt bei ihm das »Nirwana« die Stelle ein, die in den anderen Religionen das Absolute (das Göttliche, Gott bzw. die Transzendenz) hat.

Religionskritische Äußerungen des Buddha

❖ Der Buddha hat keinen Sinn darin gesehen, dass die Brahmanen den Göttern **blutige Opfer** bringen, da er jede Tötung von Leben für Unrecht hielt.

❖ Auch **unnütze Spekulationen** und **unzureichende Gottesbilder** hat er kritisiert. Einmal kamen streitende Brahmanen zu ihm, damit er entscheide, welcher Weg zum höchsten Gott Brahma der richtige sei. Jeder berief sich dabei auf seine eigenen Vorstellungen und Lehrer. Der Buddha ging auf diesen Brahmanenstreit nicht ein. Er stellte ihre Voraussetzung in Frage, dass es überhaupt einen Weg zu Brahma gebe. Die Behauptung der Brahmanen, den Weg zu Brahma zu kennen, sei genau so unsinnig wie die, den Weg zur Sonne zu kennen oder einen Menschen zu lieben, den man nie gesehen habe.

Das Nirwana

*Der Buddha beschreibt in seinen **Lehrreden** das Nirwana als etwas Unfassbares, das sich jedem rationalen Verstehen entzieht. Seine Sprache erinnert an die negative Theologie: → S. 42 f., 84.*

Es gibt, ihr Mönche, einen Bereich, wo weder Erde noch Feuer, noch Wasser, noch Wind ist, wo die Sphäre der Unendlichkeit des Raumes und des Bewusstseins nicht mehr besteht. Wo nicht irgendetwas mehr ist, weder die Sphäre des Unterscheidens noch die des Nichtunterscheidens, nicht diese Welt noch die jenseitige Welt, wo beide, Sonne und Mond, nicht mehr sind. Dies erfahrt von uns, ihr Mönche: Ich verkündige euch ein Nichtkommen und Gehen, die Freiheit von der Wiedergeburt; ein Nichtstillstehen und ein Nichtweitergehen. Keinen Grund gibt es mehr für das Sehnen nach dem Leben. Dies ist das Ende des Leidens.

Aus dem 2. Korb des Pali-Kanon: Udana 8, 1

54 Weltweite Erfahrungen

Aus einem Brief einer japanischen Amida-Gläubigen

*»Amida« ist der Name des vergöttlichten Buddha, der heute vor allem in Japan verehrt wird. Das Wort bedeutet »Unendliches Leben«. Der Amida-Glaube gehört zum **Mahayana**, der größten Richtung im Buddhismus. Kernstück der religiösen Andachtsübung ist die Anrufung des Namens des Buddha Amida.*

Ich bin alt und ich bin eine Frau, und man erwartet nicht, dass eine Frau eben viel von solchen Dingen weiß, aber ich will Ihnen sagen, was für Gedanken ich habe. Ich bin schwach und sündig und habe keine Hoffnung auf mich selbst; meine ganze Hoffnung geht auf den Buddha Amida. Ich glaube an ihn als an das höchste
5 Wesen. Wegen der Sündhaftigkeit der Menschen und wegen ihrer Leiden nahm Amida Buddha Fleisch an und kam auf die Erde, die Menschen zu erlösen; und einzig in seinem leidenden Lieben ist Hoffnung für mich und ist Hoffnung für die Welt zu finden. Er ist in die Menschheit eingegangen, ihr Retter zu werden; und helfen kann gar niemand sonst als er. Er wacht beständig über alle, die auf ihn trauen, und
10 hilft ihnen. Ich habe es nicht eilig mit dem Sterben, aber ich bin bereit, wenn meine Zeit kommt; und ich getröste mich, dass ich durch Amida Buddhas gnädige Hilfe alsdann eingehen werde in das zukünftige Leben. Das aber stelle ich mir vor als einen Zustand bewussten Seins, da alles Leid von mir abgetan sein wird. Ich glaube, dass Amida Gebete erhört und dass er mich bisher geführt hat, und meine ganze
15 Hoffnung ist sein leidendes Lieben.

Name nicht überliefert

Das Göttliche im Menschen – Eine moderne Stellungnahme

*Der Autor des folgenden Textes wurde 1898 unter den Namen Ernst Lothar Hoffmann in Deutschland geboren. Er studierte Philosophie, Religionswissenschaft und Archäologie. In den 20er Jahren trat er zum Buddhismus über, nahm den Namen **Anagarika Govinda** an, wurde **Lama** und lebte in einem indischen Ashram und in Tibet. Hier nimmt er zur Gottesfrage im Buddhismus Stellung.*

Man hat den Buddhismus auf der einen Seite des Atheismus, auf der anderen Seite der »Bilderverehrung«, wenn nicht gar des »Götzendienstes« beschuldigt. Beides ist völlig verfehlt. Die Lehre des Buddha ist weder Agnostizismus noch Atheismus, denn sie leugnet weder die Möglichkeit höchster Erkenntnis oder der vollkomme-
5 nen Erleuchtung noch auch den Wert des Gotteserlebnisses, das je nach der Stufe menschlicher Erkenntnis verschiedenartige Formen annimmt und darum keiner verstandesmäßigen Definition unterliegen kann. Der Buddha ließ daher die Gottesvorstellungen seiner Zeitgenossen auf sich beruhen und zeigte jenseits aller theistischen Thesen den Weg zum Erlebnis des Göttlichen im Menschen selber.
10 Dieses besteht in der Überwindung unserer ichhaften Begrenztheit, d. h. in der Kultivierung jener »unermesslichen« Eigenschaften, die in den Empfindungen der Nächstenliebe, des Mitleids, der Mitfreude und der Herstellung des vollkommenen seelischen Gleichgewichtes, das auch von eigenen Freuden und Leiden unberührt bleibt, bestehen. Der Buddha bezeichnet diese als die vier »göttlichen Zustände«
15 oder das »Verweilen in Gott« (»Brahma-vihara«). Er verkündete somit nicht eine Lehre, die irgendetwas mit dem materialistischen Atheismus unserer Zeit zu tun hat, sondern eine nicht-theistische Lehre, die statt einer Gottesvorstellung die Verwirklichung des Göttlichen, des Unendlichen im Menschen anstrebte.

Lama Anagarika Govinda (1898–1985)

❖ Beim Buddha gibt es **keinen Glauben an einen persönlichen Gott**, der Herr der Welt und **Schöpfer** der Menschen wäre. Die Welt entsteht und vergeht auf Grund des ewigen Weltgesetzes immer wieder (»**Samsara**«). Sie hat daher keinen Ursprung und braucht auch keinen Schöpfer. Ebenso wenig findet sich beim Buddha ein göttlicher **Richter**, der am Ende der Zeiten die Menschen entsprechend ihren Taten belohnt oder bestraft. Das Leben selbst ist der Lohn der vergangenen Taten (»**Karma**«).

❖ Der **spätere Buddhismus** hat die distanzierte Haltung des Buddha zur Gottesfrage nicht beibehalten. Die Frage nach Gott gewann allmählich wieder ein stärkeres Gewicht und verband sich mit der Erlösungslehre des Buddha. So entwickelte sich ein umfangreiches **buddhistisches Pantheon** und eine reiche **Buddhologie**. Die Götterfülle des Hinduismus lebte im Buddhismus wieder auf. Im »**Mahayana**«, dem »Großen Fahrzeug« (Südostasien) und im »**Vajrayana**«, dem »Diamantenen Fahrzeug« (Tibet) wird dem **Buddha** Göttlichkeit, an die er nie für sich gedacht hat, nun – neben vielen anderen Buddhas – von seinen Gläubigen zugesprochen.

---

1 **Wiederholen** Sie, was Sie über den Buddha, sein Leben, die »vier edlen Wahrheiten vom Leid«, den »achtteiligen Pfad«, das »Gesetz in Abhängigkeit« und das Nirwana wissen. Stellen Sie auch Grundzüge des Buddhismus vor: die Rolle der Mönche, Laien und Frauen, die drei großen Richtungen, die heutige Ausdehnung und Gestalt. → M 1

2 Was bedeutet es für das Lebensgefühl der Buddhisten, wenn der **Buddhismus** keinen persönlichen Gott, keinen Schöpfer und Richter kennt?

3 **Vergleichen** Sie die Gottes- und Nirwana-Auffassungen des Buddhismus mit dem Gottesglauben des Christentums. Welche Konsequenzen ergeben sich jeweils aus dem unterschiedlichen Glauben?

6. Ein Gott – Viele Religionen

> ❖ Die **Religionen** kennen eine große **Vielfalt** unterschiedlicher Gottesbilder und Gottesvorstellungen. Für das Christentum bedeutet diese Vielfalt eine große Herausforderung. Sie wirft wichtige Fragen auf, z. B. ob eine Religion wahr ist und wenn ja, welche.
>
> ❖ In der **Bibel** gibt es unterschiedliche Einstellungen zu den damals bekannten Religionen.
> – Im **Alten Testament** wird einerseits die Verehrung fremder Götter scharf abgelehnt, andererseits werden Menschen, die in anderen Religionen leben, »Gerechte« genannt.
> – Das **Neue Testament** lehrt einerseits, dass Jesus allein den Weg zum Vater weist. Andererseits wird der universale Heilswille Gottes für alle Völker betont.
>
> ❖ Biblische Aussagen zu **Hinduismus** und **Buddhismus**, die es damals schon gab, liegen nicht vor.

Worte der Bibel

Im **Alten Testament** *beginnt der Dekalog programmatisch mit dem Gebot:*
Du sollst neben mir keine anderen Götter haben.   *Ex 20,3*

Einerseits haben sich viele Propheten und Weisheitslehrer entschieden gegen die Religionen der heidnischen Völker gewandt:
Elija im Kampf gegen Baal   *1 Kön 18, 17–40*
Spott des Exilpropheten über die Götzenbilder   *Jes 44, 8–20*
Die Torheit des Götzendienstes   *Weish 13–15*
Der Gott Israels und die Götzen der Völker   *Ps 115*

Andererseits schätzt das Alte Testament Menschen, die anderen Religionen angehören, hoch, z. B.
Noach-Bund   *Gen 8, 20–9, 17*
Melchisedek   *Gen 14, 18–20*
Ijob   *Ijob 1, 1*

Im **Neuen Testament** *hat sich* **Jesus** *nicht über Menschen geäußert, die anderen Religionen angehören. Er weiß sich primär zu den Kindern Israels gesandt (Mk 10, 5f). Doch kann er wichtige Lehren im Umgang mit »Andersgläubigen« verdeutlichen, z. B. :*
Die Erhörung der Bitte einer nichtjüdischen Frau   *Mt 15, 21–28*
Das Gleichnis vom barmherzigen Samariter   *Lk 10, 30–37*
Das Gespräch mit einer Samariterin   *Joh 4*

Einige Stellen im Neuen Testament betonen die **Notwendigkeit des Glaubens an Jesus für das Heil.**
Ich bin der Weg, die Wahrheit und das Leben.
Niemand kommt zum Vater außer durch mich.   *Joh 14, 6*
In keinem anderen ist das Heil zu finden.
Denn es ist uns Menschen kein anderer Name
unter dem Himmel gegeben,
durch den wir gerettet werden sollen.   *Apg 4, 12*

Andere Stellen zeigen, dass Jesus **vielen Menschen Gottes Heil** *zuspricht.*
Ich habe noch andere Schafe,
die nicht aus diesem Stall sind; auch sie muss ich
führen, und sie werden auf meine Stimme hören.   *Joh 10, 16*
Im Haus meines Vaters gibt es viele Wohnungen.   *Joh 14, 2*

Bei **Paulus** *beginnt der Kontakt des Christentums mit anderen Religionen.* **Einerseits** *übt er scharfe Kritik an den Heiden und an ihren Göttervorstellungen,* **andererseits** *betont er, dass Gott das Heil aller Menschen will.*
Gottes Zorn über die Religion der Menschen   *Röm 1, 21–25*
Die Areopagrede vom »unbekannten Gott«   *Apg 17, 22–31*
Gott will, dass alle Menschen gerettet werden
und zur Erkenntnis der Wahrheit gelangen.   *1 Tim 2, 4*

---

1 Gehen Sie in Gruppen den Aussagen der **Bibel** über die anderen Religionen nach.
2 Wie erklären sich die **positiven und negativen Aussagen** der Bibel über die anderen Religionen? Welche Absichten liegen jeweils in den engen und in den offenen Äußerungen?
3 Welche Aussagen macht das **2. Vatikanische Konzil** zu den nichtchristlichen Religionen: → S. 59. Wie erwachsen diese aus der Bibel?

Weltweite Erfahrungen

Exklusivismus – Pluralistische Religionstheologie – Inklusivismus

Zur Beurteilung der nichtchristlichen Religionen gibt es – aus christlicher Sicht – drei Möglichkeiten:

(1) Der Exklusivismus schließt alle anderen Religionen von Heil und Erlösung aus. Nur das Christentum besitzt die Wahrheit Gottes, die ihm durch die biblische Gottesoffenbarung exklusiv zuteil geworden ist. Es gibt nur einen Weg zu Gott – durch Jesus Christus und seine Kirche. Die anderen Religionen leben im Irrtum und führen auf religiöse Irrwege.

(2) Die Pluralistische Religionstheologie, die äußerste Gegenposition dazu, sieht die Religionen als gleichberechtigt an, so dass Menschen in allen Religionen das Heil finden können. Das Christentum muss auf alle diskriminierenden Absolutheitsansprüche verzichten und sich als eine unter mehreren Religionen verstehen. Seine Einzigartigkeit wird nicht unbedingt geleugnet. Sie besteht aber nicht in einer prinzipiellen Überlegenheit, obwohl diese partiell auch gegeben sein kann. Sie ist vielmehr ähnlich zu verstehen wie die Einzigkeit in der Liebe, in der auch ein einzelner Mensch für einen anderen einzigartig und der alleinige Partner ist.

(3) Der Inklusivismus betrachtet das Christentum als die wahre Religion, in der das Heil der Menschen von Jesus Christus kommt. Aber es ist nicht der einzige Heilsweg für alle Menschen. Auch in anderen Religionen gibt es partiell (inklusiv) Licht und Wahrheit, weil Gott Samenkörner der Wahrheit überall gesät hat. So können auch die anderen Religionen zum Heil führen, wenn die Menschen sich an die Stimme ihres Gewissens halten. Aber die Wahrheit der Religion gelangt nur im Christentum zu ihrer vollen Entfaltung. Es ist die Religion, die allen anderen Religionen überlegen ist.

Projekt
Das Gottesthema im Christentum und den Weltreligionen

Sie können das Projekt (»**fächerverbindend**«) mit anderen Fächern erarbeiten, z. B. mit dem evangelischen Religionsunterricht, einem Philosophie-, Politik-, Geschichts-, Kunst- oder Sozialkundekurs. Am Ende soll ein **Produkt** stehen, das aus den unterschiedlichen Arbeiten aller Schüler/innen erwachsen ist. Es kann ein kleines Buch, eine Bildmappe, eine Ausstellung, ein Diskussionsabend mit eingeladenen Vertretern anderer Religionen, ein kleines Bühnenspiel, eine Feier o. Ä. sein: → M 4.

Ein paar **Anregungen** zu diesem Projekt, die je nach Kurs und Interessenlage abgewandelt werden können.
(1) Die **grundsätzlichen Probleme** auflisten, die beachtet werden müssen, wenn Sie sich mit einer Religion beschäftigen, der Sie selbst nicht angehören. Beispiel: Andere Religionen sind uns fremd und daher schwer zu verstehen.
(2) Überlegen, **welche Religionen** Sie neben dem Christentum in ihre Arbeit einbeziehen. Sie können sich z. B. fragen, ob Sie antike Religionen wie die Ägyptens, Griechenlands oder Roms und heute lebende Religionen, z. B. bei Völkern und Stämmen Afrikas oder Amerikas, berücksichtigen. Auf jeden Fall sollten Sie das Judentum, den Islam, den Hinduismus und den Buddhismus berücksichtigen, weil diese Religionen heute eine große Rolle spielen.
(3) **Materialien** zum das Gottesthema in den ausgewählten Religionen suchen: heilige Texte, Bilder, Gebete, Werke der bildenden Kunst und Musik (CD's), unterschiedliche Richtungen, Reflexionen, heutige Probleme. Wo sie Hilfen finden: → M 1.
(4) **Gemeinsamkeiten und Unterschiede** der Gottesvorstellungen herausarbeiten.
(5) Herausfinden, wie die verschiedenen Religionen zu den Gottesvorstellungen anderer Religionen stehen, wie sie diese bewerten usw. Dabei können Sie die Begriffe **Exklusivismus, Inklusivismus und Pluralistische Religionstheologie** verwenden.
(6) Die **heutigen Chancen und Schwierigkeiten** der Gottesthematik in den verschiedenen Religionen beschreiben.
(7) Nach den **Zukunftsperspektiven** der Gottesthematik in den Religionen fragen.

Schon zu Beginn der 70er Jahre verkündete der englische methodistische Theologe **John Hick** (geb. 1922), einer der wichtigsten Vertreter der **Pluralistischen Religionstheologie**, eine »Kopernikanische Revolution« in der Beziehung des Christentums zu den anderen Religionen. Wie seit Kopernikus nicht mehr unsere Erde, sondern die Sonne im Zentrum des Universums steht, so soll nach Hick nicht mehr die christliche Religion, sondern Gott im Mittelpunkt der Religionen stehen, die alle auf ihre Weise Heilswege sein können.

1 Suchen Sie in den Texten dieses Kapitels **Äußerungen in den großen Religionen**, die zu dem theologischen Ansatz Hicks passen.
2 Erläutern Sie **Begriffe Hicks** wie Heilsweg, Theozentrik, Zentriertheit auf die göttliche Wirklichkeit, Egozentrik, Soteriozentrik, das Eine, das Reale.
3 Warum lehnen viele **katholische Theologen** das Konzept Hicks ab? Warum vertreten sie den **Inklusivismus**?
4 Setzen Sie die Pluralistische Religionstheologie in Beziehung zu **postmodernem** Denken: → S. 128.
5 Diskutieren Sie darüber, ob der Text des **2. Vatikanischen Konzils** dem Exklusivismus, der Pluralistischen Religionstheologie oder dem Inklusivismus zuzuordnen ist.
6 Versuchen Sie eine Antwort auf die Fragen, die **J. Röser** in seinem Text stellt.

Das Reale/das Eine in der Pluralistischen Religionstheologie

Reinhold Bernhardt, evangelischer Theologe in Basel, stellt hier die Position des bekannten evangelischen Religionswissenschaftlers und Theologen John Hick vor, der die Pluralistische Religionstheologie entscheidend geprägt hat. Er lehrte an vielen Universitäten der Welt und ist Autor weit verbreiteter und heftig diskutierter Bücher. Er benennt den Gott aller Religionen mit den englischen Worten »The Real« und »The One«.

Gott allein

Nicht mehr die eigene Kirche oder Konfession, nicht mehr das Christentum als Ganzes und auch nicht mehr Christus, sondern Gott allein soll im Zentrum des »religiösen Universums« und der theologischen Reflexion stehen. Anders ausgedrückt: Absolutheit gebührt nicht der Kirche oder dem Christentum, gebührt auch nicht Christus, sondern Gott allein. Die Namen der von den Religionen verehrten Götter mögen so verschieden sein wie ihre Erscheinungsweisen, das *eine* Göttliche, das hinter ihnen allen liegt, ist das Gleiche.
Als dann später die nicht-theistischen Transzendenzvorstellungen vor allem des älteren Buddhismus in Hicks Blick kamen, sprach er nicht mehr von »Theo«-zentrik, sondern von »Zentriertheit auf die göttliche Wirklichkeit«, der Ausrichtung auf den göttlichen Urgrund allen Seins. Und immer stärker betonte er daneben die »Soteriozentrik«, d. h. dass Erlösung im Mittelpunkt der Religionen steht.

Verschiedene Formen derselben Erlösung

So verschieden die Religionen auch voneinander sind – in ihnen allen vollzieht sich nach Hick ein ähnlicher Grundvorgang: die Verwandlung von der Selbstbezüglichkeit (Egozentrik) zum Bezogensein auf das Nicht-Ich, auf die Mitwelt, auf die Mitmenschen. Die Religionen sind demnach verschiedene Formen des einen, vom göttlichen Seinsgrund ausgehenden Erlösungsimpulses, wobei Hick unter »Erlösung« die Lösung aus der Verhaftung an sich selbst einschließlich der eigenen religiösen Vorstellungen versteht. So stehen die Religionen im pluralistischen Religionsmodell prinzipiell gleichberechtigt nebeneinander als unterschiedliche Wege, auf denen Männer und Frauen Erlösung/Befreiung/letzte Erfüllung finden können. Entschieden stellt Hick die Universalität des göttlichen Heilswillens in den Mittelpunkt und versucht, sie mit der Pluralität der Religionen in Einklang zu bringen. Gottes Geist wirkt über-religiös. Dort, wo seine lebendige Wirksamkeit erfahren wurde, bilden sich religiöse Gesinnungsformen. Sie bilden sich nach Maßgabe der jeweiligen kulturellen und religiösen Kontexte. Vielleicht kann man diesen Vorgang mit einem Vulkanausbruch vergleichen: Die Religionen sind erkaltete Lava. In ihnen dokumentiert sich die Geschichte des Wirkens Gottes, aber nicht minder auch die Geschichte der menschlichen Egozentrik, die christlich »Sünde« genannt wird.

Von der Selbst-Zentriertheit des Menschen zur Zentriertheit auf die göttliche Wirklichkeit

Hick behauptet nicht: Alle Religionen sind gleich. Viel zu sehr weiß er um die abgrundtiefen Unterschiede zwischen ihnen. Er behauptet nicht einmal: Sie sind qualitativ gleichwertig. Er selbst hat begründet, dass man ein solches Werturteil niemals begründen könnte. Seine These ist viel vorsichtiger. Er sagt: »In allen authentischen Religionen lässt sich ein analoger Grundvorgang beobachten: die Verwandlung des Menschen von der Selbst-Zentriertheit zur Zentriertheit auf die göttliche Wirklichkeit«. Das macht den Wesenskern der Religionen aus, der sich in ihnen auf höchst unterschiedliche Weise verwirklichen will – oft genug gegen die Eigendynamik der Religionen, die in ihre eigene religiöse Egozentrik zurückfallen wollen. Wo immer sich dieser Grundvorgang vollzieht, ist es der heilschaffende

58 Weltweite Erfahrungen

Vertreter aller großen Religionen sind 1986 auf Einladung des Papstes Johannes Paul II. zu einem Friedenstreffen in Assisi zusammengekommen. Ein zweites Treffen fand dort im Jahr 2002 statt.

Gottgeist, der ihn wirkt. Und wo immer dieses Wirken erfahren wird, wird es in den Kategorien der jeweiligen religiösen Deutemuster erfahren und interpretiert: als »Rechtfertigung« und »Heiligung« im Christentum, als »moksa« (d. h. Erlösung) im Hinduismus, als »Rechtleitung« im Islam.

Gott und die Gottesvorstellungen

Zwischen diesen soteriologischen Konzepten besteht eine strukturelle Familienähnlichkeit. Der »ontische« Grund für diese Ähnlichkeit liegt in der Einheit des Grundes aller Wirklichkeit, den wir »Gott« nennen – und in seiner überreligiös einheitlichen Heilsabsicht. Gott ist *einer* – doch wird er auf vielerlei Arten erfahren. Die Erfahrungen verfestigen sich zu Gottesvorstellungen, die niemals mit Gott selbst identifiziert werden können und dürfen. Das heißt nicht, sie seien falsch, es heißt nur, dass sie nicht Gott, so wie er »an sich« ist, erfassen, sondern Gott, wie er in der Symbolik unserer religiösen Bezugsrahmen erscheint.

Diesen Unterschied zwischen Gott und den Gottesvorstellungen versucht Hick durch Kants erkenntnistheoretisches Instrumentarium zu erfassen: Die von den Religionen verehrten Götter sind die Namen oder Gesichter des *einen* Numinosen, das hinter ihnen allen liegt. Sie verhalten sich zu ihm wie die Erscheinungen zum »Ding an sich«. Gott ist der letzte Bezugspunkt aller Religionen.

Diese letzte Wirklichkeit, die alle großen Weltreligionen inspiriert, nennt Hick schlicht *The Real* oder: *The One*. Sie wird – je nach religiösem Bezugsrahmen – personal (als Vishnu, Shiva, Adonai, als der himmlische Vater oder als Allah) oder impersonal (als Nirwana) erfahren. Die Namen der Götter mögen so verschieden sein wie ihre Erscheinungsweisen; das eine Göttliche, das hinter ihnen allen liegt, ist das Gleiche.
Reinhold Bernhardt (geb. 1957)

Derselbe Gott in verschiedenen Religionen?

Zu **Johannes Röser:** → S. 67, 136.

Es war vielleicht das grausamste, zynischste, perverseste »multireligiöse« Beten der Menschheitsgeschichte, nebeneinander auf engstem Raum: am 11. September 2001. Vorne im Cockpit bat der gläubige Moslem und Massenmörder Mohammed Atta Allah um Hilfe für seinen Plan, die »Ungläubigen« zu vernichten. Ein paar Meter dahinter im Flugzeug flehten Christen und Andersgläubige zu Gott, ihr Leben zu retten. Beteten alle zum selben Gott? Welcher Gott ist der wahre? Solche Fragen darf man angeblich nicht mehr stellen im Zeitalter der politisch-religiösen Korrektheit, in der alle religiösen Anschauungen gleich (viel wert) sein sollen.
Johannes Röser (geb. 1956)

Die verschiedenen Religionen

Die katholische Kirche lehnt nichts von alledem ab, was in diesen Religionen wahr und heilig ist. Mit aufrichtigem Ernst betrachtet sie jene Handlungs- und Lebensweisen, jene Vorschriften und Lehren, die zwar in manchem von dem abweichen, was sie selber für wahr hält und lehrt, doch nicht selten einen Strahl jener Wahrheit erkennen lassen, die alle Menschen erleuchtet. Unablässig aber verkündet sie und muss sie verkünden Christus, der ist »der Weg, die Wahrheit und das Leben« (Joh 14, 6), in dem die Menschen die Fülle des religiösen Lebens finden, in dem Gott alles mit sich versöhnt hat.
*2. Vatikanisches Konzils »Nostra Aetate«
(lat.: »In unserer Zeit«), 1965, 1 und 2*

Viele Wege

Alle Gerechten der Erde, auch jene, die Christus und seine Kirche nicht kennen und die, unter dem Einfluss der Gnade, Gott mit ehrlichem Herzen suchen, sind berufen, das Reich Gottes zu errichten.
Papst Johannes Paul II. (1978–2005)

Es gibt so viele Wege zu Gott, wie es Menschen gibt.
Papst Benedikt XVI. (ab 2005)

Konfliktfeld Wissenschaft

1. Wissenschaft – Was ist das?

❖ Wissenschaft ist etwas anderes als gewöhnliches **Alltagswissen**, das auf begrenzter persönlicher oder tradierter Erfahrung beruht und für die Lebensführung jedes Menschen von großer Bedeutung ist.

❖ Wo mit nachvollziehbaren Methoden Erkenntnisse gewonnen werden, die grundsätzlich überprüfbar sind, da liegt **Wissenschaft** vor. Das derart erlangte Wissen hat so lange Bestand, bis es durch neue Erkenntnisse widerlegt wird (Karl R. Popper: »**Falsifikationsprinzip**«).

❖ Den logischen und sachlichen Zusammenhang vieler wissenschaftlicher Erkenntnisse nennt man eine wissenschaftliche »**Theorie**«.

❖ Die Wissenschaft umfasst heute **alle Bereiche der Natur und des Menschen, des gesellschaftlichen und kulturellen,** auch des **religiösen** Lebens.

❖ Die durch die Wissenschaften ermöglichten praktischen **Anwendungen**, z. B. in der modernen **Technik**, bestimmen in höchstem Maß unser heutiges Leben.

Grundzüge moderner Wissenschaft

Karl Jaspers, Psychiater und herausragender Vertreter der deutschen Existenzphilosophie, hat sich intensiv mit den Wissenschaften befasst. Seine Schriften wirkten weit über den philosophischen Fachbereich hinaus auf das geistige Leben Deutschlands. In der NS-Zeit erhielt er wegen »jüdischer Versippung« Lehrverbot, weil er sich von seiner jüdischen Frau nicht trennen wollte. Im folgenden Text analysiert er die Grundstrukturen moderner Wissenschaften.

Die modernen Wissenschaften, erst in den letzten Jahrhunderten entfaltet, haben eine neue Wissenschaftlichkeit in die Welt gebracht, die weder in Asien noch in der Antike noch im Mittelalter da war. Wissenschaft als methodische Erkenntnis, die zwingend gewiss und allgemein-gültig ist, besaßen zwar schon die Griechen. Aber die modernen Wissenschaften haben diesen Grundsinn aller Wissenschaften nicht 5
nur reiner herausgebracht (eine im Ganzen immer noch unvollendete Aufgabe), sondern sie haben den Sinn, den Umfang, die Einheit ihres Forschens neu gestaltet und begründet. Ich deute einige ihrer Grundcharaktere an:

❖ Der modernen Wissenschaft ist **nichts gleichgültig**. Alles, das Kleinste und Hässlichste, das Fernste und Fremdeste, was immer irgendwo faktisch ist, das ist ihr 10
schlechthin universal. Es gibt nichts, was sich ihr entziehen kann. Nichts soll verborgen, nichts soll verschwiegen, nichts soll Geheimnis bleiben.

❖ Weiter: Die moderne Wissenschaft ist **grundsätzlich unfertig**, weil ins Unendliche fortschreitend, während die antike in jeder Gestalt jeweils als fertig auftrat. …
Die moderne Wissenschaft hat begriffen, dass ein allumfassendes Weltbild, das das 15
Seiende aus einem oder wenigen Prinzipien erklärt, wissenschaftlich unmöglich ist. Ein Weltbild hat andere Quellen, kann nur bei erlahmender wissenschaftlicher Kritik durch Verabsolutierung von Partikularem seine fälschliche Geltung beanspruchen. Die großartigen Vereinheitlichungen – etwa der Physik –, die keine frühere Erkenntnis besaß, erfassen nur eine Seite der Wirklichkeit. Die Wirklichkeit im 20
Ganzen ist durch sie zerrissener und bodenloser geworden als sie jemals für das Bewusstsein war. Daher die Ungeschlossenheit der modernen Welt im Unterschied vom griechischen Kosmos.

❖ Weiter: Die antiken Wissenschaften blieben zuerst zerstreut in gegenseitiger Beziehungslosigkeit. Sie entbehrten der Idee konkreter Vollständigkeit. Dagegen 25
suchen die modernen Wissenschaften unter sich den **allseitigen Zusammenhang**. Während ein wahres Weltbild ihnen nicht mehr möglich ist, so doch die Idee eines Kosmos der Wissenschaften. Das Ungenügen an jedem vereinzelten Erkennen sucht die Verbindung zu allem Erkennen.

❖ Weiter: Die modernen Wissenschaften schätzen Gedankenmöglichkeiten gering 30
ein, sie lassen den Gedanken nur in bestimmter und konkreter Erkenntnis gelten, wenn er sich entdeckend bewährt hat und dabei sich ins Unendliche modifiziert. So fallen etwa antike und moderne Atomtheorie nur vorübergehend in gewissen Modellvorstellungen zusammen. Aber die antike war nur eine durch plausible Deutungen auf schon vorhandene Erfahrungen angewandte, an sich fertige Interpre- 35
tation von Möglichkeiten; die moderne ist eine **im Umgang mit der Erfahrung** durch Bewährung und Widerlegung ständig vollzogene Verwandlung der Theorie selbst als eines Werkzeugs der Forschung.

❖ Weiter: Die modernen Wissenschaften gehen in ihren *Fragen* **bis zum Äußersten**.

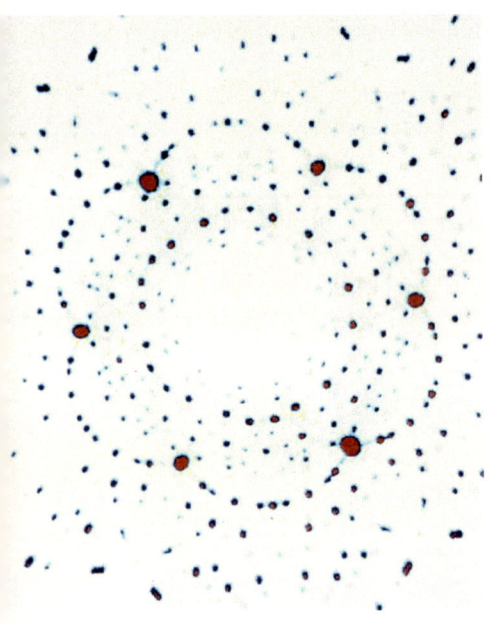

Atomare Struktur des Elements Iridium

40 Zum Beispiel: Das Denken gegen den Augenschein, in der Antike zwar begonnen, etwa im Begreifen der Perspektive und ihrer Anwendung auf Astronomie, aber immer doch noch an Anschauung gebunden, wagt heute, etwa in der modernen Physik, das Paradoxeste, um damit zu realen,
45 aber jedes geschlossene Weltbild sprengenden Erkenntnissen zu gelangen.
❖ Schließlich: Mit all dem ist heute eine **wissenschaftliche Haltung** möglich geworden, die allem, was begegnet, untersuchend gegenübertritt, auf eine klare und entschiedene
50 Weise wissen kann, Gewusstes von Nichtgewusstem zu unterscheiden vermag, eine unerhörte Fülle der Erkenntnis gewonnen hat (wie verschwindend wenig konnte der griechische Arzt oder der griechische Techniker). Die moderne Wissenschaft kennt das **Ethos**, auf Grund unbefangener
55 Untersuchung und Kritik verlässlich wissen zu wollen. Treten wir in ihren Raum, so wird uns zumute, als ob wir … das ungefähre Gerede, das plausible Meinen, das trotzige Bescheidwissen, den blinden Glauben verschwinden sehen.

Karl Jaspers (1883–1969)

Philosophie der wissenschaftlichen Theorie

Stephen Hawking, einer der berühmtesten Astrophysiker unserer Zeit, lehrt in Cambridge. Er hat vor allem die Schwarzen Löcher untersucht, sich mit der Entstehung der Zeit befasst und nach dem Ursprung des Universums gefragt. Seit 1963 ist er an einen Rollstuhl gefesselt. Er verlor 1965 auch seine Fähigkeit zu sprechen und benutzt seitdem zur Verständigung einen Sprachcomputer. Sein Wissenschaftsverständnis führt er auf Karl Popper zurück.

Ich bin der Meinung, jede vernünftige wissenschaftliche Theorie, ob sie sich nun mit der Zeit oder einem anderen Konzept beschäftigt, sollte sich auf die für den Praktiker zweckmäßigste Wissenschaftsphilosophie gründen: den
5 positivistischen Ansatz, den Karl Popper und andere entwickelt haben. Nach dieser Auffassung ist eine wissenschaftliche Theorie ein mathematisches Modell, das unsere Beobachtungen beschreibt und kodifiziert. Eine gute Theorie beschreibt ein großes Spektrum von Phänomenen auf der
10 Grundlage einiger einfacher Postulate und macht eindeutige Vorhersagen, die sich überprüfen lassen. Wenn die Vorhersagen mit der Beobachtung übereinstimmen, dann hat die Theorie diesen Test bestanden, doch lässt sich nie vollständig beweisen, dass sie richtig ist. Stimmen die Beob-
15 achtungen hingegen nicht mit den Vorhersagen überein, müssen wir die Theorie aufgeben oder verändern.

Stephen Hawking (geb. 1942)

Im Hintergrund Albert Einsteins berühmte Formel der Relativitätstheorie zur Äquivalenz von Masse und Energie.

Wissenschaft – kein absolutes Wissen

*Sir Karl Raimund Popper, deutscher Philosoph, Soziologe und Wissenschaftstheoretiker, wird den **Neopositivisten** zugerechnet. Er kritisiert in seinem philosophischen Hauptwerk »Logik der Forschung« die Einstellung, die wissenschaftlichen Erkenntnissen absolute Gültigkeit zuschreibt. Stattdessen behauptet er, die Wissenschaften seien grundsätzlich fehlbar und könnten immer durch spätere Erkenntnisse widerlegt werden. Berühmt geworden ist sein »Falsifikationsprinzip«.*

Unsere Wissenschaft ist kein System von gesicherten Sätzen, auch kein System, das in stetem Fortschritt einem Zustand der Endgültigkeit zugeht. Unsere Wissenschaft ist kein Wissen: weder Wahrheit noch Wahrscheinlichkeit kann sie erreichen. Dennoch ist die Wissenschaft nicht nur biologisch wertvoll. Ihr Wert liegt nicht nur in ihrer Brauchbarkeit: Obwohl Wahrheit und Wahrscheinlichkeit für sie unerreichbar ist, so ist doch das intellektuelle Streben, der Wahrheitstrieb, wohl der stärkste Antrieb der Forschung.
10 Zwar geben wir zu: Wir wissen nicht, sondern wir raten. Und unser Raten ist geleitet von dem unwissenschaftlichen, metaphysischen (aber biologisch erklärbaren) Glauben, dass es Gesetzmäßigkeiten gibt, die wir entschleiern, entdecken können. Mit Bacon könnten wir die »… Auffassung,
15 der sich jetzt die Naturwissenschaft bedient, … Antizipationen …, leichtsinnige und voreilige Annahmen« nennen …
Das alte Wissenschaftsideal, das absolut gesicherte Wissen, hat sich als ein Idol erwiesen. Die Forderung der wissenschaftlichen Objektivität führt dazu, dass jeder wissenschaftliche Satz vorläufig ist. Er kann sich sowohl bewähren
20 – aber jede Bewährung ist relativ, eine Beziehung, eine Relation zu anderen, gleichfalls vorläufig festgesetzten Sätzen. Nur in unseren subjektiven Überzeugungserlebnissen, in unserem Glauben können wir »absolut sicher« sein.

Sir Karl R. Popper (1902–1994),

Die Genauigkeit ist ein Schwindel (Exactness is a fake).

Alfred North Whitehead (1861–1947), englischer Mathematiker und Philosoph

Das ewig Unbegreifliche an der Welt ist ihre Begreiflichkeit.

Albert Einstein (1879–1955)

---

1 Informieren Sie sich über Leben und Werk von **Jaspers**, **Popper** und **Hawking**: → M 1.
2 Machen Sie die von Jaspers, Popper und Hawking genannten **Grundzüge moderner Wissenschaft** an Beispielen klar. Wie sind die einzelnen Grundzüge mit dem religiösen Glauben vereinbar?
3 Beschreiben Sie selbst **Ihre Erfahrungen mit Wissenschaften**.

2. Grenzen der Wissenschaften

Die Wissenschaften haben in der Moderne große Erfolge erzielt, aber auch in einem langen Prozess der Reflexion ihre eigenen **Grenzen** entdeckt, z. B.

❖ Alle Wissenschaften beruhen auf **Hypothesen**. Dass die Wissenschaften ihre Voraussetzungen kennen und benennen, ist ihre Voraussetzungslosigkeit. Sie können diese Hypothesen nie in absolutes Wissen verwandeln. Sie müssen immer damit rechnen, dass ihre Einsichten korrigierbar sind.

❖ **Objektive Erkenntnisse**, d. h. Erkenntnisse, die unabhängig vom betrachtenden Subjekt bestehen, sind nicht möglich, da Erkenntnisse vom Standpunkt des Erkennenden nicht grundsätzlich losgelöst werden können.

❖ Wissenschaft kann nicht absolutes Wissen oder – anders ausgedrückt – unumstößliche **Wahrheit** vermitteln.

❖ Wissenschaft kann keinen **Sinn** für das Leben erkennen oder gar stiften, keine **ethischen Werte** für das Handeln begründen, sich nicht auf **Transzendenz** beziehen.

❖ Wissenschaften haben für die Menschen **ambivalente Wirkungen**. Sie bringen zugleich großen Nutzen und große Risiken mit sich.

Herbert Falken (1932), Mein Gehirn ist meine Dornenkrone, 1979

Auch die Wissenschaften beruhen auf Glauben

Friedrich Nietzsche (→ S. 74), klassischer Philologe und einflussreicher Philosoph, kritisiert in seinem Werk »Die fröhliche Wissenschaft« heftig den Glauben an die Wissenschaften.

Doch man wird es begriffen haben, worauf ich hinaus will, nämlich, dass es immer noch ein metaphysischer Glaube ist, auf dem unser Glaube an die Wissenschaften ruht – dass auch wir Erkennenden von heute, wir Gottlosen und Antimetaphysiker, auch unser Feuer noch von dem Brande nehmen, den ein Jahrtausende alter Glaube entzündet hat, jener Christenglaube, der auch der Glaube Platos war, dass Gott die Wahrheit ist, dass die Wahrheit göttlich ist. ... Aber wie, wenn gerade dies immer mehr unglaubwürdig wird, wenn nichts sich mehr als göttlich erweist, es sei denn der Irrtum, die Blindheit, die Lüge – wenn Gott selbst sich als unsre längste Lüge erweist?

Friedrich Nietzsche (1844–1900)

Wissenschaft ist hypothetisch

Wolfgang Stegmüller, deutscher Philosoph und Wissenschaftstheoretiker, trug maßgeblich zur Verbreitung der analytischen Philosophie bei, die kritisch alle Aussagen der alltäglichen Sprache, der Wissenschaften und auch der Metaphysik prüft und strenge Regeln für ihre Geltung aufzustellen versucht. Der Textauszug stammt aus der Einleitung seines Hauptwerks »Metaphysik-Skepsis-Wissenschaft« (1969), das die Bedeutung der philosophischen Skepsis beschreibt und bejaht.

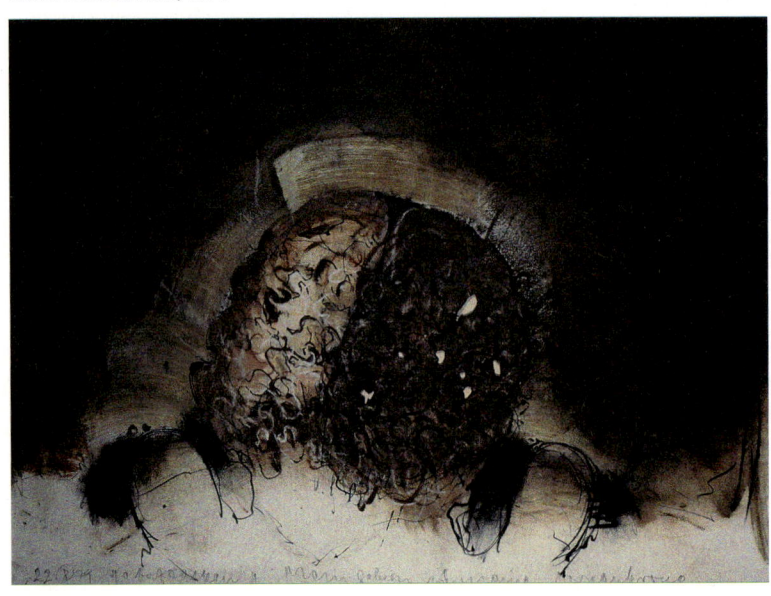

Die Grundthese des Skeptikers, dass wir nichts zu erkennen vermögen, ist durchaus verträglich mit der Behauptung, dass wir in den meisten Fällen, wo wir etwas mit Gewissheit annehmen, recht haben. Hält man sich all dies vor Augen, scheint die totale Erkenntnisskepsis nichts Schlimmeres zu beinhalten als die Generalisierung eines Sachverhaltes, der jedem Wissenschaftstheoretiker von der naturwissenschaftlichen Hypothesenbildung her wohlbekannt ist, auf alle Arten von Erkenntnissen. Dass keine Gesetzeshypothese verifizierbar ist, dürfte heute als unbestritten gelten. Zwar wird dies von Naturforschern immer wieder vergessen. Die Anzahl der Physiker z. B., welche um 1900 die Newtonsche Theorie nicht für eine absolut unumstößliche Tatsachenwahrheit hielten, dürfte nahe bei Null liegen oder sogar mit Null identisch sein. Erst wenn die Theorie erschüttert wird, erinnert sich der Forscher zu seiner Bestürzung daran, dass es keine ausgemachte Wahrheit gewesen ist, an die er glaubte, sondern eine falsche Hypothese. Und der Skeptiker behauptet nicht mehr, als dass wir uns immer, wenn wir einen Wahrheitsanspruch stellen, in einer ähnlichen Situation befinden, mag es sich auch um scheinbar unbezweifelbare Tatsachenbehauptungen oder um scheinbar unanfechtbares logisches oder mathematisches Wissen handeln. In keinem Gebiet sind wir gegen mögliche Fehler gefeit. Seine Position ließe sich so zusammenfassen: »Alle unsere Überzeugungen – die auf empirischem Wege gewonnenen ebenso wie die logischen, mathematischen und metaphysischen – könnten falsch sein. Es verhält sich nun einmal nicht besser in dieser besten aller möglichen Welten.«

Wolfgang Stegmüller (1923–1991)

Wissenschaft – keine objektive Festlegung

Werner Heisenberg (→ S. 34) erhielt 1932 den Nobelpreis für Physik. Die Heisenbergsche Unschärferelation, 1927 von ihm formuliert, ist die Aussage der Quantenphysik, dass der Ort und der Impuls eines Teilchens nicht gleichzeitig beliebig genau bestimmbar sind. Sie ist nicht die Folge von Unzulänglichkeiten eines entsprechenden Messvorgangs, sondern prinzipieller Natur. Hier spricht er über das Ende alter naturwissenschaftlicher Weltbilder.
Am schärfsten tritt uns diese neue Situation in der modernen Naturwissenschaft vor Augen, in der sich herausstellt, dass wir die Bausteine der Materie, die ursprünglich als die letzte objektive Realität gedacht waren, überhaupt nicht mehr »an sich« betrachten können, dass sie sich irgendeiner objektiven Festlegung in Raum und Zeit entziehen und dass wir im Grunde immer nur unsere Kenntnis dieser Teilchen zum Gegenstand der Wissenschaft machen können. Das Ziel der Forschung ist also nicht mehr die Erkenntnis der Atome und ihrer Bewegung »an sich«, d. h. abgelöst von unserer experimentellen Fragestellung; vielmehr stehen wir von Anfang an in der Mitte der Auseinandersetzung zwischen Natur und Mensch, von der die Naturwissenschaft ja nur ein Teil ist, so dass die landläufigen Einteilungen der Welt in Subjekt und Objekt, Innenwelt und Außenwelt, Körper und Seele nicht mehr passen wollen und zu Schwierigkeiten führen. Auch in der Naturwissenschaft ist also der Gegenstand der Forschung nicht mehr die Natur an sich, sondern die der menschlichen Fragestellung ausgesetzte Natur, und insofern begegnet der Mensch auch hier wieder sich selbst ...

Werner Heisenberg (1901–1976)

Künstliche, blutleere Abstraktionen

Max Weber, Jurist und Nationalökonom, gilt als Begründer der Soziologie in Deutschland. Er hatte nachhaltigen Einfluss auch auf die Religions- und Politikwissenschaften.
Die Gedankengebilde der Wissenschaft sind ein hinterweltliches Reich von künstlichen Abstraktionen, die mit ihren dürren Händen Blut und Saft des wirklichen Lebens einzufangen trachten, ohne es jedoch zu erhaschen.

Max Weber (1864–1920)

Wissenschaft und Lebensfragen

Zu **Ludwig Wittgenstein:** (→ S. 43)
Wir fühlen, dass, wenn selbst alle möglichen wissenschaftlichen Fragen beantwortet sind, unsere Lebensfragen noch gar nicht berührt sind.   *Ludwig Wittgenstein (1889–1951)*

Ambivalente Konsequenzen

Carl Friedrich von Weizsäcker, Physiker und Philosoph, vertritt seit Jahrzehnten einen »radikalen Pazifismus als das christlich einzig Mögliche« und bemüht sich um eine Verbindung von Wissenschaft und politischer Moral.
Die Wissenschaft hat uns in eine zweischneidige, eine zweideutige Lage gebracht. Jedes beliebige Beispiel wird uns das klarmachen, wenn wir den Mut haben, seine Konsequenzen zu durchdenken.
Medizin und Hygiene haben Milliarden von Leben gerettet. Dies ist der wunderbarste Erfolg, dessen sich die Wissenschaft rühmen kann. Der Tod ist freilich nicht überwunden, und er wird nicht überwunden werden. Leben retten heißt, sie für eine Weile retten; so ist das menschliche Dasein beschaffen. Wir können nicht mehr erstreben, als das Leben von Kindern zu retten, so dass sie zur Reife kommen dürfen, und das Leben von Erwachsenen, so dass sie ihre Aufgabe vollenden können und, wie es von Abraham heißt, alt und lebenssatt sterben (Gen 25,8). ...
Aber ein anderer Aspekt dieses Erfolgs ist das gewaltige Wachstum der Weltbevölkerung. Sie hat sich in einem Jahrhundert mehr als verdoppelt, und keine natürliche Grenze ihres Wachstums ist in Sicht. Wie können wir die Menschen ernähren, die unsere Medizin zum Leben verurteilt?

Carl Friedrich von Weizsäcker (1912–2007)

---

1 Wer informiert über **Nietzsche, Wittgenstein, Stegmüller, Heisenberg, Weber** und **C. F. von Weizsäcker**? Was ist Metaphysik, Positivismus, Skeptizismus, Rationalismus und Empirismus? → M 1; zu den Texten: M 2

2 Wie begründet **Stegmüller** seinen Skeptizismus?

3 Auf welche Revolution der Naturwissenschaften weist **Heisenberg** hin?

4 Suchen Sie im Anschluss an die Überlegungen **v. Weizsäckers** andere Beispiele aus den Wissenschaften, die ambivalente, d. h. nützliche und schädliche Wirkungen für die Menschen haben.

5 In welchem Sinn gibt es **keine Grenzen** der Wissenschaften? in welchem Sinn gibt es **Grenzen** für sie?

6 Warum darf ein Theologe die Grenzen der Wissenschaften nicht als ein Argument für die Richtigkeit der **Religion** ausgeben? Warum sind diese Einsichten dennoch für die **Theologie** von großem Interesse?

7 Wenn schon die Wissenschaften für **Sinnfragen**, ethische **Werte** und **Transzendenz** nicht zuständig sind – wer ist es dann?

3. Religionskritik der Wissenschaften

❖ Die **Wissenschaften** haben seit der Antike viel zum **Verständnis der Religion** beigetragen, indem sie z. B. philosophische, literarische, historische, psychologische oder soziologische Fragestellungen auf die Religion bezogen.

❖ In der Moderne versuchen die Wissenschaften manchmal aber selbst die **Rolle/Funktionen der Religion zu übernehmen**. Das geschieht immer dann, wenn sie aufgrund von Grenzüberschreitungen zu grotesken Ergebnissen kommen, so wenn sie den Ursprung des Lebens mit bestimmten Aminosäuren erklären oder Gott zum Gehirnmodul mit Sitz im Schläfenlappen (→ S. 134) machen.

Oft haben die Wissenschaften auch Aufklärung über die Religion (→ S. 9 ff) besorgt und Kritik an der Religion/am Gottesglauben geübt. **Muster wissenschaftlicher Religionskritik** (→ S. 76 ff):

❖ Der Gottesglaube ist aus ethisch/politischen Gründen erfunden worden, **damit die Menschen aus Angst vor Strafe die Gesetze halten**.

❖ Der Gottesglaube ist ein **überholtes Stadium in der Entwicklung und im Fortschritt der Menschheit**.

❖ Der Gottesglaube, der die menschliche Selbstliebe lange gestützt hat, ist durch die wissenschaftlichen Umwälzungen der Physik, Biologie und Psychologie **erschüttert** und **überflüssig geworden**.

Die Religion ist Betrug – Eine politische Erfindung

Kritias, Politiker im antiken Athen, Vetter Platons, gehörte zu den einflussreichen Sophisten, die sich als Rhetoren verstanden und gültige Wahrheitsansprüche bestritten. Er war skrupelloser Führer der Oligarchie, einer der 30 Tyrannen in Athen, die viele Menschen umgebracht haben. Er hat mehrere Dramen und Elegien verfasst.

Es gab einmal eine Zeit, da war das Leben der Menschen ohne jede Ordnung, ähnlich dem der Raubtiere, und es herrschte die rohe Gewalt. Damals wurden die Guten nicht belohnt und die Bösen nicht bestraft. Da scheinen mir die Menschen sich Gesetze als Zuchtmeister gegeben zu haben, auf dass das Recht in gleicher Weise über alle herrsche und den Frevel niederhalte. Wenn jemand ein Verbrechen beging, so wurde er nun gestraft. Als so die Gesetze hinderten, dass man offen Gewalttat verübte, und daher nur insgeheim gefrevelt wurde, da scheint mir zuerst ein schlauer und kluger Kopf die Furcht vor den Göttern für die Menschen erfunden zu haben, damit die Übeltäter sich fürchteten, auch wenn sie insgeheim etwas Böses täten oder sagten oder (auch nur) dächten. Er führte daher den Gottesglauben ein: Es gibt einen Gott, der ewig lebt, voll Kraft, der mit dem Geiste sieht und hört und übermenschliche Einsicht hat; der hat eine göttliche Natur und achtet auf dies alles. Der hört alles, was unter den Menschen gesprochen wird, und alles, was sie tun, kann er sehen. Und wenn er schweigend etwas Schlimmes sinnt, so bleibt es doch den Göttern nicht verborgen. Denn sie besitzen eine übermenschliche Erkenntnis. – Mit solchen Reden führt er die schlaueste aller Lehren ein, indem er die Wahrheit mit trügerischem Wort verhüllte. Die Götter, sagte er, sie wohnen dort, wo es die Menschen am meisten erschrecken musste, von wo die Angst zu den Menschen herniederkommt wie auch der Segen für ihr armseliges Leben: aus der Höhe da droben, wo er die Blitze zucken sah und des Donners grauses Krachen hörte, da, wo des Himmels gestirntes Gewölbe ist, das herrliche Kunstwerk der Zeit, der klugen Künstlerin, von wo der strahlende Ball des Tagesgestirns seinen Weg nimmt und feuchtes Nass zur Erde herniederströmt.

Mit Ängsten solcher Art schreckte er die Menschen und wies so passend und wohlbedacht der Gottheit an geziemender Stelle ihren Wohnsitz an und tilgte den ungesetzlichen Sinn durch die Gesetze. So hat jemand zuerst die Menschen glauben gemacht, dass es ein Geschlecht von Göttern gibt.

Kritias (um 460–403 vC)

Die Religion ist überholt – Das Dreistadiengesetz

*Auguste Comte, französischer Soziologe und Philosoph, ist der Begründer der Soziologie und des philosophischen **Positivismus** im 19. Jahrhundert. Berühmt geworden ist sein »Dreistadiengesetz«, in dem er die Entwicklung und den Aufstieg des menschlichen Denkens von der Religion über die Philosophie zur Wissenschaft beschreibt.*

Bei Betrachtungen der Entwicklung des menschlichen Geistes in all seinen verschiedenen Wirkungssphären seit seinem ersten unscheinbaren Aufkeimen bis zur Gegenwart glaube ich ein großes, allgemeines Gesetz gefunden zu haben, dem er mit unabwendbarer Notwendigkeit unterworfen ist. Es kann, wie ich meine, fest und sicher begründet werden durch die wissenschaftlichen Theorien über unsere Organisation und die Bestätigungen, welche eine genaue geschichtliche Erforschung der Vergangenheit gegeben hat. Dies Gesetz sagt, dass all unsere letzten Gedanken und einzelnen Kenntnisse nacheinander drei verschiedene Stadien des Erkennens durchlaufen: das theologische oder fiktive, das metaphysische oder abstrakte, das wissenschaftliche oder positive. Mit anderen Worten: Der menschliche Geist wendet nach einem Gesetz der Natur nacheinander bei jeder seiner Untersuchungen drei Methoden des Philosophierens an, welche ihrem Wesen nach verschieden und selbst einander absolut entgegengesetzt sind: zuerst die theologische Methode, dann die metaphysische und endlich die positive. Daraus entstehen drei Arten der Philosophie oder allgemeine Systeme von Gedanken über den Zusammenhang der Dinge, welche sich gegenseitig ausschließen: Die erste ist der notwendige Ausgangspunkt des menschlichen Denkens, die dritte sein End- und Ruhepunkt, die zweite dient nur als Übergang von dem einen zum anderen.

❖ Im *theologischen* Stadium richtet der menschliche Geist seine Untersuchungen im Wesentlichen auf die innere Natur der Dinge und die ersten Ursachen und letzten Ziele alles Geschehens, mit einem Wort: auf eine absolute Erkenntnis. Er sieht in allen Vorgängen das unmittelbare, ununterbrochene Wirken von mehr oder minder zahlreichen übernatürlichen Wesen, deren vermeintliches Eingreifen alle Unregelmäßigkeit im Weltall klären soll, die ihm in die Augen fällt.

❖ Im *metaphysischen* Stadium, das im Grund nur eine einfache Abänderung des ersten ist, werden die übernatürlichen Wesen ersetzt durch abstrakte Kräfte, als wirklich gedachte Wesenheiten (personifizierte Abstraktionen), welche den verschiedenen Dingen der Welt innewohnen sollen. Ihnen schreibt man die Fähigkeit zu, alle beobachteten Erscheinungen zu verursachen, deren jede dann durch Ableitung aus einer entsprechenden Wesenheit erklärt wird.

❖ Im *positiven* Stadium erkennt man endlich die Unmöglichkeit, absolute Erkenntnis zu gewinnen, man verzichtet darauf, Ursprung und Bestimmung des Weltalls zu ergründen und die inneren Ursachen der Erscheinungen zu begreifen. Man strebt einzig und allein danach, durch wohlüberlegte Vereinigung von Theorie und Beobachtung ihre wirkenden Gesetze, d.h. ihre unveränderlichen Beziehungen, nach Zeitfolge und Ähnlichkeit zu entdecken. Die Erklärung der Vorgänge, so erst auf ihr wahres Gebiet beschränkt, besteht jetzt nur noch in der Vereinigung der verschiedenen Einzelerscheinungen mit einigen allgemeinen Tatsachen, deren Zahl die fortschreitende Wissenschaft immer mehr zu vermindern strebt.

Auguste Comte (1798–1857)

Die Religion ist erschüttert – Die drei großen Kränkungen des Menschen

Sigmund Freud (→ S. 80), *der Begründer der Psychoanalyse, hat mehrfach in seinen Schriften darauf hingewiesen, dass die Menschheit drei schwere seelische Kränkungen erlitten hat, als die Wissenschaften Annahmen zerstörten, die die Sonderstellung des Menschen in der Welt betrafen. Weil diese drei Grundannahmen auch lange durch die Religion gestützt wurden, ist diese These Freuds auch ein Stück Religionskritik.*

Drei große Kränkungen ihrer naiven Eigenliebe hat die Menschheit im Laufe der Zeiten von der Wissenschaft erdulden müssen.

❖ Die *erste*, als sie erfuhr, dass unsere **Erde nicht der Mittelpunkt des Weltalls** ist, sondern ein winziges Teilchen eines in seiner Größe kaum vorstellbaren Weltsystems. Sie knüpft sich für uns an den Namen Kopernikus, obwohl schon die alexandrinische Wissenschaft Ähnliches verkündet hatte.

❖ Die *zweite* dann, als die biologische Forschung das angebliche **Schöpfungsvorrecht des Menschen** zunichte machte, ihn auf die Abstammung aus dem Tierreich und die Unvertilgbarkeit seiner animalischen Natur verwies. Diese Umwertung hat sich in unseren Tagen unter dem Einfluss von Ch. Darwin, Wallace und ihren Vorgängern nicht ohne das heftigste Sträuben der Zeitgenossen vollzogen.

❖ Die *dritte* und empfindlichste Kränkung aber soll die menschliche Größensucht durch die heutige psychologische Forschung erfahren, welche dem Ich nachweisen will, dass es **nicht einmal Herr ist im eigenen Hause**, sondern auf kärgliche Nachrichten angewiesen bleibt von dem, was unbewusst in seinem Seelenleben vorgeht.

Sigmund Freud (1856–1939)

---

1 Wer informiert über **Kritias, Comte und Freud**? Wer gibt eine erste Erklärung zu **Sophisten**, **Positivismus** und **Psychoanalyse**? → M 1; zu den Texten: M 2

2 Wie lässt sich die Religionskritik des **Kritias** selber kritisch hinterfragen?

3 **Comtes Dreistadiengesetz**: ein Entwicklungsgesetz des menschlichen Geistes oder eine Konstruktion seines Verfassers? Ist das theologische Stadium, wie Comte es beschreibt, mit dem frühen oder heutigen Christentum gleichzusetzen?

4 Diskutieren Sie die These **Freuds**, dass die drei großen wissenschaftlichen Entdeckungen Kränkungen für den Menschen sind. Sind sie auch Katastrophen für die Religion?

4. Ein umstrittenes Thema: Die Evolution

❖ Die **Evolutionstheorie** (lat. »Entwicklung«) beschreibt und erklärt Ursprung, Entwicklung und Vielfalt des Lebens und besonders des Menschen.
❖ **Kreationismus** (lat. »creare«, d. h. »erschaffen«) **im weiteren Sinn** bezeichnet den Glauben, dass die Menschen, das Leben, die Erde und das Universum Schöpfung Gottes sind. Er ist in dieser allgemeinen Form mit der Evolutionslehre vereinbar.
❖ **Kreationismus im engeren** (fundamentalistischen; → S. 16) **Sinn** meint, die Aussagen der Bibel über die Schöpfung (Gen 1–3) seien in ihrem Wortlaut wahr. Wo die Evolutionstheorie diesem Wortlaut widerspricht, wird sie abgelehnt und bekämpft. Dieser Kreationismus ist heute vor allem in den USA weit verbreitet. In manchen Bundesstaaten darf die Evolutionstheorie nicht öffentlich in den Schulen gelehrt werden.
Hier wird der Sinn der biblischen Aussagen verkannt, die nicht empirische Befunde der Naturgeschichte meinen (können), sondern grundsätzliche Aussagen über Menschen (Geschöpf Gottes, Bild Gottes, Verantwortung für die Schöpfung usw.) machen. Darum ist dieser Kreationismus theologisch unverantwortlich.

---

1 Stellen Sie ein paar Merkmale der **Evolutionstheorie** dar. Was hat **Darwin** gelehrt? Was ist seitdem erforscht worden? Suchen Sie Informationen im Biologiebuch, im Internet usw.: → M 1. Warum ist die **Religion** mit der Evolutionstheorie in einen so langen und unheilvollen Konflikt geraten?
2 Was können Sie über den amerikanischen **fundamentalistischen** (→ S. 16) **Kreationismus** herausfinden? Warum ist er theologisch nicht nur nicht vertretbar, sondern auch dem Ansehen der Christenheit abträglich?
3 Warum kann man mit **Dawkins** gegen den fundamentalistischen Kreationismus sein, ohne dabei Atheist sein zu müssen?

»Ich bin Atheist«

Ernst Mayr, Biologe, Hauptvertreter der modernen Evolutionstheorie, zählt zu den einflussreichsten Naturforschern des 20. Jahrhunderts.

❖ Es gibt nichts, was die Vorstellung von einem persönlichen Gotte unterstützen könnte. Ich bin Atheist. Es gab große Evolutionsbiologen, die an Gott geglaubt haben. Aber ich habe nie verstanden, wie man im Gehirn zwei völlig getrennte Fächer haben kann, und in einem liegt die Wissenschaft und im anderen die Religion.
❖ Ich glaube nicht an etwas Übernatürliches, aber ich glaube auch nicht, dass wir nur auf der Welt sind, um Spaß zu haben. Wir sind auf der Welt, um die Menschheit ein Stück besser zu machen.

Ernst Mayr (1904–2005)

Die Evolution kommt ohne Gott aus

Richard Dawkins (→ S. 79), englischer Zoologe und Evolutionsbiologe, Professor in Oxford, ist als leidenschaftlicher Atheist ein Verfechter der darwinschen Evolutionstheorie und Kritiker des fundamentalistischen Kreationismus.

Weshalb glauben Menschen an Gott? Die meisten Menschen überzeugt immer noch das alte Argument, dass das Universum auf einen göttlichen Schöpfungsplan zurückgeht. Wir betrachten die Schönheit und Komplexität der Welt – die Aerodynamik eines Schwalbenflügelschlags, die Zartheit der Blumen und der Schmetterlinge, die sie bestäuben, das pralle Leben, das sich dem Blick durch ein Mikroskop in jedem Wassertropfen zeigt, die Krone eines riesigen Redwood-Baumes mittels eines Fernrohrs. Wir denken über die elektronische Komplexität und optische Perfektion unserer Augen nach, die all dies betrachten. Wenn wir auch nur einen Funken Fantasie haben, muss uns all dies Ehrfurcht einflößen. Fasziniert sind wir nicht minder von der offenkundigen Ähnlichkeit zwischen lebenden Organen und den sorgfältig durchdachten Konstruktionsplänen von Ingenieuren. Die bekannteste Beschreibung dieser Ähnlichkeit stellt die Uhrmacheranalogie dar, die auf William Paley, einen Priester aus dem achtzehnten Jahrhundert zurückgeht. Selbst wenn man nicht weiß, was eine Uhr ist, drängt sich angesichts der Tatsache, dass ihre Radzähne und Federn offenkundig auf einen Konstruktionsplan zurückgehen und dass sie sehr gut zusammenpassen, der Schluss auf, »dass die Uhr von jemandem konstruiert worden sein muss, es also zu irgendeinem Zeitpunkt, an irgendeinem Ort einen oder mehrere Urheber gegeben haben muss, der sie zu dem Zweck, den sie jetzt erfüllt, gemacht hat, sich mit ihrer Funktionsweise auskannte und ihren Verwendungszweck gestaltete«. Wenn das schon für eine relativ einfache Uhr zutrifft, um wie viel mehr muss es für das Auge, das Ohr, das Ellenbogengelenk oder das Gehirn gelten? Diese schönen komplexen, komplizierten und offenkundig zweckorientierten Konstruktionen müssen das Werk eines Planers, eines Uhrmachers – Gottes – gewesen sein.

Dieses Argument führte Paley für die Existenz Gottes an. Fast alle nachdenklichen und sensiblen Menschen entdecken es in ihrer Kindheit für sich. Dieses Argument muss sehr lange sehr überzeugend, einleuchtend und zutreffend erschienen sein. Auf Grund einer der bedeutendsten intellektuellen Revolutionen in der Geschichte wissen wir heute aber, dass dieses Argument falsch ist. Heute wissen wir, dass die Ordnung und die scheinbare Zweckhaftigkeit der Lebenswelt auf einen völlig anderen Prozess zurückzuführen ist, auf einen Prozess, der ohne einen Schöpfer auskommt und der im Grunde auf sehr einfachen physikalischen Gesetzen beruht. Gemeint ist der Prozess einer auf natürlicher Auslese beruhenden Evolution.

Richard Dawkins (geb. 1941)

Konfliktfeld Wissenschaft

Dawkins spricht nicht für die Wissenschaft
Reinhold Leinfelder, Geologe und Paläontologe, ist Generaldirektor des Berliner Museums für Naturkunde.

Es spricht nichts dagegen, dass ein Naturwissenschaftler den Atheismus zu seinem Glauben erhebt, aber umgekehrt kann ein Evolutionsbiologe in seine Weltsicht auch Religiosität integrieren, solange er nicht die Erkenntnisse seiner Disziplin ignoriert. Das sind einfach zwei verschiedene Ebenen. Dawkins kann also nicht für sich reklamieren, im Namen der Wissenschaft zu sprechen.

Reinhold Leinfelder (geb. 1957)

Gott – Als Schöpfer beweisbar
Frank J. Tipler ist Professor für mathematische Physik an der Tulane Universität in New Orleans. Sein Bestseller »Die Physik der Unsterblichkeit« (1994) will einen Beweis für die Auferstehung und das ewige Leben führen. Der folgende Text stammt aus einem Aufsatz »Ein Designer-Universum« (2004).

Wenn wir die Folgen der bekannten physikalischen Gesetze akzeptieren und sie nicht aus religiösen Gründen für ungültig erklären, gelangen wir zu einem verblüffenden Schluss: Das Universum existiert seit einer begrenzten Zeit, darüber hinaus wurden das physikalische Universum und die Gesetze, die es regieren, von einer Einheit ins Leben gerufen, die diesen Gesetzen nicht unterliegt und außerhalb von Raum und Zeit liegt. Kurzum: Wir leben in einem Universum, das von GOTT geplant und erschaffen wurde!
Diese Einheit, die ich mit Gott identifiziere, wird von Physikern als »kosmologische Singularität« bezeichnet. Ich werde nun zunächst zeigen, dass die bekannten physikalischen Gesetze die Existenz der kosmologischen Singularität erfordern und dann demonstrieren, dass diese tatsächlich alle Eigenschaften aufweist, die traditionell dem jüdisch-christlich-muslimischen Gott zugeschrieben werden.

Frank J. Tipler (geb. 1947)

Keine Beweise für oder gegen Gott
Donald D. Hoffmann, Professor für Psychologie an der Universität Kalifornien in Irvine, befasst sich u. a. mit der Frage, wie die Welt im menschlichen Gehirn entsteht.

Es gibt weder in der Wissenschaft noch anderenorts Beweise, die den Unglauben oder den Glauben an Gott zwingend logisch folgern lassen. Es ist in der Wissenschaftstheorie eine elementare Erkenntnis, dass es, ganz gleich wie viel Daten man sammelt, immer unendlich viele Theorien geben wird, die mit diesen Daten vereinbar sind und die widersprüchliche Vorhersagen über die Ergebnisse neuer Experimente treffen. Eben weil die wissenschaftlichen Theorien von den Fakten nicht logisch zwingend diktiert (obwohl natürlich beeinflusst) werden, ist die Formulierung wissenschaftlicher Theorien eine so interessante und spannende Beschäftigung. Der Atheist kann also eine Reihe von Hinweisen dafür geltend machen, dass es keinen Gott gibt, und der Theist, dass es ihn gibt. In beiden Fällen können die Hinweise die Behauptung nicht logisch zwingend beweisen. Beide Ansichten sind gleichermaßen Glaubenssache.

Donald D. Hoffmann (geb. 1955)

Eine Art ästhetischer Gottesbeweis
Johannes Röser (→ S. 59, 136) befasst sich hier mit John Polkinghorne (geb. 1930), ehemals Professor für Mathematische Physik in Cambridge, dann anglikanischer Priester, der von der formalen mathematischen Schönheit der Welt so beeindruckt ist, dass er daraus auf Gott als höhere, ordnende Macht schließt.

Einer, der sich als Physiker und Theologe ebenfalls weit vorgewagt hat, ist John Polkinghorne. Er ist davon überzeugt, dass die alten magischen Vorstellungen von Gott und Welt faktisch erledigt sind. »Die Welt ist nicht magisch, weil ihr Schöpfer kein launischer Zauberer ist.« Polkinghorne verlangt, alle Bereiche der Weltwahrnehmung zuzulassen – von der Wissenschaft über die Kunst bis zur mystischen Intuition. Man solle dabei nicht jene Phänomene verdrängen, die wissenschaftlich unangenehm sind, weil sie nicht ins bisherige logische System passen.
Zum Beispiel: »Die Physik mag uns sagen, dass Musik Luftdruckschwankungen sind, und die Neurophysiologie mag die daraus folgenden Nervenaktivitäten beschreiben, die entstehen, wenn der Schall das Trommelfell trifft, aber es wäre völlig irreführend anzunehmen, Musik ließe sich so angemessen erfassen. Ihr Geheimnis und ihre Realität schlüpfen durch die weiten Maschen des wissenschaftlichen Netzes.« Die Welt religiöser Erfahrung und Erkenntnis ist wissenschaftlich nicht als Projektion abzutun.
Polkinghorne versucht eine Art ästhetischen Gottesbeweis. Die Effizienz der Mathematik, die Fähigkeit, überhaupt Wissenschaft betreiben zu können, die »rationale Schönheit« und »vernünftige Transparenz« der Theoretischen Physik sind für ihn »Zeichen des Geistes«. Die Schlüssigkeit mathematisch/physikalischer Formeln, der Logik, die Befähigung zur Erkenntnis und die Einfachheit in der Beschreibung einer komplexen Wirklichkeit legen nach Polkinghorne Gott nahe. Er verweist überdies auf die Naturkonstanten, die diesen Kosmos und dieses Leben ermöglichen. Bereits geringste Abweichungen würden alles ins Verderben stürzen. Das Unwahrscheinliche im Feld unendlich vieler anderer Wahrscheinlichkeiten und Möglichkeiten wurde Wirklichkeit. Nichts als Zufall? Das wäre für Polkinghorne unlogisch. »Ich ziehe den Theismus deshalb als eine ökonomischere Erklärung vor.«

Johannes Röser (geb. 1956)

5. Sinnvolle Partnerschaft

❖ Zwischen Christentum und Naturwissenschaften gab es oft schwere Auseinandersetzungen. Sie waren fast immer darin begründet, dass sich eine Seite Kompetenzen anmaß, die ihr nicht zustanden. Auch heute gibt es manchmal noch solche Konflikte.

❖ So hat die **Kirche** in der Vergangenheit mehrfach Forschungsergebnisse von Naturwissenschaftlern (Galilei, Darwin) abgelehnt, weil sie meinte, sie stünden im Widerspruch zur Bibel und kirchlichen Lehre.

❖ Umgekehrt haben einige **Naturwissenschaftler** ihre Ergebnisse manchmal so verabsolutiert, dass kein Raum mehr für den religiösen Glauben blieb, z. B. wenn sie einen umfassenden Materialismus (→ S. 76) zu beweisen suchten.

❖ Heute hat die christliche Theologie/die Kirche aus den Fehlern der Vergangenheit gelernt. Sie meidet sowohl das **Konfrontationsmodell**, das auf Kollision aus ist, als auch das **Integrationsmodell**, das die Ergebnisse der Wissenschaften unkritisch dem Glauben anpasst, z. B. wenn die Stufen der Evolution mit den sechs Tagen des Schöpfungstextes (Gen 1) gleichgesetzt werden. Sie bevorzugt ein kritisches **Komplementärmodell**, bei dem beide Seiten ihre eigenen Themen, Methoden und Fragestellungen bewahren und sich als Partner gegenseitig ergänzen, kritisch befragen und bereichern.

Drei Modelle

Hans Küng (→ S. 82), em. Professor für Ökumenische Theologie in Tübingen, beschreibt in seinem Buch »Der Anfang aller Dinge« (2005) drei unterschiedliche Modelle zum Verhältnis zwischen Religion und Naturwissenschaften. Er will

❖ **kein Konfrontationsmodell** zwischen Naturwissenschaft und Religion: weder eines fundamentalistisch-vormoderner Herkunft, das die Ergebnisse der Naturwissenschaft wie der historisch-kritischen Bibelexegese ignoriert oder verdrängt; noch eines rationalistisch-moderner Couleur, das sich um grundlegende philosophisch-theologische Fragen herumdrückt und Religion von vornherein für irrelevant erklärt;

❖ **kein Integrationsmodell** harmonistischer Prägung, sei es von Theologen vertreten, welche die naturwissenschaftlichen Ergebnisse ihren Dogmen anpassen, oder von Naturwissenschaftlern, die Religion für ihre Thesen instrumentalisieren;

❖ vielmehr **ein Komplementaritätsmodell kritisch-konstruktiver Interaktion** von Naturwissenschaft und Religion, in dem die Eigensphären bewahrt, alle illegitimen Übergänge vermieden und alle Verabsolutierungen abgelehnt werden, in dem man jedoch in gegenseitiger Befragung und Bereicherung der Wirklichkeit als ganzer in allen ihren Dimensionen gerecht zu werden versucht. *Hans Küng (geb. 1928)*

Religion und Wissenschaften gehören zusammen

Ernst Peter Fischer ist Wissenschaftshistoriker.

Wer einen Gegensatz zwischen Religion und Wissenschaft erst konstruiert und dann vertieft, übersieht, dass beide Tätigkeiten des Menschen in unserer historisch gewachsenen Kultur zusammengehören, da wir von Menschen abstammen, die zunächst vor ein paar tausend Jahren Gott entdeckt und dann vor ein paar hundert Jahren die Wissenschaft erfunden haben. Jeder Einzelne kann dabei mehr oder weniger Sympathien für die eine oder andere Richtung des Denkens empfinden. Im Ganzen aber gilt, dass »der wissenschaftliche Mensch ... heute eine ganz unvermeidliche Sache« ist (Robert Musil). Man kann nicht nicht wissen wollen, und man kann ebensowenig nicht nicht glauben wollen. Beides – Glauben und Wissen – gehört in unseren Breiten untrennbar zusammen. *Ernst Peter Fischer (geb. 1947)*

Vatikan: Petersdom und Sternwarte (→ S. 136)

Vom Konflikt zum Dialog

Joseph Ratzinger (→ S. 81), seit 2005 Papst Benedikt XVI., hat sich als Professor der Theologie mehrfach zum Verhältnis von Religion und Naturwissenschaften geäußert. Was er 1969 schrieb, war damals noch progressiv. Heute ist es Allgemeingut der Theologie.

Die Geschichte der Beziehungen zwischen Naturwissenschaft und Theologie jedenfalls ist seit dem Beginn der Neuzeit fast ständig eine *historia calamitatum* (lat.: »*Geschichte der Peinlichkeiten*«) gewesen, hauptsächlich, weil die Theologie die Grenze ihrer Aussagemöglichkeiten nicht einzusehen vermochte und von dem Versuch nicht lassen konnte, vom Glauben her Tatsachen zu fordern oder zu verbieten. Das Woher und das Wohin des Menschen sind Fragen, die die Theologie angehen; daraus glaubte sie schließen zu müssen, dass sie bei dem Disput über den menschlichen Stammbaum mitzureden habe und mindestens negativ festlegen könne, wie dieser Stammbaum nicht aussehen dürfe. Der Versuch, Realitäten, die nur aposteriori (d. h. empirisch) zu erfassen sind, apriori (logisch) aus einem vermeintlich höheren Wissen zu konstruieren, hat die Theologie zu einem ruhmlosen Rückzug nach dem anderen genötigt und sie nur langsam vorsichtiger darin machen können, Vorstellungsschemata, die sie sich gebildet hatte, als unaufgebbare Voraussetzungen des Glaubens zu deklarieren.

Heute freilich sieht die Theologie mit Bestürzung, dass sie dabei nicht ihren Auftrag gewahrt, sondern in hohem Maß ihren Kredit verspielt hat. Denn nach all den Beteuerungen, mit denen man sich gegen Evolutionslehre, Polygenismus (Abstammung der Menschen nicht von einem, sondern von vielen Elternpaaren) und anderes gewehrt hatte, um zuletzt doch schweigend das Feld zu räumen, ist der Beschauer der Szene auch da nicht mehr geneigt, an Gültiges zu glauben, wo vielleicht wirklich das Eigene und Eigentliche der Theologie zur Debatte steht. Man muss wohl hinzufügen, dass ein ähnlich unrühmlicher Zweikampf wie zwischen Theologie und Naturwissenschaft in den letzten anderthalb Jahrhunderten auch zwischen Theologie und Geschichtswissenschaft stattgefunden hat – auch hier gab es die gleichen Fixierungen und die gleichen Rückzüge, auch hier steht man vor der gleichen Krise der Glaubwürdigkeit.

Vielleicht kann dies eine Krise zum Heile sein. Heute ist, jedenfalls in unseren Breiten, die Zahl der Theologen wohl nicht mehr allzu groß, die bei einem Disput von Biologen über Details der Evolutionslehre triumphierend die Unsicherheit des Ganzen verkünden. Dass die überlieferte Anschauung von Paradies und Erbschuld nicht in naturwissenschaftlichen Daten objektivierbar ist, sondern anthropologische Aussagen über die innere Herkunftsgeschichte des Menschen und seine Verfasstheit in der Bedrohung durch das Versinken in die Sklaverei inhumaner Mächte anzielt, wird zusehends klarer bewusst. Und so ließe sich fortfahren. Trotzdem sind Anrufe wie der vorliegende keineswegs überholt oder inzwischen etwa gegenstandslos geworden: Gegenüber dem Versuch, die Position der Theologie durch Einzelkorrekturen, durch kleinere oder größere Grenzberichtigungen auf dem Feld der Details, zu halten, bringen sie das Grundsätzliche der Aufgabe zu Bewusstsein, die sich hier stellt. Das Problem »Naturwissenschaft – Theologie« ist nicht eine Frage des Ausgleichs in den Details (in denen die Theologie einfach keine Kompetenz besitzt), sondern der Unterscheidung der jeweiligen methodischen Ebene und dann freilich auch der gegenseitigen Beziehung der Methoden. Die Naturwissenschaft beansprucht die Natur ganz und nicht bloß bis zu irgendwelchen Grenzen hin; auf ihre Weise beanspruchen umgekehrt Philosophie und Theologie ebenfalls, über »das Ganze« zu reden, aber diese Ganzheit ist ersichtlicherweise eine andere als die der Naturwissenschaft. Sie kann nicht durch ein Herausschneiden von theologischen Reservaten (wie Herkunft des Menschen, Entstehung des Lebens, »Substanz« der Dinge und so weiter) zur Geltung gebracht werden, sondern nur durch Besinnung auf die jeweils grundverschiedene Art der Totalität, die jeweils gemeint ist, und durch Respektierung jener Totalität des Beobachteten und Beobachtbaren, die den Raum der Naturwissenschaft darstellt.

Joseph Ratzinger (geb. 1927)

---

1. Diskutieren Sie den Text von **Ratzinger** u. a. auch im Blick auf den amerikanischen fundamentalistischen Kreationismus: → S. 66.
2. Erklären Sie die **drei Modelle Küngs** für das Verhältnis von Religion und Wissenschaft. Suchen Sie Beispiele dafür.
3. Diskutieren Sie die Auffassung von **Max Planck** (1858–1947), Nobelpreisträger für Physik, dass Religion und Naturwissenschaften auf derselben Seite des humanen Kampfs gegen Aberglauben und Magie stehen, mit dem Unterschied, dass der religiöse Mensch am Anfang bei Gott ist, der wissenschaftliche am Ende zu Gott findet.
4. Das **2. Vatikanische Konzil** zum Verhältnis von Glauben und Wissen: → S. 15

Probleme philosophischen Denkens

1. An den Grenzen des Denkens

Gott erkennen – Worte der Bibel

In der **Bibel** ist oft von »**Gott erkennen**« die Rede. Die Erkenntnis Gottes ist hier kein theoretisches oder philosophisches Wissen. »Gott erkennen« hat vielmehr mit der Lebenspraxis zu tun. Wer auf Gottes Wegen geht und liebevoll mit den Menschen umgeht, der erkennt Gott.
Im Neuen Testament steht die Erkenntnis Gottes in engem Zusammenhang mit der **Erkenntnis Christi**, die ebenfalls nicht kognitiver Natur ist, sondern in seiner Nachfolge begründet ist.

❖ Dem Schwachen und Armen verhalf er zum Recht. Heißt nicht das, mich wirklich erkennen? – Spruch des Herrn
Jer 22, 16

❖ Welcher Mensch kann Gottes Plan erkennen,
oder wer begreift, was der Herr will?
Wer hat je deinen Plan erkannt,
wenn du ihm nicht Weisheit gegeben
und deinen heiligen Geist aus der Höhe gesandt hast?
Weish 9, 13.17

❖ Mir ist von meinem Vater alles übergeben worden;
niemand kennt den Sohn, nur der Vater,
und niemand kennt den Vater, nur der Sohn
und der, dem es der Sohn offenbaren will.
Mt 11, 27

Grenzen der Gotteserkenntnis

Thomas von Aquin (1225–1274), Dominikaner, Schüler Alberts des Großen, zählt zu den bedeutendsten Theologen und Philosophen des Mittelalters. Wie kein anderer hat er seine Lehre in klarer Systematik aufgebaut und dargestellt (Hauptwerk: »Summa theologiae«). In seinem damals bahnbrechend neuen Ansatz machte er die realistische Philosophie des als »Heide« geltenden griechischen Philosophen Aristoteles (384–322 vC) zur Grundlage seiner christlichen Philosophie. Damit beeinflusste er in den nächsten Jahrhunderten insbesondere die Scholastik und das katholische Denken. Es ist davon überzeugt, dass es einerseits Gottesbeweise (→ S. 72) gibt, dass wir aber von Gott letztlich nichts wissen können (→ S. 43).

❖ Dieses ist das Äußerste menschlichen Gotterkennens: zu wissen, dass wir Gott nicht wissen.

❖ Das Wesen Gottes, wie es in sich ist, vermögen wir in diesem Leben nicht zu erkennen. Aber wir erkennen es, sofern es sich abbildet in den Vollkommenheiten der Schöpfung. 5

❖ Die geschaffen Dinge sind unzureichend, den Schöpfer abzubilden. Und darum vermögen wir durch die geschaffenen Dinge auf keine Weise vollkommen zur Erkenntnis des Schöpfers zu gelangen; 10
und das auch wegen der Unzulänglichkeit unserer Erkenntniskraft, die nicht einmal all das über Gott aus den geschaffenen Dingen zu entnehmen vermag, was diese von Gott offenbaren. 15
Thomas von Aquin (1225–1274)

Jan van Munster (1939), Ratio, 2002

Kant – Gott, ein Postulat der praktischen Vernunft

Johannes Hirschberger hat eine bedeutende und verständliche »Geschichte der Philosophie« verfasst.

Das sind nun Kants drei berühmten Postulate: Unsterblichkeit, Freiheit und Gott. Die Idee **Unsterblichkeit** erfließt aus der praktisch notwendigen Bedingung einer angemessenen Dauer zur möglichst vollständigen Erfüllung des moralischen Gesetzes. ... Nur Gott ist ganz heilig. Immerhin besteht dort die Möglichkeit immer
5 größerer sittlicher Vervollkommnung. Und darum wird die Unsterblichkeit postuliert. Sie muss sein; ohne sie »wären die moralischen Gesetze als leere Hirngespinste anzusehen«.

Eine ähnliche Überlegung führt zum **Postulat Gottes**. So sicher die moralischen Prinzipien unseres Handelns sind, die uns sagen, was wir zu tun haben, nicht um
10 des Lohnes willen, sondern aus Pflicht, so sicher dürfen wir auch hoffen, dass die Tugend durch Glückseligkeit gelohnt wird, wenn wir uns nur des Glückes würdig gemacht haben, indem wir eben unsere Pflicht erfüllten. In der sinnlichen Natur kann aber ein solch gerechter Ausgleich nicht stattfinden; denn menschliche Vernunft könnte, auch wenn wir danach lebten, doch nicht so in Natur und
15 Geschichte eingreifen, dass jene Zustände geschaffen würden, die das vollendete Glück bedeuteten, das dem Guten gebührt. Der gerechte Ausgleich kann darum nur erhofft werden, wenn es eine höchste Vernunft gibt, die nach moralischen Gesetzen gebietet und zugleich als Ursache der Natur zugrunde gelegt wird. Dieses »Ideal des höchsten Gutes« verbindet in sich den vollkommenen moralischen Wil-
20 len mit der Ursache aller Glückseligkeit, deren wir durch unser Leben würdig werden können. Da es also nur dort »die praktisch notwendige Verknüpfung beider Elemente« gibt, wir andererseits durch unsere Vernunft notwendig einer intelligiblen Welt angehören, müssen wir jene für uns künftige Welt annehmen. Kant spricht wie Leibniz von einem Reich der Gnaden. An der Spitze steht Gott als der allweise
25 Urheber und Regierer. »Gott also und ein künftiges Leben sind zwei von der Verbindlichkeit, die uns reine Vernunft auferlegt, nach Prinzipien eben derselben Vernunft nicht zu trennende Voraussetzungen.«

Mit diesem moralischen Gottesbeweis hätten wir den einzig möglichen Gottesbeweis vor uns.

Johannes Hirschberger (1900–1990)

Immanuel Kant (1724–1804) zählt zu den bedeutendsten Philosophen der Geschichte. In seinen Schriften hat er alle theoretischen Gottesbeweise (→ S. 72) scharfsinnig kritisiert, weil sie unsere Vernunft überfordern, die immer an die Erscheinungswelt (d. h. die Welt, wie sie in unserer Erfahrung zugänglich ist) gebunden ist. Gott ist aber kein Gegenstand der Erscheinungswelt. Diese Kritik führt bei Kant nicht zum Atheismus, vielmehr spielt Gott in seiner Philosophie eine bedeutende Rolle. Wenn Gott schon nicht Gegenstand der Erkenntnis ist, so ist er doch unverzichtbares **Postulat der praktischen Vernunft**, d. h. eine vernünftige Forderung/Annahme, die sich aus der unbedingten sittlichen Verpflichtung ergibt und ohne die unser sittliches Handeln unverständlich und sinnlos ist. Beispiel: Ein Mensch (Arzt, Mutter), der für eine gute Sache sein Leben verliert, darf vernünftigerweise hoffen, dass sein Handeln von Gott mit dem Zustand der Unsterblichkeit verknüpft ist.

Die fünfzigste Pforte

Rabbi Baruch von Mesbiz war ein Enkel des Baal-Schem-Tow (1700–1760), der als Begründer der chassidischen Bewegung (→ S. 49, 73) angesehen wird.

Ein Schüler Rabbi Baruchs hatte, ohne seinem Lehrer davon zu sagen, der Wesenheit Gottes nachgeforscht und war im Gedanken immer weiter vorgedrungen, bis er in ein Wirrsal von Zweifeln geriet und das bisher Gewisseste ihm unsicher wurde. Als Rabbi Baruch merkte, dass der Jüngling nicht mehr wie gewohnt zu ihm kam,
5 fuhr er nach dessen Stadt, trat unversehens in seine Stube und sprach ihn an: »Ich weiß, was in deinem Herzen verborgen ist. Du bist durch die fünfzig Pforten der Vernunft gegangen. Man beginnt mit einer Frage, man grübelt, ergrübelt ihr die Antwort, die erste Pforte öffnet sich: in eine neue Frage. Und wieder ergründest du sie, findest ihre Lösung, stößt die zweite Pforte auf – und schaust in eine neue
10 Frage. So fort und fort, so tiefer und tiefer hinein. Bis du die fünfzigste Pforte aufgesprengt hast. Da starrst du die Frage an, die kein Mensch erreicht; denn kennte sie einer, dann gäbe es nicht mehr die Wahl. Vermissest du dich aber, weiter vorzudringen, stürzest du in den Abgrund.« »So müsste ich also den Weg zurück an den Anfang?«, rief der Schüler. »Nicht zurück kehrst du«, sprach Rabbi Baruch,
15 »wenn du umkehrst; jenseits der letzten Pforte stehst du dann, und stehst im Glauben.«

Rabbi Baruch von Mesbiz (ca. 1740–1811)

---

1 Wie unterscheidet sich das **biblische »Erkennen«** vom neuzeitlichen Erkenntnisbegriff? Andere Texte zum Thema: Weish 13, 1–9; Joh 14–17; Röm 1, 18–32; 1 Kor 2, 11.

2 Orientieren Sie sich über Person und Werk des **Thomas von Aquin, Immanuel Kant** und der **Chassidim** (→ S. 33, 49): → M 1. Achten Sie dabei darauf, was diese zu Grenzen der Gotteserkenntnis sagen.

3 Interpretieren Sie den **Satz Kants**: »Ich musste also das Wissen aufheben, um zum Glauben Platz zu bekommen.«

2. Gottesbeweise

Seit den Anfängen der Philosophie haben Philosophen versucht, das **Dasein Gottes** allein mit den Mitteln der **Vernunft** zu **beweisen**. Im Laufe der Jahrhunderte sind sie dabei unterschiedliche Wege gegangen.

❖ Der Gottesbeweis aus der **Kausalität** geht von der Außenwelt aus. Aus der Überlegung, dass alles in der Welt, also auch die Welt selbst eine Ursache haben muss, ergibt sich der Schluss auf eine letzte, nicht mehr verursachte Ursache, die mit Gott gleichgesetzt wird.

❖ Der Gottesbeweis aus der **Finalität** schließt von der Ordnung und Gesetzmäßigkeit dieser Welt auf einen weltüberlegenen intelligenten Schöpfer.

❖ Seltener hat man den **ontologischen** Gottesbeweis geführt, der versucht, das Dasein Gottes allein aus dem Begriff Gottes zu beweisen.

❖ Der **moralische** Gottesbeweis geht von der Innenwelt des Menschen aus, wo er das Gewissen und unbedingte moralische Gesetze vorfindet. Von da schließt er auf einen Gesetzgeber, d. h. auf Gott.

❖ In der Neuzeit sind gegen die Gottesbeweise schwerwiegende **Einwände** erhoben worden. Vor allem **Kant** (→ S. 71) hat sie erkenntnistheoretisch kritisiert, indem er unsere Erkenntnisfähigkeit auf unsere erfahrbare Welt eingegrenzt und so für Beweise keine Möglichkeit gesehen hat, die den Erfahrungsraum der Welt übersteigen. Außerdem hat er alle theoretischen Gottesbeweise auf den ontologischen Gottesbeweis zurückgeführt und diesen deshalb abgelehnt, weil es erkenntnistheoretisch unstatthaft ist, aus einem Begriff auf die Existenz zu schließen.

❖ Die **Kirche** hält daran fest, dass Gott mit dem Licht der Vernunft erkannt werden kann.

Anselm von Canterbury im Gespräch mit einem Schüler. Titelbild seiner Schrift »Cur deus homo?« (Warum wurde Gott Mensch?), 12. Jh.

Aus dem Begriff

Anselm von Canterbury, Kirchenlehrer und Erzbischof, hat in seiner Schrift »Proslogion« erstmals Überlegungen vorgetragen, die von dem Begriff Gottes – über dem nichts Größeres gedacht werden kann – ausgehen und zu der Erkenntnis führen, dass Gott existiert. Er tut dies in der Form eines Gebetes. Später hat man diesen eher meditativen Gedankengang »ontologischen« Gottesbeweis« genannt.

Also, Herr, der du die Glaubenseinsicht gibst, verleihe mir, dass ich, soweit du es nützlich weißt, einsehe, dass du bist, wie wir glauben, und das bist, was wir glauben. Und zwar glauben wir, dass du etwas bist, über dem nichts Größeres gedacht werden kann ... 5
Und sicherlich kann »das, über dem Größeres nicht gedacht werden kann«, nicht im Verstande allein sein, denn wenn es wenigstens im Verstande allein ist, kann gedacht werden, dass es auch in Wirklichkeit existiere – was größer ist. Wenn also »das, über dem Größeres nicht gedacht werden kann«, im Verstande allein ist, so ist eben »das, über dem Größeres nicht gedacht werden kann«, über dem Größeres gedacht werden kann. Das aber kann gewiss nicht sein. Es existiert also ohne Zweifel »etwas, über dem Größeres nicht gedacht werden kann«, sowohl im Verstande als auch in Wirklichkeit ... Also, Herr, du bist nicht nur das, worüber nichts Größeres gedacht werden kann, sondern du bist größer als alles, was überhaupt gedacht werden kann. 15

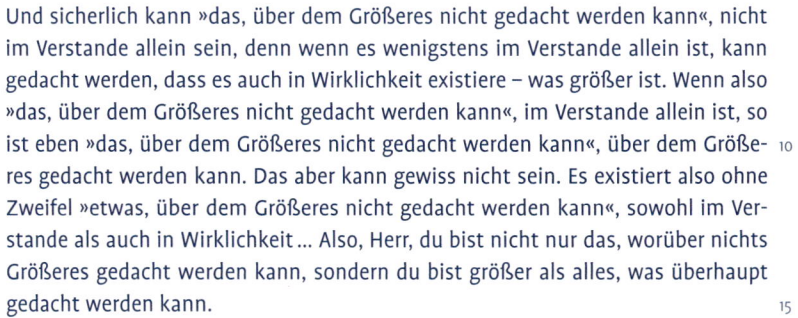

Anselm von Canterbury (1033–1109)

Aus der Kausalität

Thomas von Aquin (→ S. 70) hat in seinem großen Werk »Summa theologiae« fünf Gottesbeweise zusammengestellt, die sich teilweise auf ältere Versuche der griechischen Philosophie stützen. Diese Gottesbeweise gehen nicht von einem Begriff, sondern von der Wirklichkeit aus. Die beiden wichtigsten Beweise haben folgende Form:

Der *zweite Weg* geht vom Wesen der wirkenden Ursache aus. Wir finden in dieser sinnenfälligen Welt eine Ordnung der wirkenden Ursachen vor. Aber es findet sich nicht und ist auch nicht möglich, dass etwas die wirkende Ursache seiner selbst sei, weil es dann früher als es selbst wäre, was unmöglich ist. Es ist aber nicht möglich, dass man in der Reihe der wirkenden Ursachen ins Unendliche fortschreite, 5 weil bei allen geordneten wirkenden Ursachen das Erste die Ursache des Mittleren und das Mittlere die Ursache des Letzten ist, möge das Mittlere aus mehreren oder nur einem bestehen. Wird aber die Ursache aufgehoben, dann wird auch die Wirkung aufgehoben. Folglich wird es, wenn es bei den wirkenden Ursachen kein Erstes gibt, auch kein Letztes und Mittleres geben. Wenn man aber bei den wirkenden Ursachen ins Unendliche fortschreitet, dann wird es keine erste wirkende Ursache und so weder eine letzte Wirkung noch mittlere wirkende Ursachen geben, was offenbar falsch ist. Mithin ist es notwendig, eine erste wirkende Ursache anzunehmen, die alle Gott nennen.

Thomas von Aquin (1225–1274)

Aus der Finalität

Der *fünfte Weg* wird von der Leitung der Dinge genommen. Wir sehen nämlich, dass manches, was keine Erkenntnis besitzt, nämlich die Naturkörper, wegen eines Zweckes tätig ist, was daraus hervorgeht, dass sie immer oder meistens auf dieselbe Weise tätig sind, um das zu erreichen, was das Beste ist. Hieraus ist offenbar, dass sie nicht durch Zufall, sondern aus einer Absicht zum Ziel gelangen. Dasjenige aber, was keine Erkenntnis hat, strebt nur in der Weise zum Ziele hin, dass es von etwas, was Erkenntnis und Verstand besitzt, dahin gelenkt wird wie der Pfeil vom Schützen. Also gibt es ein intelligentes Wesen, durch welches alle Naturdinge zum Ziel hingeordnet werden, und dieses nennen wir Gott.

Thomas von Aquin (1225–1274)

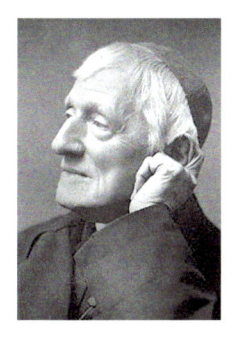

Aus dem Gewissen

John Henry Newman war ursprünglich anglikanischer, dann katholischer Theologe, seit 1879 Kardinal. Er hat in seinem Werk »Entwurf einer Zustimmungslehre« auf den Zusammenhang Gewissen – Gott hingewiesen:

Wir haben das Recht, von den einzelnen Erfahrungen des Gewissens aus auf die jeweilige Gegenwart Eines Höchsten Herrn zu schließen ...

Das Gewissen ruht nicht in sich selbst, sondern greift nach etwas jenseits seiner selbst und erkennt dunkel für seine Entscheidungen die Bindung einer höheren Gewalt – wie es sich in dem scharfen Gefühl der Verpflichtung und Verantwortung erweist, das jene durchtränkt ...

Daher rührt es auch, dass wir vom Gewissen als einer »Stimme« sprechen, oder besser: dem Echo einer Stimme, gebietend und bindend wie sonst kein Befehl im Gesamtbereich unserer Erfahrung. Es ist da eine lebendige Empfindung von Verantwortung und Schuld, auch wenn die Tat nicht gegen die menschliche Gesellschaft gerichtet war, von Betroffenheit und Niedergeschlagenheit, auch wenn die Tat im Augenblick von Nutzen war, von Reue und Bedauern, auch wenn die Tat in sich im höchsten Maß ergötzlich war, von errötender Beschämung, auch wenn sie keine Zeugen hatte. Wenn wir nun aber bei Missachtung des Gewissens Verantwortung fühlen, so liegt darin die Anerkennung eingeschlossen, dass jemand da ist, dem wir verantwortlich sind.

John Henry Newman (1801–1890)

Vielleicht

Rabbi Levi Jizchak von Berditschew gehört zu den Chassidim (→ S. 49, 71).

Einer der Aufklärer (→ S. 14), ein sehr gelehrter Mann, der vom Berditschewer gehört hatte, suchte ihn auf, um auch mit ihm, wie er's gewohnt war, zu disputieren und seine rückständigen Beweisgründe für die Wahrheit seines Glaubens zuschanden zu machen. Als er die Stube des Rabbi betrat, sah er ihn mit einem Buch in der Hand in begeistertem Nachdenken auf und nieder gehen. Des Ankömmlings achtete er nicht. Schließlich blieb er stehen, sah ihn flüchtig an und sagte: »Vielleicht ist es aber wahr.« Der Gelehrte nahm vergebens all sein Selbstgefühl zusammen – ihm schlotterten die Knie, so furchtbar war der Rabbi anzusehn, so furchtbar sein schlichter Spruch zu hören. Rabbi Levi Jizchak aber wandte sich ihm nun völlig zu und sprach ihn gelassen an: »Mein Sohn, die Großen der Thora, mit denen du gestritten hast, haben ihre Worte an dich verschwendet, du hast, als du gingst, drüber gelacht. Sie haben dir Gott und sein Reich nicht auf den Tisch legen können, und auch ich kann es nicht. Aber, mein Sohn, bedenke, vielleicht ist es wahr.« Der Aufklärer bot seine innerste Kraft zur Entgegnung auf; aber dieses furchtbare »Vielleicht«, das ihm da Mal um Mal entgegenscholl, brach seinen Widerstand.

Levi Jizchak von Berditschew (1740–1809)

Das Licht der Vernunft

Das Konzil bekennt, »dass Gott, aller Dinge Ursprung und Ziel, mit dem natürlichen Licht der menschlichen Vernunft aus den geschaffenen Dingen sicher erkannt werden kann« (Röm 1,20); doch lehrt sie (die Kirche), seiner Offenbarung sei es zuzuschreiben, »dass, was im Bereich des Göttlichen der menschlichen Vernunft an sich nicht unzugänglich ist, auch in der gegenwärtigen Lage des Menschengeschlechtes von allen leicht, mit sicherer Gewissheit und ohne Beimischung von Irrtum erkannt werden kann«.

2. Vatikanisches Konzil (1962–1965), »Dei Verbum« 6

---

1. Informieren Sie sich über **Person und Werk der Philosophen und Theologen**, die Gottesbeweise geführt haben?
2. Untersuchen Sie an den einzelnen Gottesbeweisen,
   ❖ woher sie ihren **Ausgangspunkt** nehmen;
   ❖ welche **Methode** des Beweisens sie benutzen;
   ❖ zu welchem **Begriff** von Gott sie führen.
3. Sammeln Sie rationale Einwände gegen die Gottesbeweise und diskutieren Sie sie. Wägen Sie das **Pro** und **Contra** gegeneinander ab.
4. Vergleichen Sie den Gottesbeweis **Newmans** mit Kants Postulat der praktischen Vernunft (→ S. 71)
5. Diskutieren Sie, ob die Gottesbeweise den **Unglauben** der Ungläubigen infrage stellen und ob sie den **Glauben** der Gläubigen stützen können.

3. Gott ist tot

Friedrich Nietzsche (1844–1900) hat als Philosoph das Christentum scharf kritisiert, weil er meinte, es sei mit seiner Moral lebensfeindlich.
Das Wort vom **Tod Gottes** hat Nietzsche zwar nicht als Erster gebraucht, aber es wurde durch ihn weithin bekannt, weil es den Geist der Zeit in einer Kurzformel wie kaum ein anderer Slogan zusammenfasst. Es gibt mehrere Deutungen des Aphorismus, z. B.:
❖ Der Aphorismus ist ein blasphemischer Akt der Revolution und Exekution gegenüber Gott (Wladimir Sergejewitsch **Solowjew**).
❖ Der Aphorismus stellt bildhaft die schwindende Rolle Gottes in der Moderne dar – eine Kurzformel für die Abwesenheit Gottes in unserer Zeit (Martin **Heidegger**).

1 Zu **Friedrich Nietzsche**: → M 1, S. 62.
2 Der **Aphorismus 125** verdient eine eingehende Beschäftigung: → M 2. Erarbeiten Sie – ggfs. in Gruppen – Aufbau/Gliederung, Ort und Zeit, Ruf des tollen Menschen, Reaktion der Leute auf dem Markt, die Bilder für Gott, die Folgen des Todes Gottes, die letzten Taten des tollen Menschen, die Sprache des Textes, die Zeichenhandlungen usw. In welchem Zusammenhang steht der Tod Gottes mit Nietzsches Lehre vom Übermenschen?
3 Gehen Sie ähnlich an den **Aphorismus 343** heran.
4 Nennen Sie Gesichtspunkte zur **Beurteilung und Bewertung** beider Texte.
5 Analysieren Sie den Satz »Gott ist tot«. Ist er ein Widerspruch in sich selbst?
6 Was meinen Sie – Ist Nietzsches Wort vom Todes Gottes eher eine Provokation Nietzsches, eine Zeitdiagnose oder eine Proklamation von gestern?
7 Was halten Sie von dem **neueren Slogan** »Nietzsche ist tot. Gott lebt.«?
8 Deuten Sie das Wort des Nobelpreisträgers für Literatur Imre Kertesz: »Wenn Gott tot ist, wer lacht dann am Ende?«

Der tolle Mensch – Gott ist tot. Wir haben ihn getötet

*Weil der Aphorismus 125 aus **Nietzsches** Schrift »Die fröhliche Wissenschaft« in Stil und Aufbau an die biblischen Gleichnisse erinnert, hat man von einem »**Antigleichnis**« gesprochen, das nicht Fakten vermitteln will, sondern zu einer Stellungnahme auffordert. Der Leser gehört mit in den Text hinein: »Habt ihr nicht … gehört?«*

Habt ihr nicht von jenem tollen Menschen gehört, der am hellen Vormittag eine Laterne anzündete, auf den Markt lief und unaufhörlich schrie: »Ich suche Gott! Ich suche Gott!« – Da dort gerade viele von denen zusammen standen, welche nicht an Gott glaubten, so erregte er ein großes Gelächter. Ist er denn verloren gegangen? sagte der eine. Hat er sich verlaufen wie ein Kind? sagte der andere. Oder hält er sich versteckt? Fürchtet er sich vor uns? Ist er zu Schiff gegangen, ausgewandert? – so schrien und lachten sie durcheinander. Der tolle Mensch sprang mitten unter sie und durchbohrte sie mit seinen Blicken. »Wohin ist Gott?«, rief er, »ich will es euch sagen! *Wir haben ihn getötet* – ihr und ich. Wir alle sind seine Mörder! Aber wie haben wir dies gemacht? Wie vermochten wir das Meer auszutrinken? Wer gab uns den Schwamm, um den ganzen Horizont wegzuwischen? Was taten wir, als wir diese Erde von ihrer Sonne losketteten? Wohin bewegt sie sich nun? Wohin bewegen wir uns? Fort von allen Sonnen? Stürzen wir nicht fortwährend? Und rückwärts, seitwärts, vorwärts, nach allen Seiten? Gibt es noch ein Oben und ein Unten? Irren wir nicht durch ein unendliches Nichts? Haucht uns nicht der leere Raum an? Ist es nicht kälter geworden? Kommt nicht immerfort die Nacht und mehr Nacht? Müssen nicht Laternen am Vormittage angezündet werden? Hören wir noch nichts von dem Lärm der Totengräber, welche Gott begraben? Riechen wir noch nichts von der göttlichen Verwesung? – Auch Götter verwesen! Gott ist tot! Gott bleibt tot! Und wir haben ihn getötet! Wie trösten wir uns, die Mörder aller Mörder? Das Heiligste und Mächtigste, was die Welt bisher besaß, es ist unter unsern Messern verblutet – wer wischt dies Blut von uns ab? Mit welchem Wasser könnten wir uns reinigen? Welche Sühnefeiern, welche heiligen Spiele werden wir erfinden müssen? Ist nicht die Größe dieser Tat zu groß für uns? Müssen wir nicht selber zu Göttern werden, um nur ihrer würdig zu erscheinen? Es gab nie eine größere Tat – und wer nur immer nach uns geboren wird, gehört um dieser Tat willen in eine höhere Geschichte, als alle Geschichte bisher war!« –

Hier schwieg der tolle Mensch und sah wieder seine Zuhörer an: auch sie schwiegen und blickten befremdet auf ihn. Endlich warf er seine Laterne auf den Boden, dass sie in Stücke sprang und erlosch. »Ich komme zu früh«, sagte er dann, »ich bin noch nicht an der Zeit. Dies ungeheure Ereignis ist noch unterwegs und wandert – es ist noch nicht bis zu den Ohren der Menschen gedrungen. Blitz und Donner brauchen Zeit, das Licht der Gestirne braucht Zeit, Taten brauchen Zeit, auch nachdem sie getan, um gesehn und gehört zu werden. Diese Tat ist ihnen immer noch ferner als die fernsten Gestirne – *und doch haben sie dieselbe getan!«* – Man erzählt noch, dass der tolle Mensch desselbigen Tages in verschiedene Kirchen eingedrungen sei und darin sein Requiem aeternam deo angestimmt habe. Hinausgeführt und zur Ruhe gesetzt, habe er immer nur dies entgegnet: »Was sind denn diese Kirchen noch, wenn sie nicht die Grüfte und Grabmäler Gottes sind?«

Friedrich Nietzsche (1844–1900)

Francisco Goya (1746–1828), Du wirst ihn nicht finden

Was es mit unserer Heiterkeit auf sich hat
*Im Aphorismus 343 macht **Nietzsche** auf die Folgen aufmerksam, die der Tod Gottes mit sich bringt.*

Wir Philosophen fühlen uns bei der Nachricht, dass der »alte Gott tot« ist, wie von einer neuen Morgenröte angestrahlt. Das größte neuere Ereignis – dass »Gott tot ist«, dass der Glaube an den christlichen Gott unglaubwürdig geworden ist – beginnt bereits seine ersten Schatten über Europa zu werfen. Für die wenigen wenigstens, deren Augen, deren *Argwohn* in den Augen stark und fein genug für dies Schauspiel ist, scheint eben irgendeine Sonne untergegangen, irgendein altes, tiefes Vertrauen in Zweifel umgedreht: ihnen muss unsere alte Welt täglich abendlicher, misstrauischer, fremder, »älter« scheinen. In der Hauptsache aber darf man sagen: Das Ereignis selbst ist viel zu groß, zu fern, zu abseits vom Fassungsvermögen vieler, als dass auch nur seine Kunde schon *angelangt* heißen dürfte; geschweige denn, dass viele bereits wüssten, was eigentlich sich damit begeben hat – und was alles, nachdem dieser Glaube untergraben ist, nunmehr einfallen muss, weil es auf ihm gebaut, an ihn gelehnt, in ihn hineingewachsen war: z. B. unsere ganze europäische Moral. Diese lange Fülle und Folge von Abbruch, Zerstörung, Untergang, Umsturz, die nun bevorsteht: Wer erriete heute schon genug davon, um den Lehrer und Vorauskünder dieser ungeheuren Logik von Schrecken abgeben zu müssen, den Propheten einer Verdüsterung und Sonnenfinsternis, derengleichen es wahrscheinlich noch nicht auf Erden gegeben hat? ... Selbst wir geborenen Rätselrater, die wir gleichsam auf den Bergen warten, zwischen heute und morgen hineingestellt und in den Widerspruch zwischen heute und morgen hineingespannt, wir Erstlinge und Frühgeburten des kommenden Jahrhunderts, denen eigentlich die Schatten, welche Europa alsbald einwickeln müssen, jetzt schon zu Gesicht gekommen sein *sollten*: woran liegt es doch, dass selbst wir ohne rechte Teilnahme für diese Verdüsterung, vor allem ohne Sorge und Furcht für uns, ihrem Heraufkommen entgegensehn? Stehen wir vielleicht zu sehr noch unter den *nächsten Folgen* dieses Ereignisses – und diese nächsten Folgen, seine Folgen für *uns* sind, umgekehrt, als man vielleicht erwarten könnte, durchaus nicht traurig und verdüsternd, vielmehr wie eine neue, schwer zu beschreibende Art von Licht, Glück, Erleichterung, Erheiterung, Ermutigung, Morgenröte ... In der Tat, wir Philosophen und »freien Geister« fühlen uns bei der Nachricht, dass der »alte Gott tot« ist, wie von einer neuen Morgenröte angestrahlt; unser Herz strömt dabei über von Dankbarkeit, Erstaunen, Ahnung, Erwartung – endlich erscheint uns der Horizont wieder frei, gesetzt selbst, dass er nicht hell ist, endlich dürfen unsere Schiffe wieder auslaufen, auf jede Gefahr hin auslaufen, jedes Wagnis des Erkennenden ist wieder erlaubt, das Meer, unser Meer liegt wieder offen da, vielleicht gab es noch niemals ein so »offenes Meer«.

Friedrich Nietzsche (1844–1900)

Der Übermensch
Gott starb: Nun wollen wir, dass der Übermensch lebe.

Friedrich Nietzsche (1844–1900)

Herbert Falken (geb. 1932), Rufer, aus dem Zyklus »Scandalum crucis« (d.h. »Der Skandal des Kreuzes«, → S. 125), 1969

4. Gottesbestreitungen

Die Argumente des **Atheismus** haben keine so lange Geschichte wie die Gottesbeweise. Von wenigen Ausnahmen abgesehen ist der Atheismus eine neuzeitliche Erscheinung, die in engem Zusammenhang mit der Aufklärung, dem Aufkommen des industriellen Zeitalters und der Wissenschaften steht.

Einige Begründungen des Atheismus haben große Beachtung gefunden und zu seiner Verbreitung beigetragen.

❖ Der **materialistisch-naturwissenschaftlich** argumentierende Atheismus bestreitet Gott, da es für ihn nur Materielles gibt, Gott aber nicht als Materie existiert.

❖ Der **anthropologische** Atheismus **Feuerbachs** hält alle Gottesvorstellungen für Projektionen, die sich Menschen von Gott machen und wünschen.

❖ Der **gesellschaftskritisch-kommunistische** Atheismus von **Marx** führt den Gottesglauben auf die Entfremdung des Menschen durch die moderne Gesellschaft zurück. In dieser brutalen Welt sei Gott das Opium des Volks, das diese Verhältnisse für die Unterdrückten erträglich macht.

❖ Der **psychoanalytische** Atheismus von **Freud** hält den Gottesglaube für eine infantile Neurose und Illusion.

❖ Die meisten Formen des Atheismus kritisieren – oft zu Recht – verbreitete Gottesvorstellungen und Gottesbilder. Darum führt ihre Kritik zur **Reinigung der Religion** und ist von der Religion ernst zu nehmen. Doch wer die falschen Gottesbilder ablegt, befreit die Religion von einer Last, ohne die Existenz Gottes bestreiten zu müssen. Zum Bilderverbot: → S. 94 ff.

Der **materialistische** Atheismus

Paul Thiry d'Holbach (→ S. 121), Naturwissenschaftler und Philosoph der französischen Aufklärung, hat sich zeitlebens dem Studium der Naturwissenschaften gewidmet. Daneben galt sein Interesse weltanschaulichen und philosophischen Problemen.
Der Text ist ein Auszug aus seinem Hauptwerk »System der Natur oder Von den Gesetzen der physischen und moralischen Welt« (1770). Hier entwickelt Holbach seinen philosophischen Materialismus. Das Werk durfte damals in Frankreich nicht erscheinen. Drucker und Verkäufer mussten mit der Todesstrafe rechnen. Darum wurde die Schrift in Amsterdam gedruckt und unter einem Pseudonym publiziert.

Der Mensch ist wie alle anderen Dinge ein Produkt der Natur. Wenn man fragt, woher der Mensch gekommen ist, so antworten wir: Die Erfahrung reicht nicht aus, diese Frage zu beantworten.

Hat der Mensch immer existiert? Oder ist er etwa nur ein zeitbedingtes Erzeugnis der Natur? Das eine wie das andere ist gleich möglich. Die Materie ist ewig, aber ihre Verbindungen und Formen sind vorübergehend. Es ist wahrscheinlich, dass der Mensch eines der Ergebnisse der Eigenschaften ist, deren der Erdball, auf dem sich die Menschen auf Grund der verschiedenen klimatischen Bedingungen unterscheiden, in seiner gegenwärtigen Lage fähig war; dass er als Weib und als Mann entstand; dass er so lange bestehen wird, wie er mit der Existenz des Erdballs in Einklang steht. Wenn dieser Einklang aufhörte, würde die menschliche Gattung neuen Dingen Platz machen, die fähig sind, sich in den Zustand einzuordnen, der auf den folgen würde, den wir jetzt sehen.

Wer von Gottheit und Schöpfung spricht, beweist, dass er die Energie der Natur nicht kennt und dass er nicht weiß, wie sie die Menschen hat hervorbringen können.

Der Mensch hat keine Gründe, sich für ein bevorrechtetes Wesen in der Natur zu halten; er ist demselben Wechsel unterworfen wie alle ihre anderen Produkte. Seine angeblichen Vorrechte gründen sich nur auf die Vorliebe für sich selbst.

Paul Henri Thiry Baron d'Holbach (1723–1789)

---

1 Nähere Informationen zu **d'Holbach, Feuerbach, Marx, Dawkins und Freud** → M1
2 Zur **Theodizee**, die wegen des Leidens in der Welt zum Atheismus führen kann:
 → S. 120 ff.; hier auch ein weiterer Text von d'Holbach.
3 Prüfen Sie die verschiedenen Formen des Atheismus.
 ❖ Woher nehmen sie ihren **Ausgangspunkt**?
 ❖ Wie führen sie **methodisch** ihre Argumentation?
 ❖ Welches **Gottesbild** trifft ihre Kritik?
4 Warum erscheinen manche Argumente für den Atheismus auf den **ersten Blick** plausibel? Und was sagen sie auf den **zweiten Blick**?
5 Deuten Sie die **Sprüche namhafter Atheisten**:
 – Gottseidank – ich bin Atheist.
 – Ich bin Atheist zur größeren Ehre Gottes.

Gott – eine **Projektion** des Menschen

❖ Die Religion ist die Entzweiung des Menschen mit sich selbst: Er setzt sich Gott als ein ihm entgegengesetztes Wesen gegenüber. Gott ist nicht, was der Mensch ist – der Mensch nicht, was Gott ist. Gott ist das unendliche, der Mensch das endliche Wesen; Gott vollkommen, der Mensch unvollkommen; Gott ewig, der Mensch
5 zeitlich; Gott allmächtig, der Mensch ohnmächtig; Gott heilig, der Mensch sündhaft. Gott und Mensch sind Extreme: Gott das schlechthin Positive, der Inbegriff aller Realitäten, der Mensch das schlechtweg Negative.

❖ Das Abhängigkeitsgefühl des Menschen ist der Grund der Religion; der Gegenstand dieses Abhängigkeitsgefühles, das, wovon der Mensch abhängig ist und
10 abhängig sich fühlt, ist aber ursprünglich nichts anderes, als die Natur. Die Natur ist der erste, ursprüngliche Gegenstand der Religion, wie die Geschichte aller Religionen und Völker sattsam beweist.

❖ Der Mensch glaubt Götter nicht nur, weil er *Phantasie* und *Gefühl* hat, sondern auch weil er den *Trieb hat, glücklich zu sein*. Er glaubt ein seliges Wesen, nicht nur,
15 weil er eine Vorstellung der Seligkeit hat, sondern weil er selbst selig sein will; er glaubt ein vollkommenes Wesen, weil er selbst vollkommen zu sein wünscht; er glaubt ein unsterbliches Wesen, weil er selbst nicht zu sterben wünscht. Was er selbst nicht ist, aber zu sein *wünscht,* das stellt er sich in seinen Göttern als seiend vor; *die Götter sind die als wirklich gedachten, die in wirkliche Wesen verwandelten*
20 *Wünsche des Menschen;* ein Gott ist der in der Phantasie befriedigte Glückseligkeitstrieb des Menschen. Hätte der Mensch keine Wünsche, so hätte er trotz Phantasie und Gefühl keine Religion, keine Götter. Und so verschieden die Wünsche, so verschieden sind die Götter, und die Wünsche sind so verschieden, als es die Menschen selbst sind. Der Trieb, aus dem die Religion hervorgeht, ihr letzter Grund ist der
25 Glückseligkeitstrieb, also der Egoismus. *Ludwig Feuerbach (1804–1872)*

Kritik an Feuerbach
Zu Hans Küng: → S. 82

Ist die psychologisch begründete Projektionstheorie Feuerbachs nicht mehr als plausibel? Man hätte es nie bestreiten dürfen: Auch der Gottesglaube lässt sich psychologisch deuten, sogar ableiten! Psychologisch gesehen sind die von Feuerbach angenommenen Kräfte und Funktionen beim Gottesglauben und bei der Reli-
5 gion unzweifelhaft beteiligt. Niemand kann in Abrede stellen, dass das Abhängigkeitsgefühl in der Religion eine grundlegende Rolle spielt.

Nur drängen sich auch hier unabweisbare *Gegenfragen* auf: Ist mit der Anerkennung der Tatsache, dass psychologische Faktoren beim Gottesglauben eine nicht unbedeutende Rolle spielen, schon ausgeschlossen, dass diese psychologischen
10 Faktoren auf ein reales Objekt, eine Wirklichkeit zielen? Gewiss: Es lässt sich nicht positiv ausschließen, dass den verschiedenen Bedürfnissen, Wünschen und Trieben in Wirklichkeit vielleicht doch kein Objekt entspricht. Aber umgekehrt: Es lässt sich auch nicht von vorne herein ausschließen, dass all diesen Bedürfnissen, Wünschen und Trieben tatsächlich etwas Wirkliches entspricht. ...

15 »Wenn die Götter Wunschwesen sind, so folgt daraus für ihre Existenz oder Nicht-Existenz gar nichts«, führt E. von Hartmann (Philosoph, 19. Jh.) aus: »Nun ist es ganz richtig, dass darum etwas noch nicht existiert, weil man es wünscht; aber es ist nicht richtig, dass darum etwas nicht existieren könne, weil man es wünscht. Feuerbachs ganze Religionskritik und der ganze Beweis für seinen Atheismus
20 beruht jedoch auf diesem einzigen Schluss, d. h. auf einem logischen Fehlschluss.«
Hans Küng (geb. 1928)

Ludwig Feuerbach vertrat in seiner Philosophie eine materialistische Grundrichtung, die in seiner Religionskritik nicht sofort erkennbar wird. Diese geht davon aus, dass der Mensch seine großen Wünsche und Sehnsüchte auf ein übermenschliches Wesen überträgt (»projiziert«) und seiner eigenen **Projektion** Realitätswert zuschreibt. Darum kommt es darauf an, diese Projektion zu durchschauen und so einen neuen Menschen zu schaffen, der keine Projektionen mehr braucht. So wird für ihn aus der Theologie Anthropologie und aus der verkehrten biblischen Aussage »Gott schuf den Menschen nach seinem Bild« (Gen 1, 27; → S. 94) der richtige Satz: »Der Mensch schuf Gott nach seinem Bild.«

Die Religionskritik Feuerbachs wurde in der weiteren **Geschichte der Philosophie** außerordentlich wirksam.

---

1 Zeigen Sie, dass Feuerbach mit seiner Religionskritik **richtige Sachverhalte** trifft. Warum sollte ein aufgekärter Glaube heute durch den »Feuer-Bach« Feuerbachs gehen?

2 Warum ist seine **Schlussfolgerung unzulässig**?

3 Vergleichen Sie die Kritik Feuerbachs mit zwei Aussagen des vorsokratischen Philosophen **Xenophanes** (6. Jh vC), der selber die Einzigkeit Gottes philosophisch zu begründen versuchte:

❖ Die Äthiopier stellen sich ihre Götter schwarz und stumpfnasig vor, die Thraker dagegen blauäugig und rothaarig. (fr. 16)

❖ Wenn Kühe, Pferde oder Löwen Hände hätten und damit malen und Werke wie Menschen schaffen könnten, dann würden die Pferde pferde-, die Kühe kuh-ähnliche Götterbilder malen und solche Gestalten schaffen, wie sie selber haben. (fr. 15)

❖ **Karl Marx**, Journalist, Philosoph, Ökonom, wurde zusammen mit Friedrich Engels der Begründer des Dialektischen Materialismus, der der Religion gegenüber völlig ablehnend war. Seine **Religionskritik** fußt auf der Projektionslehre Feuerbachs, führt sie aber über die individuellen Wünsche und Sehnsüchte hinaus zu den **gesellschaftlichen Verhältnissen** des Kapitalismus, die den Menschen von seinem eigenen Wesen entfremden. Erst mit der Umkehr der gesellschaftlichen Verhältnisse durch die **kommunistische Revolution** wird auch der religiöse Glaube schwinden, weil mit dem Ende der menschlichen Selbstentfremdung der Grund für die Religion entfallen wird. Erst dann wird sich ein religionsloser Humanismus entfalten können.

❖ Die Religionskritik von Marx ist später im real existierenden Kommunismus des Ostblocks, Chinas und Kambodschas zur Begründung für die blutige Verfolgung der Religionen verwendet worden.

Opium des Volks

Das Fundament der irreligiösen Kritik ist: *Der Mensch macht die Religion,* die Religion macht nicht den Menschen. Und zwar ist die Religion das Selbstbewusstsein und das Selbstgefühl des Menschen, der sich selbst entweder noch nicht erworben und schon wieder verloren hat. Aber *der Mensch,* das ist kein abstraktes, außer der Welt hockendes Wesen. Der Mensch, das ist *die Welt des Menschen,* Staat, Sozietät. Dieser Staat, diese Sozietät produzieren die Religion, ein *verkehrtes Weltbewusstsein*, weil sie eine *verkehrte Welt* sind. Die Religion ist die allgemeine Theorie dieser Welt, ihr enzyklopädisches Kompendium, ihre Logik in populärer Form, ihr spiritualistischer Point-d'honneur, ihr Enthusiasmus, ihre moralische Sanktion, ihre feierliche Ergänzung, ihr allgemeiner Trost- und Rechtfertigungsgrund. Sie ist die *phantastische Verwirklichung* des menschlichen Wesens, weil das menschliche Wesen keine wahre Wirklichkeit besitzt. Der Kampf gegen die Religion ist also mittelbar der Kampf gegen *jene Welt,* deren geistiges *Aroma* die Religion ist.

Das religiöse Elend ist einem der *Ausdruck* des wirklichen Elendes und die *Protestation* gegen das wirkliche Elend. Die Religion ist der Seufzer der bedrängten Kreatur, das Gemüt einer herzlosen Welt, wie sie der Geist geistloser Zustände ist. Sie ist das *Opium* des Volks.

Die Aufhebung der Religion als des *illusorischen* Glücks des Volkes ist die Forderung seines *wirklichen* Glücks. Die Forderung, die Illusionen über seinen Zustand aufzugeben, ist die *Forderung, einen Zustand aufzugeben, der der Illusionen bedarf.* Die Kritik der Religion ist also im Keim die *Kritik des Jammertales,* dessen *Heiligenschein* die Religion ist.

Die Kritik hat die imaginären Blumen an der Kette zerpflückt, nicht damit der Mensch die phantasielose, trostlose Kette trage, sondern damit er die Kette abwerfe und die lebendige Blume breche. Die Kritik der Religion enttäuscht den Menschen, damit er denke, handle, seine Wirklichkeit gestalte wie ein enttäuschter, zu Verstand gekommener Mensch, damit er sich um sich selbst und damit um seine wirkliche Sonne bewege. Die Religion ist nur die illusorische Sonne, die sich um den Menschen bewegt, solange er sich nicht um sich selbst bewegt.

Es ist also die *Aufgabe der Geschichte,* nachdem das *Jenseits der Wahrheit* verschwunden ist, die *Wahrheit des Diesseits* zu etablieren. Es ist zunächst die *Aufgabe der Philosophie,* die im Dienste der Geschichte steht, nachdem die *Heiligengestalt* der menschlichen Selbstentfremdung entlarvt ist, die Selbstentfremdung in *ihren unheiligen Gestalten* zu entlarven. Die Kritik des Himmels verwandelt sich damit in die Kritik der Erde, die *Kritik der Religion* in die *Kritik des Rechts,* die *Kritik der Theologie* in die *Kritik der Politik.*

...

Die Kritik der Religion endet mit der Lehre, dass der *Mensch das höchste Wesen für den Menschen* sei, also mit dem *kategorischen Imperativ, alle Verhältnisse umzuwerfen,* in denen der Mensch ein erniedrigtes, ein geknechtetes, ein verlassenes, ein verächtliches Wesen ist.

Karl Marx (1818–1883)

Kritik an Marx
Zu Hans Küng: → S. 82

Marx hat das unbestreitbare Verdienst, herausgearbeitet zu haben, wie sehr es ökonomische Veränderungen sind, die die Welt bewegen; wie sehr die Entwicklung der Technologie und neuer Produktionsverhältnisse für die reale Entfremdung des Menschen und besonders des modernen Lohnarbeiters verantwortlich ist; wie groß überhaupt der Einfluss der Ökonomie auf die Ideengeschichte und auch auf die Religionsgeschichte ist. Aber wir sahen im Zusammenhang mit *Feuerbach* deutlich: Aus dem unbestreitbaren Einfluss *psychologischer Faktoren* auf Religion und Gottesbegriff folgt noch nichts für die Existenz oder Nichtexistenz Gottes! Und so bedarf es eigentlich keiner weiteren Erklärung, wenn wir jetzt in Bezug auf *Marx* ganz entsprechend sagen: Aus dem unbestreitbaren Einfluss *ökonomisch-gesellschaftlicher Faktoren auf Religion und Gottesbegriff folgt ebenfalls nichts für die Existenz oder Nichtexistenz Gottes!* ...

Gewiss, der Mensch denkt Gott, macht sich Vorstellungen, Bilder, Begriffe von ihm. Aber damit ist noch nicht bewiesen, dass Gott *nur* ein Produkt menschlichen Denkens und Vorstellens ist. Zugegeben: Gottesvorstellungen sind Menschenwerk. Aber damit ist doch nicht bewiesen, dass Gott selbst Menschenwerk ist. Zugegeben: Gottesvorstellungen wechseln mit den ökonomischen Verhältnissen, und insofern ist Gott ein »Widerschein« des Menschen. Aber damit ist noch keineswegs bewiesen, dass Gott nichts als Schein ist. ...

Der Atheismus von Marx, der vor aller ökonomischen Kritik bereits feststand, erweist sich ebenfalls als reine Hypothese, als unbewiesenes Postulat, als dogmatischer Anspruch.

Hans Küng (geb. 1928)

---

1 Zeigen Sie, wie Marx auf der Religionskritik **Feuerbachs** fußt und wo er über diese hinausführt. Von welchen gesellschaftlichen Verhältnissen seiner Zeit geht er aus?

2 Arbeiten Sie die **bildhafte Sprache** in der Argumentation von Marx heraus.

3 Zeigen Sie an einem Beispiel auf, welche Wirkungen die Religionskritik von Marx im realen **Kommunismus** entfaltet hat.

4 **Lenin** spricht in seiner Religionskritik statt von »Opium des Volks« (Marx) von »**Opium fürs Volk**«. Wo liegt der Unterschied?

5 Wie weit trifft die Kirchen eine **Mitschuld** an den damaligen Verhältnissen der Gesellschaft? Warum trifft die Kritik von Marx die **biblische Botschaft** nicht (→ S. 89)?

6 Legen Sie gegen **Dawkins** dar, dass Religion mehr ist als die Summe ihrer Missstände: → S. 10–13.

Gott ist **zu nichts gut**.

Vieles von dem, was die Menschen tun, tun sie im Namen Gottes. Iren sprengen sich gegenseitig in die Luft im Namen Gottes. Araber sprengen sich in die Luft in seinem Namen. Imams und Ayatollahs unterdrücken Frauen in seinem Namen. Zölibatäre Päpste und Priester zerstören das Sexualleben anderer Leute in seinem Namen. Jüdische Shohets schneiden Tieren bei lebendigem Leibe die Kehle durch in seinem Namen. Die Errungenschaften der Religion in der Geschichte – blutige Kreuzfahrten, Folter der Inquisition, massenmordende Conquistadors, kulturzerstörende Missionare, mit Gewalt durchgesetzte Unterdrückung jeder neuen wissenschaftlichen Erkenntnis bis zum letztmöglichen Moment – sind sogar noch beeindruckender. Und wozu war all das gut? Ich glaube, die Antwort darauf wird immer klarer: Zu nichts. Zu absolut nichts. Es gibt keinen Grund anzunehmen, dass irgendeine Art von Gott existiert und recht gute Gründe zu glauben, dass er nicht existiert und nie existiert hat. Es war eine gigantische Zeitverschwendung und eine Verschwendung von Menschenleben. Man möchte meinen, ein Witz von kosmischen Ausmaßen – wenn es nicht so tragisch wäre.

Richard Dawkins (geb. 1941)

Richard Dawkins (→ S. 66), Autor des Bestsellers »Der Gotteswahn« (2007) vertritt einen aggressiven Atheismus. Er wiederholt viele klassische Argumente des Atheismus und wendet sich vor allem gegen christliche Fundamentalisten, die die biblischen Schöpfungserzählungen falsch auslegen. Er übersieht die lange theologische und philosophische Auseinandersetzung mit dem Atheismus, wendet sich gegen Vorstellungen, die nachdenkliche Christen nicht vertreten, und nimmt nicht zur Kenntnis, dass auch die Kirchen den christlichen Fundamentalismus mehrheitlich ablehnen. Vor allem übersieht er, dass in der Neuzeit der Atheismus viele blutige Spuren hinterlassen hat.

Sigmund Freud (→ S. 65) hat seine Gottesbestreitung aus der **seelischen Entwicklung** des Menschen abgeleitet. Seine Religionskritik weist einige Parallelen zu Feuerbach auf. In seiner religionskritischen Schrift »**Die Zukunft einer Illusion**« legt er dar, dass der erwachsene Mensch dieselbe seelische Geborgenheit und wirksame Hilfe durch den mächtigen Vater erfahren möchte wie das unmündige Kind.
Diese Theorie wurde von Freuds **ärztlichen Erfahrungen in Wien** gestützt, die ihn fast ausschließlich mit seelisch-gestörten Menschen zusammenführte, bei denen er oft infantile Neurosen und Illusionen diagnostizierte.

Infantile Neurose und Illusion

Die religiösen Vorstellungen, die sich als Lehrsätze ausgeben, sind nicht Niederschläge der Erfahrung oder Endresultate des Denkens, es sind Illusionen, Erfüllungen der ältesten, stärksten, dringendsten Wünsche der Menschheit; das Geheimnis ihrer Stärke ist die Stärke dieser Wünsche. Wir wissen schon, der schreckende Eindruck der kindlichen Hilflosigkeit hat das Bedürfnis nach Schutz – Schutz durch Liebe – erweckt, dem der Vater abgeholfen hat, die Erkenntnis von der Fortdauer dieser Hilflosigkeit durchs ganze Leben hat das Festhalten an der Existenz eines – aber nun mächtigeren – Vaters verursacht. Durch das gütige Walten der göttlichen Vorsehung wird die Angst vor den Gefahren des Lebens beschwichtigt, die Einsetzung einer sittlichen Weltordnung versichert die Erfüllung der Gerechtigkeitsforderung, die innerhalb der menschlichen Kultur so oft unerfüllt geblieben ist, die Verlängerung der irdischen Existenz durch ein zukünftiges Leben stellt den örtlichen und zeitlichen Rahmen bei, in dem sich diese Wunscherfüllungen vollziehen sollen. Antworten auf Rätselfragen der menschlichen Wissbegierde, wie nach der Entstehung der Welt und der Beziehung zwischen Körperlichem und Seelischem, werden unter den Voraussetzungen dieses Systems entwickelt; es bedeutet eine großartige Erleichterung für die Einzelpsyche, wenn die nie ganz überwundenen Konflikte der Kinderzeit aus dem Vaterkomplex ihr abgenommen und einer von allen angenommenen Lösung zugeführt werden. ...

Wenden wir uns nach dieser Orientierung wieder zu den religiösen Lehren, so dürfen wir wiederholend sagen: Sie sind sämtlich Illusionen, unbeweisbar, niemand darf gezwungen werden, sie für wahr zu halten, sie zu glauben. Einige von ihnen sind so unwahrscheinlich, so sehr im Widerspruch zu allem, was wir mühselig über die Realität der Welt erfahren haben, dass man sie – mit entsprechender Berücksichtigung der psychologischen Unterschiede – den Wahnideen vergleichen kann. Über den Realitätswert der meisten von ihnen kann man nicht urteilen. So wie sie unbeweisbar sind, sind sie auch unwiderlegbar.

Sigmund Freud (1856–1939)

Fragen an die Religionskritik Freuds

Karl-Heinz Weger ist Theologe und Philosoph aus dem Jesuitenorden.
Für Freud war die Ähnlichkeit zwischen Neurose und Religion so evident, dass er (wenngleich er zugibt, religiöse Lehren seien unbeweisbar wie auch unwiderlegbar) die Analogie zur Identität erhebt. Die Tragweite von Analogieschlüssen ist jedoch problematisch. C. G. Jung spricht von Freuds chronischer Unfähigkeit, Religion zu verstehen. ...

Freuds Realitätsbegriff, der vielschichtig ist, kann als Maßstab für gesundes oder krankhaftes Verhalten in Frage gestellt werden; denn wenn schon von vornherein feststeht, dass »Realität« nichts anderes beinhalten kann als die sinnlich wahrnehmbare Welt und empirisch-wissenschaftliche Fakten, dann ist (in einer Art »circulus vitiosus«) der Maßstab psychischer Gesundheit bereits so bestimmt, dass jeder Glaube an Gott krankhaft sein muss, da Gott offensichtlich nicht ein Bestandteil der empirisch fassbaren Wirklichkeit ist. ...

Für Freud ist Religion Illusion und gründet auf infantilem Wunschdenken. Wo Freud sich mit der Religion auseinandersetzt, geht es ihm kaum um die mögliche Wahrheit religiösen Glaubens; nicht also darum, ob Gott existiert, sondern darum, wie die Menschheit überhaupt auf die Idee kommen konnte, es gäbe eine weltjenseitige Wirklichkeit, die Gott heißt und ist. ... Wäre der Glaube an Gott nichts anderes als Wunschdenken (dazu noch infantilen Ursprungs), wäre er m. a. W. Hoffnung ohne Grund, dann, aber auch nur dann, hätte Freud recht.

Karl-Heinz Weger (geb. 1932)

---

1 Wie erklärt **Freud**, die Entstehung der Religion? Wie deutet er diesen Prozess? Zu welchem Schluss kommt er? Untersuchen Sie die Berechtigung und Grenze der Überlegungen Freuds.

2 Heute verbreiteter als der theoretisch argumentierende Atheismus ist der **praktische Atheismus**, der dort vorherrscht, wo man so lebt, als gäbe es Gott nicht, ohne dies begründen zu wollen oder zu können. Dies gilt in hohem Maß für postmoderne (→ S. 128) Gesellschaften, insofern sie vor allem auf Profit, überflüssigen Konsum und ständigen Genuss aus sind. Diskutieren Sie Beispiele für diesen praktischen Atheismus.

3 Das Wort eines anderen **Psychotherapeuten** zur Religion: → S. 29.

5. Gespräch mit dem Atheismus

Eine Antwort auf den Atheismus

Joseph Ratzinger (→ S. 69) hat sich schon als junger Theologe gründlich mit dem Atheismus befasst und ihn damals so beschrieben, wie es in der theologischen Zunft nicht selbstverständlich war.

❖ Der moderne Atheismus trägt den Charakter der Reinigung an sich, sofern er die christliche Entgötterung der Welt aufgreift und zu Ende führt. So wird er für die Christenheit zur Aufforderung, ihrerseits mit neuem Ernst an der allezeit unvollendeten Aufgabe der Reinigung zu arbeiten, die weltbildlichen Hüllen des mittelalterlichen und antiken Denkens abzustreifen, um so den Sinngehalt des Glaubens erst vollends ans Licht zu bringen. ...

❖ Wenn der moderne Atheismus sich in engem Zusammenhang mit einer neuen Solidarität der Menschen untereinander und in einem Geist der Hoffnung auf die immer erfülltere Menschwerdung des Menschen abspielt, so kann auch darin ein gewichtiger Anruf an den Glauben liegen, seine eigene geschichtliche Orientierung wieder deutlicher zu erkennen: Christlicher Glaube ist verkürzt, wo er faktisch nur noch Besorgung des eigenen Seelenheils und Flucht aus den Drangsalen der Geschichte in ein geschichtsloses Jenseits bedeutet. Er ist auch da missverstanden, wo er wesentlich retrospektiv, als Glaube vergangener Heilsmysterien begriffen wird. Sein Inhalt ist ja nicht nur der »Christus gestern«, sondern ebenso der wiederkommende Herr; Christentum ist als Religion der Hoffnung wesentlich zukunftsbezogen.

Joseph Ratzinger (geb. 1927, seit 2005 Papst Benedikt XVI.)

Das Bekenntnis der Würzburger Synode

Die Würzburger Synode, die die Ergebnisse des 2. Vatikanischen Konzils für Deutschland umzusetzen versuchte, hat in ihrem Beschluss »Unsere Hoffnung« falsche Gottesvorstellungen unserer Zeit mit dem biblischen »Gott unserer Hoffnung« konfrontiert.

Der Gott unseres Glaubens ist der Grund unserer Hoffnung, nicht der Lückenbüßer für unsere Enttäuschungen. Nun versteht sich die Gesellschaft, in der wir leben, immer mehr als eine reine Bedürfnisgesellschaft, als ein Netz von Bedürfnissen und deren Befriedigung. Wo jedoch die gesellschaftlichen und öffentlichen Interessen ausschließlich von dieser Bedürfnisstruktur geprägt sind, hat unsere christliche Hoffnung nur ein verschwindendes Dasein. Denn in dieser Hoffnung drückt sich eine Sehnsucht aus, die alle unsere Bedürfnisse übersteigt. Wer sich vom Zwang eines reinen Bedürfnisdenkens nicht freimachen kann, wird den »Gott unserer Hoffnung« letztlich nur als vergebliche Vorspiegelung, als eingebildete Erfüllung vereitelter Bedürfnisse, als Täuschung und falsches Bewusstsein kritisieren können, und er wird die Religion der Hoffnung leicht als eine inzwischen durchschaute und eigentlich schon überholte Phase in der Geschichte menschlicher Selbstgestaltung ansehen. Die Gottesbotschaft unserer christlichen Hoffnung widersetzt sich einem schlechthin geheimnisleeren Bild vom Menschen, das nur einen reinen Bedürfnismenschen zeigt, einen Menschen ohne Sehnsucht, das heißt aber auch ohne Fähigkeit zu trauern und darum ohne Fähigkeit, sich wirklich trösten zu lassen und Trost anders zu verstehen denn als reine Vertröstung. Die Gottesbotschaft unserer Hoffnung widersteht einer totalen Anpassung der Sehnsucht des Menschen an seine Bedürfniswelt.

Dadurch wird der Name Gottes nicht zum Deckwort für eine gefährliche Beschwichtigung oder vorschnelle Aussöhnung mit unserer leidvoll zerrissenen Wirklichkeit. Denn gerade diese Hoffnung auf Gott ist es ja, die uns an sinnlosem Leiden immer wieder leiden macht. Sie ist es, die uns verbietet, mit der Sinnlosigkeit dieses Leidens zu paktieren. Sie ist es, die in uns immer neu den Hunger nach Sinn, das Dürsten nach Gerechtigkeit für alle, für die Lebenden und die Toten, die Kommenden und Gewesenen weckt und die es uns verwehrt, uns ausschließlich innerhalb der verkleinerten Maßstäbe unserer Bedürfniswelt einzurichten.

Würzburger Synode (1971–1975)

Christen haben nach langem Kampf gegen den Atheismus seit dem 2. Vatikanischen Konzil damit begonnen, sich **argumentativ** mit dem **Atheismus** auseinanderzusetzen. Sie lehnen den Atheismus zwar nach wie vor ab, weil er mit ihrem Gottesglauben unvereinbar ist, erkennen aber im Atheismus auch Züge, die für ihren Glauben wichtig sind.

❖ Der Atheismus zeigt deutlich, dass Religionen Vorstellungen und Bilder von Gott haben, die nicht akzeptabel sind und daher aufgegeben werden müssen.

❖ Der Atheismus ist auch deshalb entstanden, weil Christen ihren Glauben nicht überzeugend genug leben und darstellen.

---

1. Suchen Sie Beispiele für den **theoretischen, praktischen, militanten und methodologischen Atheismus**.
2. Nehmen Sie begründet **Stellung** zu den verschiedenen Formen.
3. Diskutieren Sie die Sätze:
   ❖ »Ein Atheist ist jemand, der sich ein Bild von Gott macht und es verneint.«
   ❖ »Ein Atheist leugnet Gott zur größeren Ehre Gottes.«
4. Eine Stellungnahme zu den atheistischen Konzepten von Hermann Lübbe: → S.22.

6. Ein Patt zwischen Beweisen und Gegenbeweisen?

Ein unaufhebbares Patt?
Hans Küng (→ S. 68), Schweizer Theologe und Religionswissenschaftler, war Professor in Tübingen und einflussreicher Berater auf dem 2. Vatikanischen Konzil (1962–65). Seine theologischen Bücher haben eine weite Verbreitung gefunden. Weil er die Unfehlbarkeit des Papstes in Frage stellte und einige katholische Lehren eigenwillig deutete, verlor er seine Lehrerlaubnis als katholischer Theologe, blieb aber bis 1996 Direktor des Instituts für Ökumenische Forschung. Er wurde durch seine Schriften zum Thema »Weltethos« weltbekannt und betätigt sich bis heute als engagierter Kirchenkritiker.

❖ Ein **Nein** zu Gott ist möglich. Der Atheismus lässt sich nicht rational eliminieren: Er ist unwiderlegbar!
Warum? Es ist immer wieder neu die Erfahrung der radikalen *Fraglichkeit* jeglicher Wirklichkeit, die dem Atheismus genügend Anlass gibt, um zu behaupten und die Behauptung auch aufrechtzuerhalten: Die Wirklichkeit hat gar keinen Urgrund, Urhalt, kein Urziel. Jede Rede von Ursprung, Ursinn, Urwert ist abzulehnen. Man kann das alles gar nicht wissen – so der Agnostizismus mit Tendenz zum Atheismus. Ja, vielleicht ist doch Chaos, Absurdität, Illusion, Schein und nicht Sein, eben das Nichtsein das Letzte – so der Atheismus mit Tendenz zum Nihilismus.
Also: für die *Unmöglichkeit* des Atheismus gibt es tatsächlich keine positiven Argumente. Es kann nicht positiv widerlegt werden, wer sagt: Es ist kein Gott! Gegen eine solche Behauptung kommt weder ein strenger Beweis noch ein Aufweis Gottes letztlich an. Diese negative Behauptung beruht ja zutiefst auf einer *Entscheidung*, die mit der Grundentscheidung zur Wirklichkeit überhaupt im Zusammenhang steht. Die Verneinung Gottes ist rein rational nicht zu widerlegen. Die Auseinandersetzung mit Feuerbach, Marx, Freud und Nietzsche hat freilich auch ein anderes gezeigt: der Atheismus seinerseits kann auch die andere Alternative nicht positiv ausschließen.

❖ Auch ein **Ja** zu Gott ist möglich. Der Atheismus lässt sich nicht rational etablieren: Er ist unbeweisbar!
Warum? Es ist die *Wirklichkeit* in aller Fraglichkeit, die genügend Anlass gibt, um nicht nur ein vertrauendes Ja zu dieser Wirklichkeit, ihrer Identität, Sinnhaftigkeit und Werthaftigkeit zu wagen, sondern darüber hinaus auch ein Ja zu dem, ohne den die Wirklichkeit in allem Begründen letztlich unbegründet, in allem Halten letztlich haltlos, in allem Sichentwickeln letztlich ziellos erscheint: ein vertrauendes Ja also zu einem Urgrund, Urhalt und Urziel der fraglichen Wirklichkeit.
Also: es gibt tatsächlich kein schlüssiges Argument für die *Notwendigkeit* des Atheismus. Es kann auch nicht positiv widerlegt werden, wer sagt: Es ist ein Gott! Gegen ein solches von der Wirklichkeit selber her sich aufdrängendes Vertrauen kommt der Atheismus seinerseits nicht an. Auch die Bejahung Gottes beruht zutiefst auf einer *Entscheidung*, die wiederum mit der Grundentscheidung zur Wirklichkeit überhaupt in Zusammenhang steht. Auch sie ist rational unwiderlegbar.

Gott – eine Sache des Vertrauens
Die Alternativen sind deutlich geworden: Ein Nein oder Ja zu Gott ist möglich. Stehen wir also nicht vor einem Patt, einem Unentschieden?
Hier genau liegt der entscheidende Knoten zur Lösung der Frage nach der Existenz Gottes … Sie lässt sich nun ganz kurz zusammenfassen:
❖ Wenn Gott ist, ist er die Antwort auf die radikale Fraglichkeit der Wirklichkeit.
❖ Dass Gott ist, kann angenommen werden: nicht stringent aufgrund eines Beweises oder Aufweises der reinen Vernunft (Natürliche Theologie), nicht unbedingt aufgrund eines moralischen Postulates der praktischen Vernunft (Kant), nicht ausschließlich aufgrund des biblischen Zeugnisses (Dialektische Theologie).
❖ Dass Gott ist, kann nur in einem – in der Wirklichkeit selbst begründeten – Vertrauen angenommen werden.

Schon dieses vertrauende Sich-Einlassen auf einen letzten Grund, Halt und Sinn der Wirklichkeit – und nicht erst das Sich-Einlassen auf den christlichen Gott – wird im allgemeinen Sprachgebrauch zu Recht als »*Glauben*« an Gott bezeichnet: als »*Gottesglaube*«. Entsprechend dem »Grundvertrauen« könnte man auch generell von »Gottvertrauen« reden, wenn dieses Wort nicht allzu theologisch oder emotional besetzt wäre. Um dieses wichtige Wort nicht völlig dem Verschleiß preiszugeben, sprechen wir manchmal in bewusster Analogie zum »Grund-Vertrauen« von »*Gott-Vertrauen*«. Dabei geht es selbstverständlich um echten Glauben, freilich in einem weiten Sinn: insofern solcher Glaube nicht notwendig von der christlichen Verkündigung provoziert sein muss, sondern auch Nichtchristen (Juden, Moslems, Hindus …) möglich ist. Die Menschen, die sich zu einem solchen Glauben bekennen, werden zu Recht – ob

Christen oder Nichtchristen – als »Gottgläubige« bezeichnet. Demgegenüber erscheint der Atheismus, insofern er Verweigerung des Vertrauens zu Gott ist, wiederum im allgemeinen Sprachgebrauch durchaus zu Recht als »Unglaube«.
So hat sich gezeigt: Nicht nur bezüglich der Wirklichkeit als solcher, nein, auch bezüglich eines Urgrunds, Urhalts und Urziels der Wirklichkeit ist für den Menschen eine – freie, wenn auch nicht willkürliche – *Entscheidung unumgänglich*: Da sich die Wirklichkeit und ihr Urgrund, Urhalt und Urziel nicht mit zwingender Evidenz aufdrängen, bleibt Raum für die Freiheit des Menschen. Der Mensch soll sich entscheiden, ohne intellektuellen Zwang, allerdings auch ohne rationalen Beweis. Atheismus wie Gottesglaube sind also ein Wagnis – und ein Risiko. Gerade die Kritik an den Gottesbeweisen macht es klar: Glaube an Gott hat Entscheidungscharakter, und umgekehrt: Entscheidung für Gott hat Glaubenscharakter.

Hans Küng (geb. 1928)

Dass, aber nicht Was

*Der französische Mathematiker und Philosoph **Blaise Pascal** (→ S. 18) war zeitlebens ein engagierter Christ, der einerseits die Gottesbeweise, die damals sehr beliebt waren, ablehnte, andererseits aber davon überzeugt war, dass es vernünftig sei, an Gott und die christliche Religion zu glauben. In seinem Hauptwerk, den »Pensées« (»Gedanken«, »Überlegungen«), formuliert er im Aphorismus 233 seine Gedanken.*

Wir wissen, dass es ein Unendliches gibt, aber wir sind unwissend über sein Wesen; da wir etwa wissen, dass es falsch ist, dass die Zahlen endlich sind, ist es folglich wahr, dass es ein Unendliches der Zahl gibt, aber wir wissen nicht, was dies ist. Es ist falsch, dass sie gerade ist, es ist falsch, dass sie ungerade ist, denn sie ändert sich nicht, wenn wir die eins hinzufügen; trotzdem ist sie eine Zahl, und jede Zahl ist gerade oder ungerade. Was natürlich nur für endliche Zahlen gilt.
Also kann man sehr wohl begreifen, dass es einen Gott gibt, ohne zu wissen, was er ist. ...
Wenn es einen Gott gibt, ist er unendlich unbegreiflich; da er weder Teile noch Grenzen hat, besteht zwischen ihm und uns keine Gemeinsamkeit. Also sind wir unfähig zu wissen, was er ist, noch ob er ist. Und wer würde, da das so ist, wagen, diese Frage lösen zu wollen? Wir, die wir keine Gemeinsamkeit mit ihm haben, jedenfalls nicht.
Wer also wird die Christen tadeln, wenn sie keinen Beweis ihres Glaubens erbringen können, sie, die einen Glauben bekennen, den sie nicht beweisen können? Sie erklären, wenn sie ihn der Welt darlegen, dass er ein Ärgernis der Vernunft sei, und da beklagen Sie sich darüber, dass sie ihn nicht beweisen! Bewiesen sie ihn, so hielten sie nicht Wort: gerade da ihnen Beweise fehlen, fehlt ihnen nicht der Sinn.

Blaise Pascal (1623–1662)

Es gibt – rational betrachtet – zwischen Glaube und Unglaube, zwischen einem Ja und einem Nein zu Gott ein **Patt**, weil beide Seiten Gründe für ihre Position haben und keine von beiden Seiten rational beweisbar ist. In diesem wichtigen Patt kann es nur eine Entscheidung aus freiem Willen geben. Eine Entscheidung für oder gegen Gott ist Sache eines Grundvertrauens und hat **Glaubenscharakter**.

1 Was ist ein **Patt der Vernunft**? Wie kann dieses Patt überwunden werden?
2 Warum ist die **Entscheidung für Gott** angesichts dieses Patts nicht irrational, sondern begründet und zugleich unbeweisbar?

Paul Klee (1879–1940), Grenzen des Verstandes, 1927

7. Agnostizismus

Der **Agnostizismus** (von gr.: »nicht wissen«) unterscheidet sich deutlich vom Atheismus und Theismus. Er bezeichnet den theoretischen und/oder lebenspraktischen Standpunkt, dass Gott grundsätzlich unerkennbar und unbeweisbar ist. Die Frage nach Gott wird vom Agnostizismus dementsprechend nicht mit »Ja« oder »Nein«, sondern mit »Ungewiss« beantwortet. Er besteht auf der prinzipiellen Begrenztheit menschlichen Wissens.

❖ Eine Form des Agnostizismus ist mit dem **Theismus vereinba**r, die den Glauben an Gott bejaht, aber die Möglichkeit einer rationalen Erkenntnis Gottes verneint, weil Gott letztlich das große Geheimnis ist. (→ S. 70)

❖ Viele Agnostiker tendieren zum **Atheismus**, da sie eher von der Nichtexistenz des Transzendenten überzeugt sind.

Obwohl der **Begriff** erst im 20. Jh. stärker in Gebrauch kam, ist die Einstellung älter. Sie findet sich u. a. bei Buddha, Laotse und einigen griechischen Vorsokratikern und Sophisten. Heute ist der Agnostizismus in unserer Gesellschaft weiter verbreitet als der Atheismus. Weltweit wird die Zahl der Atheisten auf 300 Millionen, die der Agnostiker auf 900 Millionen geschätzt.

Radikale Skepsis

Protagoras war ein bedeutender griechischer Philosoph, der zu den Vorsokratikern zählt. Er war wohl Skeptiker, Agnostizist und Relativist.

Von den Göttern vermag ich nichts festzustellen, weder, dass es sie gibt, noch, dass es sie nicht gibt, noch, was für eine Gestalt sie haben; denn vieles hindert ein Wissen hierüber: die Dunkelheit der Sache und die Kürze des menschlichen Lebens.

Protagoras (480–410 vC)

Docta ignorantia – Wissendes Nichtwissen

*Nikolaus von Kues, einer der ersten großen deutschen Philosophen, hat als päpstlicher Legat, als Bischof von Brixen und als Kardinal in Rom für die Kirche gewirkt. Gott ist für ihn mit der üblichen Logik nicht zu fassen. Im Denken des Unendlichen gelangen wir zum Zusammenfall der Gegensätze (**coincidentia oppositorum**). Wir können von ihm nur in wissendem Nichtwissen (**docta ignorantia**) sprechen. Die folgende Szene ist der Schrift »Dialogus de Deo abscondito« (lat.: »Gespräch über den verborgenen Gott«, 1445) entnommen.*

Der Heide: Ich bitte dich, Bruder, führe mich soweit, dass ich von deinem Gott etwas verstehen kann; gib Antwort: was weißt du von dem Gott, den du anbetest?
Der Christ: Ich weiß, dass alles, was ich von ihm weiß, Er nicht ist, und dass alles, was ich erfasse, ihm nicht ähnlich ist, sondern dass Er vielmehr alles überragt.
Der Heide: So ist also Gott das Nichts?
Der Christ: Das Nichts ist Er nicht, insofern »Nichts« eben die Begriffsbezeichnung für das Nichts ist.
Der Heide: Wenn er also nicht das Nichts ist, ist er Etwas.
Der Christ: Er ist nicht Etwas, denn Etwas ist nicht Alles; Gott ist aber eben so sehr Alles wie Etwas.
Der Heide: Wunderliches Zeug behauptest du: der Gott, den du anbetest, ist weder ein Nichts noch ist er ein Etwas. Das geht über den Verstand hinaus.
Der Christ: Gott ist über dem Nichts und dem Etwas, denn ihm gehorcht das Nichts, so dass es ein Etwas wird. Das eben ist seine All-Macht: sie übertrifft alles, was ist, und alles, was nicht ist, so dass ihm ebenso das Nicht-Sein wie das Sein gehorcht. Er bewirkt nämlich, dass das Nicht-Sein in das Sein tritt, und das Sein in das Nicht-Sein. Er ist daher selbst nichts von alledem, was ihm untersteht und dem seine All-Macht vorausgeht.
Der Heide: Was kannst du also über ihn sagen?
Der Christ: Weder kann man ihm einen Namen geben noch auch ihm keinen Namen geben; denn alles, was in entgegensetzender und verbindender Urteilsaussage, in Übereinstimmung oder in Widerspruch ausgesagt werden kann, kommt ihm nicht zu, insofern seine Unbegrenztheit alles überragt, da er ja der alleinige Ur-Grund vor jedem gestaltbaren Gedanken von ihm ist.
Der Heide: So ist also Gott der Urgrund des Seins und der des Nicht-Seins?
Der Christ: Nein!
Der Heide: Das hast du eben doch gesagt.
Der Christ: Ich sagte die Wahrheit, als ich es behauptete und auch jetzt spreche ich die Wahrheit, wenn ich es in Abrede stelle: sofern es nämlich Ur-Gründe für das Sein und Nicht-Sein gibt – Gott geht ihnen voran.

Nikolaus von Kues (1401–1464)

Probleme philosophischen Denkens

Die Frage, ob es einen Gott gibt

Bertolt Brecht hat nicht nur bedeutende Dramen und Gedichte geschrieben, sondern auch Prosatexte, unter denen die »Geschichten von Herrn Keuner« eine herausragende Stelle einnehmen. In ihnen finden sich eine kommunistisch-marxistische Grundeinstellung (→ S. 78), gute Beobachtung, aggressive soziale Kritik und Kritik an religiösem Glauben.

Einer fragte Herrn K., ob es einen Gott gäbe. Herr K. sagte: »Ich rate dir, nachzudenken, ob dein Verhalten je nach Art der Antwort auf diese Frage sich ändern würde. Würde es sich nicht ändern, dann können wir die Frage fallenlassen. Würde es sich ändern, dann kann ich dir wenigstens noch so weit behilflich sein, dass ich dir sage, du hast dich schon entschieden: Du brauchst einen Gott.«

Bertolt Brecht (1898–1956)

Unser Denken führt nirgendwo hin

George Steiner, Literaturwissenschaftler und Kulturphilosoph, zählt aufgrund seiner ungewöhnlichen Kenntnisse der Weltliteratur zu den anregendsten Denkern der westlichen Welt. Er unterrichtete an europäischen und amerikanischen Universitäten.

Wir sind einer nachprüfbaren Lösung des Rätsels unserer Existenz, ihrer Natur und ihres Zweckes – wenn es ihn überhaupt gibt – in diesem wahrscheinlich multiplen Universum, wir sind einer Antwort auf die Frage, ob der Tod
5 endgültig ist oder nicht, ob es Gott gibt oder nicht, keinen Zoll näher gekommen als Parmenides oder Platon. Vielleicht sind wir weiter davon entfernt als sie. Die Versuche, diese Frage zu »denken«, sie zu »durchdenken«, um Zuflucht bei rechtfertigenden, erklärenden Lösungen zu suchen, haben unsere religiöse, philosophische, literarische, künstlerische und in hohem Maße auch die wis-
10 senschaftliche Geschichte hervorgebracht. Dieses Unternehmen hat die größten und schöpferischsten Geister der menschlichen Rasse beschäftigt – Platon, den heiligen Augustinus, Dante, Spinoza, Galileo, Marx, Nietzsche oder Freud. Es hat theologische und metaphysische Systeme von faszinierendem Scharfsinn, voll anregender Vorschläge, erzeugt. Vor der Moderne waren unsere Doktrinen, unsere
15 Dichtung, Kunst und Wissenschaft von den drängenden Fragen nach Dasein, Sterblichkeit und Gott durchsetzt. Sich dieser Fragestellung zu enthalten, sie zu zensieren würde bedeuten, den bestimmenden Puls, die *dignitas* unseres Menschseins, zu löschen. Der durch Fragen ausgelöste Schwindel setzt ein Leben ständiger Selbstprüfung in Gang.
20 Letztlich führt all dies jedoch nirgendwohin. Wie inspiriert dieses Denken des Seins, des Todes oder Gottes auch sein mag, es läuft auf mehr oder minder geistreiche, weitreichende oder bedeutungsvolle Bilder hinaus.

George Steiner (geb. 1929)

---

1. Überlegen Sie, wie weit menschliche **Erkenntnis** reicht und wo ihre Grenzen liegen (→ S. 62 f., 70 f.). Welche Konsequenzen hat die Antwort für das Problem der Gotteserkenntnis?
2. Was hat der **Funktionsverlust Gottes** (→ S. 14) mit dem Agnostizismus zu tun? Wo finden Sie in den **Schüleräußerungen** (→ S. 26 f.) agnostische Züge?
3. Der Theologe **Karl Rahner** hat gesagt: »Der Christ ist der wahre Agnostiker.« Wie kann man diesen Satz verstehen?
4. Ist der Agnostizismus Ihrer Meinung nach **heute** weit verbreitet oder eher eine Sache nachdenklicher Menschen?

Die Aussagen der Bibel

1. Der Erste und der Letzte

Der **Glaube an Gott** hat in Israel eine eigene **Geschichte**. Israel hat seinen Gott nicht von Anfang an als Schöpfer der Welt erfahren. Wie sich Israels Gottesglaube im Einzelnen in der Geschichte entwickelt hat, lässt sich nicht mehr exakt beschreiben, da die biblischen Texte eher religiöse Zeugnisse als historische Quellen sind, in die sich die wenigen anderen Quellen, z. B. archäologische Funde, manchmal nur schwer einordnen lassen.

Aus Sicht der Bibel können wir folgende Entwicklungsstufen unterscheiden:
❖ Zuerst sprach Gott zu einem **Einzelnen**, zu Abraham. Er zog mit seiner **Sippe** in ein anderes Land.
❖ Später befreite Gott durch Mose das **Volk Israel** aus der Zwangsherrschaft Ägyptens. Er schloss am Sinai einen Bund mit dem Volk, gab ihm die Thora als Weisung zum Leben und führte es in das Verheißungsland Kanaan.
❖ Erst danach weitete sich im Kontakt mit anderen Völkern der Blick Israels über den Rahmen seiner eigenen Geschichte bis zum Anfang und Ende der Welt. So offenbarte sich Gott als »der Erste und der Letzte« (Jes 41, 4). Nun begann Israel zu glauben, dass sein Gott zugleich der universale Gott der ganzen **Menschheit** und des Kosmos sei. Diese Entwicklung ist nach dem Babylonischen Exil (5. Jh. vC.) abgeschlossen.
❖ Das Neue Testament verbindet den Schöpfungsglauben mit **Christus** und gibt damit der Schöpfungslehre eine neue Dimension.

> 1 Andere Stellen zur **Schöpfung**: Gen 1, 1–2, 4; 2, 4–3; Ps 8; 19, 1–7; 104, 1–4; Sir 42, 15–43, 33; weitere Überlegungen: → S. 66; zum Umgang mit der Bibel: → M 2
> 2 Andere **Bilder zur Schöpfung**: → S. 48, 98, 106. Zu den Bildern: → M 3.
> 3 Andere Texte zur **Vollendung der Welt**: Jes 66, 22; 1 Kor 15, 22–28.

Schöpfung

¹ Im Anfang schuf Gott Himmel und Erde;
² die Erde aber war wüst und wirr, Finsternis lag über der Urflut und Gottes Geist schwebte über dem Wasser.
³ Gott sprach: Es werde Licht. Und es wurde Licht.
⁴ Gott sah, dass das Licht gut war. Gott schied das Licht von der Finsternis.

Gen 1, 1–4

¹ Im Anfang war das Wort,
und das Wort war bei Gott,
und das Wort war Gott.
² Im Anfang war es bei Gott.
³ Alles ist durch das Wort geworden
und ohne das Wort wurde nichts, was geworden ist.
¹⁴ Und das Wort ist Fleisch geworden.

Joh 1, 1–3.14

¹⁵ Er (Christus) ist das Ebenbild des unsichtbaren Gottes,
der Erstgeborene der ganzen Schöpfung.
¹⁶ Denn in ihm wurde alles erschaffen im Himmel und auf Erden,
das Sichtbare und das Unsichtbare,
Throne und Herrschaften, Mächte und Gewalten;
alles ist durch ihn und auf ihn hin geschaffen.
¹⁷ Er ist vor aller Schöpfung, in ihm hat alles Bestand.

Kol 1, 15–17

Die Erschaffung der Welt, Bibelillustration, 1494

Vollendung

¹⁷ Ja, vergessen sind die früheren Nöte,
sie sind meinen Augen entschwunden.
Denn schon erschaffe ich
einen neuen Himmel und eine neue Erde.
Man wird nicht mehr an das Frühere denken,
es kommt niemand mehr in den Sinn.
¹⁸ Nein, ihr sollt euch ohne Ende freuen und jubeln
über das, was ich erschaffe. *Jes 65, 17 f*

²¹ Auch die Schöpfung soll von der Sklaverei und Verlorenheit befreit werden
zur Freiheit und Herrlichkeit der Kinder Gottes.
²² Denn wir wissen, dass die gesamte Schöpfung
bis zum heutigen Tag seufzt und in Geburtswehen liegt.
²³ Aber auch wir, obwohl wir als Erstlingsgabe den Geist haben,
seufzen in unserem Herzen und warten darauf,
dass wir mit der Erlösung unseres Leibes als Söhne offenbar werden.
²⁴ Denn wir sind gerettet, doch in der Hoffnung.
Hoffnung aber, die man schon erfüllt sieht,
ist keine Hoffnung. *Röm 8, 21–24*

Wenn also jemand in Christus ist,
dann ist er eine neue Schöpfung:
Das Alte ist vergangen, Neues ist geworden. *2 Kor 5, 17*

¹ Dann sah ich einen neuen Himmel und eine neue Erde;
denn der erste Himmel und die erste Erde sind vergangen,
auch das Meer ist nicht mehr.
² Ich sah die heilige Stadt, das neue Jerusalem,
von Gott her aus dem Himmel herabkommen;
sie war bereit wie eine Braut,
die sich für ihren Mann geschmückt hat.
³ Da hörte ich eine laute Stimme vom Thron her rufen:
Seht, die Wohnung Gottes unter den Menschen!
Er wird in ihrer Mitte wohnen,
und sie werden sein Volk sein;
und er, Gott, wird bei ihnen sein.
⁴ Er wird alle Tränen von ihren Augen abwischen:
Der Tod wird nicht mehr sein,
keine Trauer, keine Klage, keine Mühsal.
Denn was früher war, ist vergangen.
⁵ Er, der auf dem Thron saß, sprach:
Seht, ich mache alles neu. *Offb 21, 1–5*

Mit der Erschaffung der Welt ist Gottes Schöpfung nicht beendet. Gott hält durch alle Zeiten seine Schöpfung im Dasein. Am Ende wird die alte Schöpfung vergehen und Gott wird eine neue unvergängliche leidfreie Schöpfung hervorbringen. So ist der biblische Glaube unlöslich mit großer **Hoffnung** für die Zukunft verbunden. Für das Neue Testament ist der Mensch, der mit Christus verbunden ist, schon eine **»neue Schöpfung«**.

Der Engel und das Wasser des Lebens (Offb 22, 1-5). Bamberger Apokalypse, vor 1000

2. Ich bin der »Ich bin da«

Gott – Retter und Befreier

*Die Bibel schildert die **Befreiung Israels aus Ägypten** (»**Exodus**«), den Auszug aus dem Land der Sklaverei, als die grundlegende Erfahrung Israels mit seinem Gott. Die herausragende Rolle spielte dabei Mose, die wichtigste Gestalt der Hebräischen Bibel. Aus einem brennenden Dornbusch am Sinai erhielt er seinen Auftrag.*

⁷ Der Herr sprach: Ich habe das Elend meines Volkes in Ägypten gesehen und ihre laute Klage über ihre Antreiber habe ich gehört. Ich kenne ihr Leid.
⁸ Ich bin herabgestiegen, um sie der Hand der Ägypter zu entreißen und aus jenem Land hinaufzuführen in ein schönes, weites Land, in ein Land, in dem Milch und Honig fließen, in das Gebiet der Kanaaniter, Hetiter, Amoriter, Perisiter, Hiwiter und Jebusiter.
⁹ Jetzt ist die laute Klage der Israeliten zu mir gedrungen und ich habe auch gesehen, wie die Ägypter sie unterdrücken.
¹⁰ Und jetzt geh! Ich sende dich zum Pharao. Führe mein Volk, die Israeliten, aus Ägypten heraus!
¹¹ Mose antwortete Gott: Wer bin ich, dass ich zum Pharao gehen und die Israeliten aus Ägypten herausführen könnte?
¹² Gott aber sagte: Ich bin mit dir; ich habe dich gesandt und als Zeichen dafür soll dir dienen: Wenn du das Volk aus Ägypten herausgeführt hast, werdet ihr Gott an diesem Berg verehren.

Ex 3, 7–12

❖ Die frühesten Erfahrungen, die Israel mit seinem Gott machte, waren nicht die von seiner Einzigkeit (»Monotheismus«) oder Weltüberlegenheit (»Transzendenz«). Am Anfang stand ein Ruf Gottes, der Abraham aus seinem Alltag holte und ihm seine Verheißungen gab.
Später erwies sich Gott als **Retter** und **Befreier**, der für sein Volk da ist.

❖ Der **Name**, mit dem sich Gott selbst dem Mose offenbart (Ex 3,14), lautet **JHWH (Jahwe)**. Das hebräische Wort יהוה ist unterschiedlich gedeutet worden. Eine wichtige Übersetzung lautet: »Ich bin, der ich bin.« In dieser philosophisch klingenden Übersetzung würde Gott eher seinen Namen verbergen und sein Geheimnis betonen. Heute übersetzt man JHWH oft so: »**Ich bin der ›Ich bin da‹**«, d. h. der für sein Volk da ist und ihm hilft. Hier wäre das Wort eher eine Verheißung und ein Trost für das Volk. Bis heute ist umstritten, welche Übersetzung den Vorzug verdient.
Fromme Juden sprechen den Gottesnamen JHWH (»Tetragramm«, d. h. »4 Buchstaben«) nicht aus. Christen sollten sich diesem Brauch anschließen und, wenn das Wort in einem vorzulesenden Text vorkommt, »Gott« oder »Herr« sprechen.

❖ Der Gott Israels steht **auf der Seite der Armen und Schwachen**. Davon ist im Alten Testament vor allem bei den Propheten die Rede. Sie setzen sich für die Menschenrechte derer ein, die sich selbst nicht helfen können. Im Neuen Testament setzt Jesus diese Tradition entschieden fort. Er macht sein Evangelium für die Armen, Ausgestoßenen und Kranken zu einem zentralen Punkt seines Wirkens und seiner Lehre.

1 Weitere Stellen, die Gott auf Seiten der **Armen und Schwachen** zeigen: 1 Kön 21; Ps 72, 12–14; Mt 11, 4 f; Mk 12, 41–44; Lk 16, 19–31
2 Andere Zeugnisse für **Gottes Verlässlichkeit**: Ps 23; 31, 1–6; 46; 139, 1–18

Marc Chagall (1887–1985), Mose am brennenden Dornbusch (Ex 3, 14)

88 Die Aussagen der Bibel

Der Name Gottes JHWH
*Als Mose am Sinai den Auftrag erhielt, die Israeliten aus der ägyptischen Zwangsherrschaft zu befreien, wollte er wissen, in wessen Auftrag er handeln soll und wie sein Name lautet. Damals wurde ihm eine der wichtigsten **Selbstoffenbarungen** Gottes zuteil. Der **Name Gottes** bleibt in der ganzen Bibel ein wichtiges Thema. Er kommt auch im Dekalog und Vaterunser vor.*

¹³ Da sagte Mose zu Gott: Gut, ich werde also zu den Israeliten kommen und ihnen sagen:
Der Gott eurer Väter hat mich zu euch gesandt.
Da werden sie mich fragen:
Wie heißt er? Was soll ich ihnen darauf sagen?
¹⁴ Da antwortete Gott dem Mose:
Ich bin der »Ich-bin-da« (»JHWH«).
Und er fuhr fort: So sollst du zu den Israeliten sagen:
Der »Ich-bin-da« (»JHWH«) hat mich zu euch gesandt.
¹⁵ Weiter sprach Gott zu Mose: So sag zu den Israeliten:
JHWH, der Gott eurer Väter, der Gott Abrahams, der Gott Isaaks und der Gott Jakobs, hat mich zu euch gesandt.
Das ist mein Name für immer und so wird man mich nennen in allen Generationen. *Ex 3, 13–15*

Verlässlichkeit im Alltag
Auf den Gott, der der »Ich bin da« (»JHWH«) ist, kann man sich zu jeder Zeit verlassen. Darum gibt es in der Bibel so viele Zeugnisse des Vertrauens auf Gott: → S. 38f.

¹ Wer im Schutz des Höchsten wohnt
und ruht im Schatten des Allmächtigen,
² der sagt zum Herrn: »Du bist für mich Zuflucht und Burg,
mein Gott, dem ich vertraue.«
³ Er rettet dich aus der Schlinge des Jägers
und aus allem Verderben.
⁴ Er beschirmt dich mit seinen Flügeln,
unter seinen Schwingen findest du Zuflucht,
Schild und Schutz ist dir seine Treue.
⁵ Du brauchst dich vor dem Schrecken
der Nacht nicht zu fürchten,
¹⁰ Dir begegnet kein Unheil,
kein Unglück naht deinem Zelt.
¹¹ Denn er befiehlt seinen Engeln,
dich zu behüten auf all deinen Wegen.
¹² Sie tragen dich auf ihren Händen,
damit dein Fuß nicht an einen Stein stößt;
¹⁵ Wenn er mich anruft, dann will ich ihn erhören.
Ich bin bei ihm in der Not,
befreie ihn und bringe ihn zu Ehren.
¹⁶ Ich sättige ihn mit langem Leben
und lasse ihn schauen mein Heil. *Psalm 91, 1–5. 10–16*

³¹ Macht euch also keine Sorgen und fragt nicht:
Was sollen wir essen? Was sollen wir trinken?
Was sollen wir anziehen?
³² Denn um all das geht es den Heiden.
Euer himmlischer Vater weiß, dass ihr das alles braucht.
³³ Euch aber muss es zuerst um sein Reich
und um seine Gerechtigkeit gehen;
dann wird euch alles andere dazugegeben. *Mt 6, 31–33*

Auf Seiten der Armen und Schwachen
⁴ Hört dieses Wort, die ihr die Schwachen verfolgt
und die Armen im Land unterdrückt.
⁵ Ihr sagt: Wann ist das Neumondfest vorbei?
Wir wollen Getreide verkaufen.
Und wann ist der Sabbat vorbei?
Wir wollen den Kornspeicher öffnen,
das Maß kleiner und den Preis größer machen
und die Gewichte fälschen.
⁶ Wir wollen mit Geld die Hilflosen kaufen,
für ein paar Sandalen die Armen.
Sogar den Abfall des Getreides machen wir zu Geld.
⁷ Beim Stolz Jakobs hat der Herr geschworen:
Keine ihrer Taten werde ich jemals vergessen. *Am 8, 4–7*

¹⁶ Lasst ab von eurem üblen Treiben!
Hört auf, vor meinen Augen Böses zu tun!
¹⁷ Lernt, Gutes zu tun!
Sorgt für das Recht! Helft den Unterdrückten!
Verschafft den Waisen Recht, tretet ein für die Witwen!
Jes 1, 16–17

Jesus in seiner Rede auf dem Berg:
³ Selig, die arm sind vor Gott;
denn ihnen gehört das Himmelreich.
⁴ Selig die Trauernden; denn sie werden getröstet werden.
⁵ Selig, die keine Gewalt anwenden;
denn sie werden das Land erben.
⁶ Selig, die hungern und dürsten nach der Gerechtigkeit;
denn sie werden satt werden.
⁷ Selig die Barmherzigen; denn sie werden Erbarmen finden.
⁸ Selig, die ein reines Herz haben;
denn sie werden Gott schauen.
⁹ Selig, die Frieden stiften;
denn sie werden Söhne Gottes genannt werden.
¹⁰ Selig, die um der Gerechtigkeit willen verfolgt werden;
denn ihnen gehört das Himmelreich. *Mt 5, 3–10*

3. Der Herr, unser Gott, ist einzig

❖ Der biblische Glaube an die **Einzigkeit Gottes** ist nicht abstrakter Monotheismus, sondern lebendige Erfahrung. Der Bund, den Gott mit seinem Volk geschlossen hat, wird im Alten Testament mit einem **Liebesbund** oder einer **Ehe** verglichen. Darum erwartet Gott wie ein Liebhaber von seinem Volk ganze, ungeteilte Zuwendung. Die Kehrseite seiner Liebe ist – bildhaft gesprochen – seine »**Eifersucht**« (Dtn 6, 15), die sich dann zeigt, wenn sich das Volk nicht an die Weisungen des Bundes hält. Neben sich duldet er keine anderen Götter (»Götzen«). Aus diesem ursprünglichen Gedanken der Einzigkeit Gottes erwuchs im Lauf der Zeit der biblische Glaube an Einen Gott.

❖ Im Neuen Testament ist dieser Glaube eine Selbstverständlichkeit. **Jesus** und später auch **Paulus** führen den Kampf gegen die Götzen fort, die sie nicht mehr nur in den Gottheiten anderer Religionen finden, sondern in Mächten und Gewalten, die den Menschen total für sich vereinnahmen wollen oder können, z. B. Geld/Reichtum oder politische Macht.

❖ Im Alten Testament ist oft von Gottes **Herrlichkeit** und **Heiligkeit** die Rede. Immer wieder wird er auch als Licht bezeichnet. Darin drückt sich das Staunen über seine unvergleichliche Faszination aus.
Im Neuen Testament sieht das Johannesevangelium paradoxerweise gerade in dem »Fleisch«, d. h. in der menschlichen Realität Jesu, seine Herrlichkeit, weil Jesus in seiner Menschlichkeit das Heil der Menschen gewirkt hat.

❖ Nach dem Zeugnis der Bibel hat Gott auch **dunkle, unverständliche Seiten.** Propheten wie Jeremia, Psalmbeter und Gestalten wie Ijob leiden geradezu an Gott und machen ihm Vorwürfe, weil sie seine Wege nicht verstehen. Am meisten quält sie die Frage, warum Gott so viel Leid und Ungerechtigkeit in seiner Schöpfung zulässt (→ S. 120 ff.).

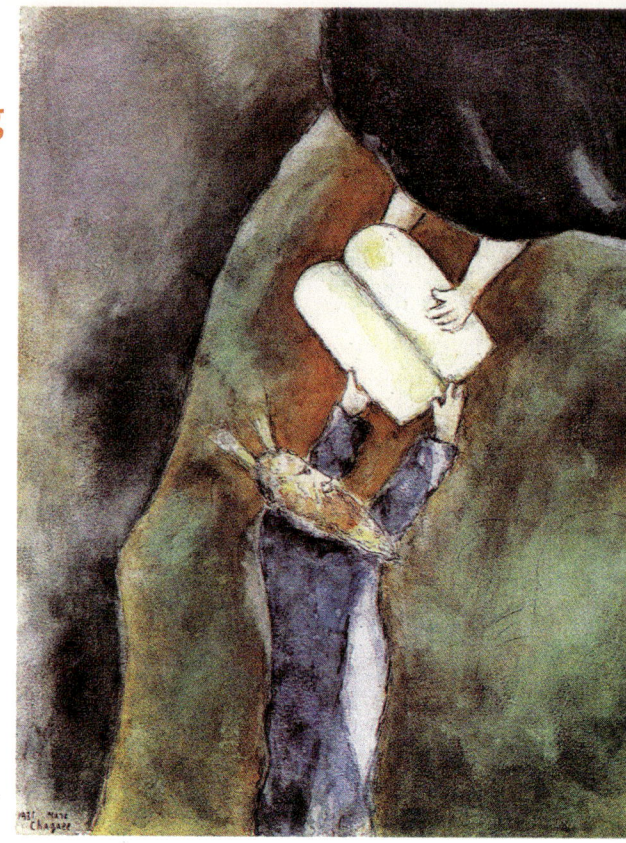

Marc Chagall (1887–1985), Mose empfängt die Gesetzestafeln, 1931

Keine anderen Götter
Am Anfang des Dekalogs heißt es:
Du sollst neben mir keine anderen Götter haben. Dtn 5, 7

Der Prophet **Hosea** *(8. Jh. vC) hat viele Bilder der Liebe und Ehe für das Verhältnis Gottes zu seinem Volk Israel gebraucht. Der Abfall von Gott ist für ihn wie Ehebruch und Treulosigkeit. Darum darf es für Israel keine fremden Götter (»Baale«, → S. 46) geben.*

¹⁸ An jenem Tag – Spruch des Herrn – wirst du zu mir sagen:
Mein Mann!, und nicht mehr: Mein Baal!
¹⁹ Ich lasse die Namen der Baale aus ihrem Mund verschwinden,
so dass niemand mehr ihre Namen anruft.
²⁰ Ich schließe für Israel an jenem Tag einen Bund
mit den Tieren des Feldes und den Vögeln des Himmels
und mit allem, was auf dem Erdboden kriecht.
Ich zerbreche Bogen und Schwert, es gibt keinen Krieg mehr im Land,
ich lasse sie Ruhe und Sicherheit finden.
²¹ Ich traue dich mir an auf ewig;
ich traue dich mir an um den Brautpreis von Gerechtigkeit und Recht,
von Liebe und Erbarmen,
²² ich traue dich mir an um den Brautpreis meiner Treue:
Dann wirst du den Herrn erkennen. Hos 2, 18–22

Niemand kann zwei Herren dienen;
er wird entweder den einen hassen und den andern lieben
oder er wird zu dem einen halten und den andern verachten.
Ihr könnt nicht beiden dienen, Gott und dem Mammon. Mt 6, 24

Die Aussagen der Bibel

Herrlichkeit

Aus der Berufungsvision des Propheten Jesaja
Heilig, heilig, heilig ist der Herr der Heere.
Von seiner Herrlichkeit ist die ganze Erde erfüllt. *Jes 6, 3*

*Ein uns **namentlich nicht bekannter Prophet** der Nachexilszeit (6. Jh. vC) kündigt dem Volk eine neue Zukunft an. Seine Worte erinnern an den Schöpfungstext Gen 1.*
¹ Auf, werde licht, denn es kommt dein Licht
und die Herrlichkeit des Herrn geht leuchtend auf über dir.
² Denn siehe, Finsternis bedeckt die Erde
und Dunkel die Völker,
doch über dir geht leuchtend der Herr auf,
seine Herrlichkeit erscheint über dir.
³ Völker wandern zu deinem Licht
und Könige zu deinem strahlenden Glanz. *Jes 60, 1–3*

Und das Wort ist Fleisch geworden
und hat unter uns gewohnt
und wir haben seine Herrlichkeit gesehen,
die Herrlichkeit des einzigen Sohnes vom Vater,
voll Gnade und Wahrheit. *Joh 1, 14*

Das ist die Botschaft, die wir von ihm gehört haben und euch verkünden: Gott ist Licht und keine Finsternis ist in ihm. *1 Joh 5, 1*

> **Gott ist größer als unser Herz.**
> *1 Joh 3, 20*

1. Weitere wichtige Bibelstellen: 1 Kön 18; 1 Kor 8, 5; 10, 14
2. Zur Wiederkehr der Götzen heute: → S. 126 f.; zur modernen Monotheismusdebatte: → S. 130 f.
3. Andere Stellen, die von Gottes lichtvoller **Herrlichkeit** sprechen: Lk 2, 9–14; Offb 18, 1; 21, 5.
4. Weitere biblische Zeugnisse: **Klagen und Anklagen** Ijobs: → S. 120 f.; Psalm 88: → S. 39.

Dunkle Seiten Gottes

¹⁷ Ich sitze nicht heiter im Kreis der Fröhlichen;
von deiner Hand gepackt, sitze ich einsam;
denn du hast mich mit Groll angefüllt.
¹⁸ Warum dauert mein Leiden ewig
und ist meine Wunde so bösartig,
dass sie nicht heilen will? Wie ein versiegender Bach
bist du mir geworden, ein unzuverlässiges Wasser.
Jer 15, 17–18

⁷ Du hast mich betört, o Herr, und ich ließ mich betören;
du hast mich gepackt und überwältigt. Zum Gespött bin ich geworden den ganzen Tag, ein jeder verhöhnt mich.
⁸ Ja, sooft ich rede, muss ich schreien, »Gewalt und Unterdrückung!«, muss ich rufen. Denn das Wort des Herrn bringt mir den ganzen Tag nur Spott und Hohn.
⁹ Sagte ich aber: Ich will nicht mehr an ihn denken
und nicht mehr in seinem Namen sprechen!,
so war es mir, als brenne in meinem Herzen ein Feuer,
eingeschlossen in meinem Innern.
Ich quälte mich es auszuhalten und konnte nicht.
¹⁴ Verflucht der Tag, an dem ich geboren wurde;
der Tag, an dem meine Mutter mich gebar,
sei nicht gesegnet.
¹⁵ Verflucht der Mann,
der meinem Vater die frohe Kunde brachte:
Ein Kind, ein Knabe ist dir geboren!,
und ihn damit hoch erfreute.
¹⁶ Jener Tag gleiche den Städten, die der Herr ohne Erbarmen zerstört hat. Er höre Wehgeschrei am Morgen
und Kriegslärm um die Mittagszeit,
¹⁷ weil er mich nicht sterben ließ im Mutterleib.
So wäre meine Mutter mir zum Grab geworden,
ihr Schoß auf ewig schwanger geblieben.
¹⁸ Warum denn kam ich hervor aus dem Mutterschoß,
um nur Mühsal und Kummer zu erleben
und meine Tage in Schande zu beenden? *Jer 20, 7–9. 14–18*

⁶ Ich bin der Herr und sonst niemand.
⁷ Ich erschaffe das Licht und mache das Dunkel,
ich bewirke das Heil und erschaffe das Unheil.
Ich bin der Herr, der das alles vollbringt. *Jes 45, 6–7*

² Mein Gott, mein Gott, warum hast du mich verlassen,
bist fern meinem Schreien, den Worten meiner Klage?
³ Mein Gott, ich rufe bei Tag, doch du gibst keine Antwort;
ich rufe bei Nacht und finde doch keine Ruhe.
Psalm 22, 1–2; Mt 27, 46

4. Gott ist Liebe

Abba – Vater
Vater unser im Himmel *Mt 6, 12*

Jesus in Getsemani:
Abba, Vater, alles ist dir möglich.
Nimm diesen Kelch von mir!
Aber nicht, was ich will, sondern was du willst
(soll geschehen). *Mk 14, 36*

Jesus in der letzten Rede vor seinem Tod:
²⁵ Es kommt die Stunde,
in der ich nicht mehr in verhüllter Rede zu euch spreche,
sondern euch offen den Vater verkünden werde.
²⁶ An jenem Tag werdet ihr in meinem Namen bitten
und ich sage nicht, dass ich den Vater
für euch bitten werde;
²⁷ denn der Vater selbst liebt euch,
weil ihr mich geliebt und weil ihr geglaubt habt,
dass ich von Gott ausgegangen bin.
²⁸ Vom Vater bin ich ausgegangen
und in die Welt gekommen;
ich verlasse die Welt wieder und gehe zum Vater.
Joh 16, 25–28

Ihr habt nicht einen Geist empfangen, der euch zu Sklaven macht, so dass ihr euch immer noch fürchten müsstet, sondern ihr habt den Geist empfangen, der euch zu Söhnen macht, den Geist, in dem wir rufen: Abba, Vater! *Röm 8, 15*

Der Sohn
Bei der Taufe Jesu:
Und eine Stimme aus dem Himmel sprach:
Du bist mein geliebter Sohn,
an dir habe ich Gefallen gefunden. *Mk 1, 11*

Jesus im Gespräch mit Nikodemus:
¹⁶ Denn Gott hat die Welt so sehr geliebt,
dass er seinen einzigen Sohn hingab,
damit jeder, der an ihn glaubt, nicht zugrunde geht,
sondern das ewige Leben hat.
¹⁷ Denn Gott hat seinen Sohn nicht in die Welt gesandt,
damit er die Welt richtet,
sondern damit die Welt durch ihn gerettet wird.
¹⁸ Wer an ihn glaubt, wird nicht gerichtet. *Joh 3, 16–18*

Rembrandt (1606–1669), Die Hirten an der Krippe (Lk 2, 16), 1646

❖ Schon im Alten Testament wird Gott liebevoll **Vater** genannt und auch so angeredet (Ps 89, 27; 103, 13; Jes 63, 16 u. ö.). Bei Jesus wird das Wort zu einer Anrede Gottes schlechthin. Manchmal gebraucht er sogar das Wort »**Abba**«, das aus der Kindersprache kommt und zu den ersten Worten gehört, die ein Säugling lallen kann (»Papa«). So vertrauensvoll dürfen die Menschen mit Gott reden. Andererseits hat Jesus nach dem Zeugnis des Johannesevangeliums sehr hoheitsvoll von seinem Vater gesprochen. Er weiß sich als **Sohn** ganz mit ihm eins.

❖ Seit einiger Zeit kritisieren **feministische Christinnen** die einseitig männliche Rede von Gott und verweisen darauf, dass oft die biblischen Texte vergessen werden, die Gott mütterliche Züge zuschreiben.

❖ Zwar wird der Ausdruck »**Sohn Gottes**« in der Bibel auf mehrere Personen angewandt. Sie stehen jeweils in hohem religiösen Ansehen. Aber im Neuen Testament bekommt er im Blick auf **Jesus** einen einmaligen Sinn. Er besagt, dass der Vater aus Liebe seinen einzigen Sohn in die Welt gesandt hat, damit er die Welt von Sünde und Tod rette. Darin liegt der **Höhepunkt** der langen Geschichte Gottes mit den Menschen.

92 Die Aussagen der Bibel

*Rembrandt (1606–1669), Kreuzigung
(Lk 23, 33–49), um 1631*

Gottes Geist
Im Anfang schwebte Gottes Geist über dem Wasser.
Gen 1, 2

Danach aber wird es geschehen, dass ich meinen Geist ausgieße über alles Fleisch. Eure Söhne und Töchter werden Propheten sein, eure Alten werden Träume haben und eure jungen Männer haben Visionen. *Joel 3, 1 und Apg 2, 17*

Sende du deinen Geist aus, so wird alles neu geschaffen und du erneuerst das Antlitz der Erde. *Psalm 104, 30*

Der Wind (Geist) weht, wo er will; du hörst sein Brausen, weißt aber nicht, woher er kommt und wohin er geht. So ist es mit jedem, der aus dem Geist geboren ist. *Joh 3, 8*

Wenn aber der Beistand kommt, den ich euch vom Vater aus senden werde, der Geist der Wahrheit, der vom Vater ausgeht, dann wird er Zeugnis für mich ablegen. *Joh 15, 26*

Die Liebe Gottes und die Liebe zu Gott
[15] Kann denn eine Frau ihr Kindlein vergessen, eine Mutter ihren leiblichen Sohn? Und selbst wenn sie ihn vergessen würde: ich vergesse dich nicht. [16] Sieh her: Ich habe dich eingezeichnet in meine Hände. *Jes 49, 15–16*

[43] Ihr habt gehört, dass gesagt worden ist: Du sollst deinen Nächsten lieben und deinen Feind hassen. [44] Ich aber sage euch: Liebt eure Feinde und betet für die, die euch verfolgen, [45] damit ihr Söhne eures Vaters im Himmel werdet; denn er lässt seine Sonne aufgehen über Bösen und Guten, und er lässt regnen über Gerechte und Ungerechte.
Mt 5, 43–45

[7] Wir wollen einander lieben; denn die Liebe ist aus Gott und jeder, der liebt, stammt von Gott und erkennt Gott. [8] Wer nicht liebt, hat Gott nicht erkannt; denn Gott ist die Liebe.
1 Joh 4, 7–8

❖ Die Bibel nennt die lebenspendende Kraft, mit der Gott wirkt, den »**Geist Gottes**«. Manchmal wirkt er still wie der menschliche Atem, manchmal kommt er stürmisch daher wie ein Feuer. Voll Dynamik ergreift Gottes Geist im Alten Testament Richter und Propheten, damit sie die Werke Gottes tun und das Wort Gottes verkünden. Wo der Geist Gottes weht, gibt es Veränderung und Neubeginn.
Im Neuen Testament ist vom Geist Gottes z. B. bei der Verkündigung der Geburt Jesu an Maria, in den Abschiedsreden Jesu und am Pfingsttag bei dem ersten Erwachen der Kirche die Rede. Er steht immer **am Anfang eines neuen Geschehens**.

❖ Die Geschichte Gottes mit den Menschen lässt sich in einem Satz zusammenfassen: **Gott ist die Liebe**.
In diesem Gottesbild liegt die neue Botschaft, die das Christentum in die Welt gebracht hat. Während die antiken Philosophen einen metaphysischen Gottesbegriff entwickelten und Gott als Idee und als Ursprung allen Seins, als Urvernunft und Weltprinzip verstanden, haben Christen diesen Gott zugleich auch als Liebe verstanden. Er ist selbst Liebe, hat sich in Liebe den Menschen vielfach zugewandt und wendet sich ihnen immer in Liebe zu.
Darum ist es auch die Aufgabe derer, die an ihn glauben, Gott und den Nächsten wie sich selbst zu lieben.

1. Der wichtigste Text des Alten Testaments über die **Gottesliebe** ist das jüdische **Sch'ma Israel**: → S. 48.
2. Die Bibel kennt auch **mütterliche Züge** Gottes: Hos 11, 9; Jes 42, 14; Jes 66, 13.
3. Weitere Bibelstellen zum **Geist Gottes**: Jes 11, 1–9; Ez 37, 1–14; Ps 51, 12–14; Lk 1, 35; Joh 16, 13–19; Apg 2, 1–21; 1 Kor 12, 1–11.
4. Viele Bibelstellen zeigen, welche **Konsequenzen** sich aus dem Glauben an Gottes Liebe ergeben: Joh 15, 9–13; Röm 12, 9–21; 13, 8–10; 1 Joh 2, 7–11; 4, 16.
5. Zum Glauben an die **Menschwerdung** und an den **Dreifaltigen Gott**: → S. 114 ff.

Im Spiegel der Kunst

1. Das Gottesbild – ein theologisches Problem

Was meint das Bilderverbot?

❖ Ein kaum richtiger Erklärungsversuch besagt, das Bilderverbot (Ex 20, 4; Dtn 5, 8) solle verhindern, dass ein von Menschenhand geschaffenes Bild **angebetet** und so mit Gott selbst verwechselt werde. Aber das war nur die elementarste Gefahr. Nicht alle Israeliten und auch nicht alle heidnischen Völker glaubten, dass Gottheit und Götterbild identisch seien. Sie beteten deshalb auch die Bilder nicht an.

❖ In der alten Welt glaubte man aber sehr wohl, dass die Gottheit im Kultbild zugänglich und verfügbar werde und dass vom heiligen Bild auf **magische Weise** Kräfte ausgehen, die viel bewirken können. Im Bild sei geheimnisvoll die **göttliche Macht** gegenwärtig und wirksam. Durch das Bild – so nahmen viele an – ließen die Götter den Menschen unmittelbar Fluch und Segen, den Kranken Gesundheit, den Feldern Fruchtbarkeit und den Liebenden Glück zukommen. – Genau das aber war mit dem Glauben Israels unvereinbar. Das Bilderverbot soll verhindern, in kultischen Praktiken und Riten über Gott zu irgendwelchen Zwecken zu verfügen (ihn zu »funktionalisieren«).

❖ Später hat man das Bilderverbot auch – im Anschluss an die griechische Philosophie – damit begründet, dass alle Gottesbilder den **unsichtbaren Gott** selbst nicht darstellen können und seiner Verborgenheit widersprechen. Diese Überlegung, die kaum den ursprünglichen Sinn des Verbots trifft, hat sich heute am meisten durchgesetzt.

❖ Manche **Kirchen der Reformation** halten sich bis heute an das Bilderverbot. Für das **Judentum** ist es bis auf den heutigen Tag maßgeblich geblieben. Auch im **Islam** werden Gottesbilder gemieden, obwohl es ein Bilderverbot im Koran nicht gibt.

Worte der Bibel

Im ersten der Zehn Gebote heißt es:
Du sollst dir kein Gottesbild machen
und keine Darstellung von irgendetwas am Himmel droben
auf der Erde unten oder im Wasser unter der Erde. *Ex 20,4*

Im Alten Testament gibt es nur ein einziges Abbild Gottes.
Davon ist im Schöpfungstext die Rede:
Gott schuf den Menschen als sein Bild.
Als Mann und Frau erschuf er sie. *Gen 1, 27*

Gottesbilder und das biblische Bilderverbot

❖ **Gottesbilder** gibt es **in fast allen Religionen** (→ S. 46 ff., 131) überall auf der Welt. Bei uns sind vor allem Gottesbilder der Ägypter, der Griechen und Römer bekannt. Aber auch die amerikanischen, afrikanischen und vor allem asiatischen Religionen weisen eine Fülle von Götterbildern auf. Die Vielfalt, die Schönheit, aber auch die Schrecken der Götterbilder erregen noch heute unser Erstaunen.

❖ Dagegen steht in **Israel** am Anfang der Zehn Gebote programmatisch das Bilderverbot. Israel unterscheidet sich damit in auffälliger Weise von seiner Umwelt. Dabei haben auch viele Israeliten Gottesbilder gern gesehen. Manchmal beteiligten sie sich daran, Bilder von kanaanäischen Fruchtbarkeitsgöttern in Tempelgottesdiensten oder bei ekstatischen Naturfeiern zu verehren. Die Bildlosigkeit erschien ihnen lebensfremd und karg. Die Erzählung vom Goldenen Kalb (Ex 32) ist dafür ein beredtes Zeugnis. Es hat lange gedauert, bis sich das Bilderverbot im Judentum durchsetzte und sein Sinn erfasst wurde.

Das Bilderverbot im Christentum

❖ Im Christentum waren – ähnlich wie im Judentum – von Anfang an religiöse **Historienbilder**, z. B. die Darstellung von biblischen Szenen wie Sintflut und Abendmahl oder von biblischen Personen wie Jona und Lazarus **erlaubt**. Schon in den Katakomben finden wir dafür eindrucksvolle Beispiele. Darin sah man keine Gottesbilder, sondern die Darstellung von historischen Szenen und Personen.

❖ **Gottesbilder** selbst waren aber zu Anfang streng **verboten**, da die Christen vom Judentum den Dekalog übernommen hatten. Eigentlich hätte also auch in der Christenheit das Bilderverbot weiter Bestand haben müssen. Das war aber nicht durchgängig der Fall. In der **antiken Welt** des Mittelmeers, in die das junge Christentum eintrat, hatten Götterbilder einen hohen religiösen Stellenwert. Eine Religion ohne alle Gottesbilder erschien vielen als völlig undenkbar. Manche dachten sogar, dass man ohne Gottesbilder nicht religiös sein könne. So drangen in der griechisch-römischen Welt insbesondere nach der Konstantinischen Wende (4. Jh.) langsam auch Gottesbilder in das **Christentum** ein. Sie zeigen Gott oft im Bild Christi.

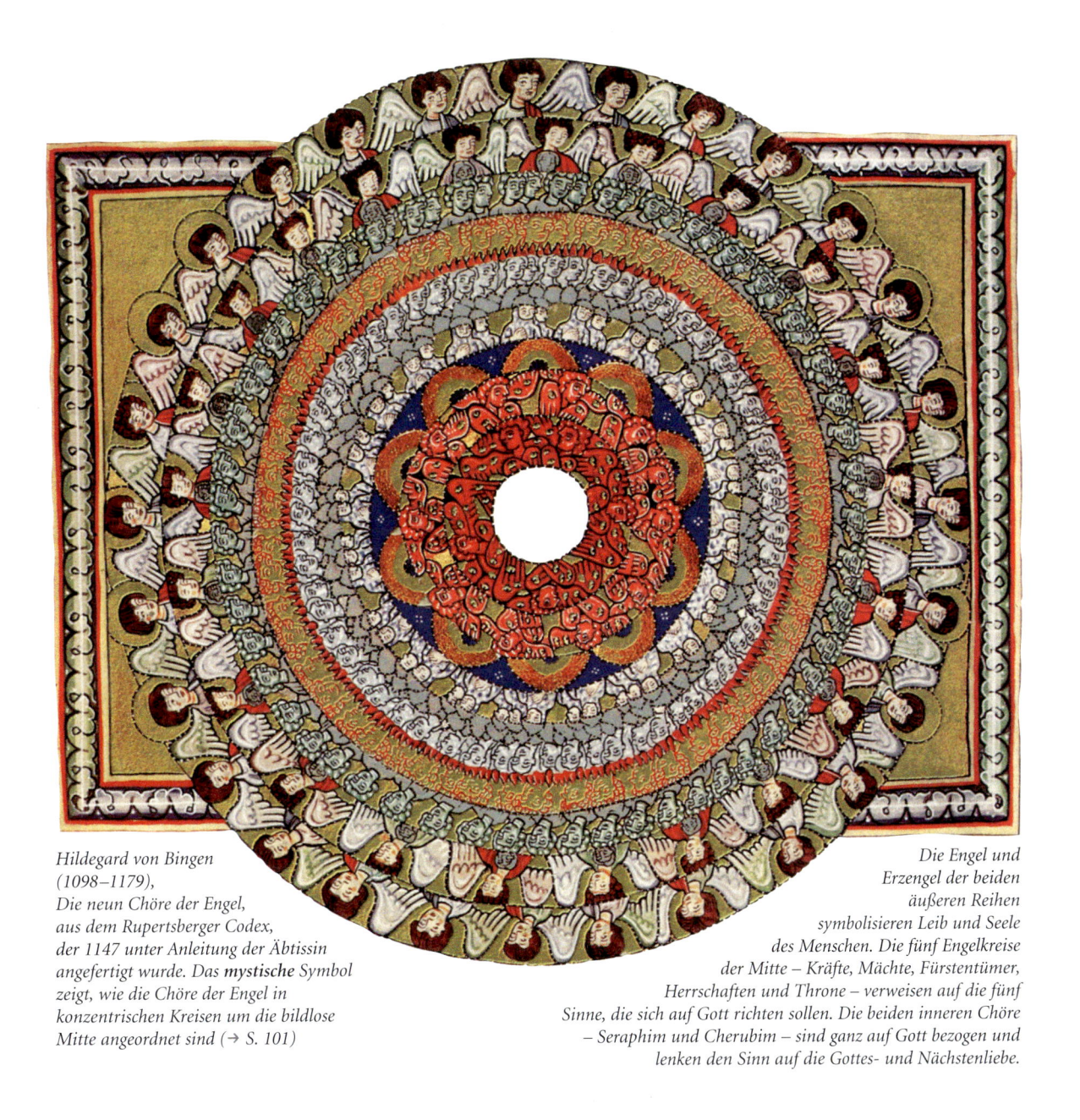

*Hildegard von Bingen (1098–1179), Die neun Chöre der Engel, aus dem Rupertsberger Codex, der 1147 unter Anleitung der Äbtissin angefertigt wurde. Das **mystische** Symbol zeigt, wie die Chöre der Engel in konzentrischen Kreisen um die bildlose Mitte angeordnet sind (→ S. 101)*

Die Engel und Erzengel der beiden äußeren Reihen symbolisieren Leib und Seele des Menschen. Die fünf Engelkreise der Mitte – Kräfte, Mächte, Fürstentümer, Herrschaften und Throne – verweisen auf die fünf Sinne, die sich auf Gott richten sollen. Die beiden inneren Chöre – Seraphim und Cherubim – sind ganz auf Gott bezogen und lenken den Sinn auf die Gottes- und Nächstenliebe.

❖ Das geschah nicht ohne heftige Gegenwehr. Fast zu allen Zeiten wurde in der Christenheit über die Bilder gestritten. Mancher **Bilderstreit** (»Ikonoklasmus«) dauerte Jahrzehnte, verlief blutig und kostete vielen Menschen das Leben. Strengere theologische Richtungen lehnten jedes Gottesbild ab (»**Ikonoklasten**«). Andere Theologen hielten Bilder unter bestimmten Bedingungen für erlaubt und wertvoll (»**Ikonodulen**«). Am Ende vieler Streitigkeiten entschied die Kirche 787 auf dem Konzil von Nikaia, dass Gottesbilder erlaubt sind, wenn sie nicht angebetet werden und wenn sie der Erbauung der Gläubigen dienen. Alle Christen müssen aber wissen, dass die Bilder niemals Gott selbst, wie er ist, darstellen, sondern nur auf ihn hinweisen können.

1. Zum **Umgang mit den Bildern**: → M 3.
2. Welches Gottesbild, das **Sie** aus Kirche, Elternhaus, Kunstunterricht o. Ä. kennen, gefällt Ihnen gut, welches nicht? Beschreiben und begründen Sie ihre Einstellung.
3. Ordnen Sie Gottesbilder und -symbole, die **in diesem Buch** vorkommen, den unterschiedlichen Möglichkeiten, ein Gottesbild zu schaffen, zu: → S. 96.
4. Welche Gründe haben dazu geführt, dass **Christen** das **Bilderverbot** neu interpretiert haben?
5. Wie verstehen Sie das Wort des deutschen Philosophen **Immanuel Kant** (→ S. 71), das Alte Testament kenne keine erhabenere Stelle als das Bilderverbot?
6. Stellen Sie sich vor, es gäbe heute ein offizielles **Fernsehverbot**. Was würde damit geschehen?

Bilder trotz Bilderverbot

Welche Möglichkeiten gibt es für das Gottesbild?

(1) Seit alten Zeiten hat man, wenn man Gottes Wirken etwa auf Kirchenwänden in Fresken und Mosaiken oder in Bibelhandschriften darstellen wollte, auf **Symbole** (→ S. 34, 35) zurückgegriffen, z. B. die aus dem Himmel gestreckte Hand, den Kreis, das Licht, das Feuer, die Sonne, die Wolke, der Regenbogen usw. Ein **Beispiele**: → S. 96 f.

(2) Eine Aussage des Neuen Testaments (Kol 1,15) stützte die Überzeugung, dass Christen ihren Gott auch im **Bild Christi** zeigen dürfen. Da Gott in ihm Mensch geworden war, konnte man Gott nun auch sichtbar mit dem menschlichen Antlitz Christi zeigen. So wird das Gottesbild der Christen das Bild Christi. Ein **Beispiel**: → S. 99.

(3) Eine höchst originelle Bilderwelt haben die **Mystiker** hervorgebracht. Zwei **Beispiele**: → S. 101, 105.

(4) Man fand auch in der **Bibel** Hinweise, die man im Bild aufnehmen konnte, ohne das Bilderverbot zu verletzen. Ein **Beispiel**: → S. 103.

(5) Das seit dem Mittelalter am meisten verbreitete Gottesbild in der Westkirche zeigt den Ewigen als **altehrwürdigen Mann**, ein Bildtypus, der große Möglichkeiten, aber auch große Schwächen hat. Ein **Beispiel**: → S. 107. Demgegenüber sind weibliche/mütterliche Züge Gottes im christlichen Gottesbild kaum einmal dargestellt worden.

(6) In der **Moderne** ist das Gottesbild seltener Gegenstand künstlerischen Schaffens, dennoch aber nicht völlig ausgeklammert. Es weist oft eine neuartige, schwer zu entschlüsselnde **Symbolik** auf. Ein **Beispiel**: → S. 110 f. Manchmal zeigen die Künstler auch die Fremdheit oder die Ferne Gottes heute auf. Ein **Beispiel**: → S. 109.

(7) Manche Bilder der Moderne suchen und finden auf neuartigen Wegen **Spuren der Transzendenz**, d. h. einer Wirklichkeit, die die Welt überschreitet, auf das **verborgene Geheimnis** Gottes hinweist und so das Bilderverbot ernst nimmt. **Beispiele**: → S. 3, 113.

Das Bilderverbot – Triebverzicht

Zu Sigmund Freud: → S. 65, 80.

Unter den Vorschriften der Mosesreligion findet sich eine, die bedeutungsvoller ist, als man zunächst erkennt. Es ist das Verbot, sich ein Bild von Gott zu machen, also der Zwang, einen Gott zu verehren, den man nicht sehen kann. Wir vermuten, dass Moses in diesem Punkt die Strenge der (ägyptischen) Atonreligion (des Echnaton, → S. 130 ff.) überboten hat; vielleicht wollte er nur konsequent sein, sein Gott hatte dann weder einen Namen noch ein Angesicht, vielleicht war es eine neue Vorkehrung gegen magische Missbräuche. Aber wenn man dieses Verbot annahm, musste es eine tiefgreifende Wirkung ausüben. Denn es bedeutete eine Zurücksetzung der sinnlichen Wahrnehmung gegen eine abstrakt zu nennende Vorstellung, einen Triumph der Geistigkeit über die Sinnlichkeit, strenggenommen einen Triebverzicht mit seinen psychologisch notwendigen Folgen.

Sigmund Freud (1856–1939)

Macht und Ohnmacht der Bilder

Arnold Schönberg, Komponist, Musikwissenschaftler und Maler, war österreichischer Jude, der zunächst dem religiösen Judentum entfremdet war, später aber wieder Zugang dazu fand. Ein herausragendes Zeugnis dafür ist seine große, unvollendet gebliebene Oper »Moses und Aaron«, in der Moses für das Bilderverbot eintritt, Aaron aber die Fülle der Bilder rechtfertigt.

Nicht die Ohnmacht der Bilder ist das Problem, ihr Unvermögen, den Unvorstellbaren abzubilden, sondern im Gegenteil ihre gefährliche Macht, andere Götter zu vergegenwärtigen.

Etwas abzubilden heißt es zu vergötzen, es zum Objekt anbetenden Begehrens zu machen.

Arnold Schönberg (1874–1951)

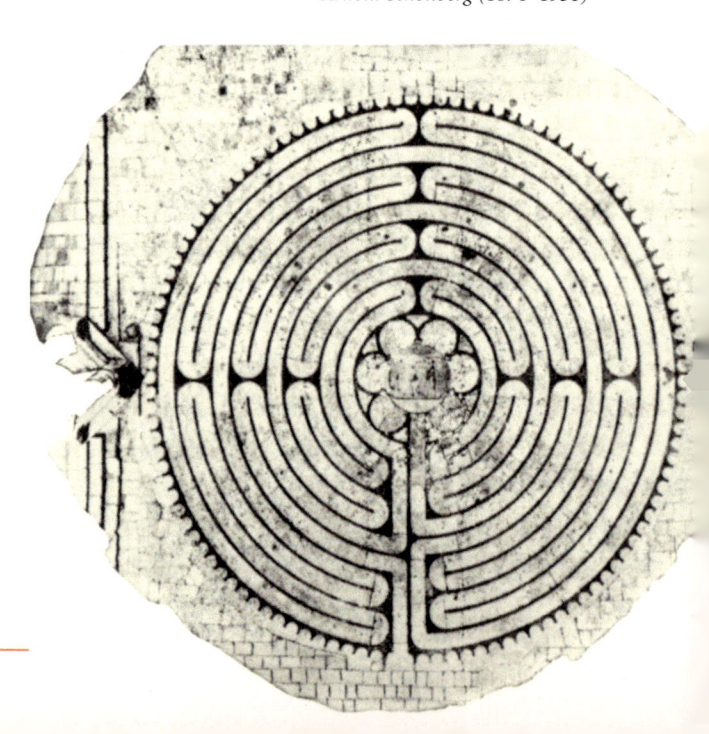

*Labyrinth in der Kathedrale von Chartres, 11. Jh.
Das **mythologische** Symbol zeigt, wie der Mensch auf Wegen und Umwegen zur Mitte findet.*

96 Im Spiegel der Kunst

Handschrift des 6. Jahrhunderts, Genesis, Gott spricht im Symbol des dunklen, kreisförmigen Regenbogens, der Strahlen und der Hand zu Abraham

Projekt
Gottesbilder

Sie können arbeitsteilig eine **Ausstellung** vorbereiten: → M 4 und M 1.

❖ Sammeln Sie Gottesbilder der Ägypter, Griechen, Römer, Germanen, Afrikaner, Hindus, Buddhisten usw. Was bedeuten die Bilder diesen **Völkern und Religionen**? (→ S. 46 ff)

❖ Suchen Sie unterschiedliche Typen von **christlichen Gottesbildern**. Welche sind/waren besonders wirkungsvoll, welche vielleicht sogar gefährlich?

❖ Warum sind Gottesbilder so oft **Projektionen** (→ S. 77), die Menschen sich von sich machen? Deuten Sie auch die beiden Aphorismen des griechischen Philosophen Xenophanes: → S. 77.

❖ Sie können die Ausstellung durch Zeugnisse der Kunst im **Judentum und Islam** ergänzen. Was nimmt da im Gottesdienst die Stelle der Gottesbilder ein? (→ S. 48 ff)

❖ Zeigen Sie auch **Gottesbilder, die Sie selbst entwerfen**. Sie können als Vorlage ein bekanntes Gottesbild nehmen und dieses bearbeiten, korrigieren, verändern, übermalen, verfremden usw. Möglichkeiten: Sprechblasen, Farbvariationen, Hervorhebung von Details, Überkleben, Kontrastierung mit anderen Bildern usw.

2. Der Schöpfer im Bild Christi

Gott im Bild Christi
Ein wichtiger Bildtyp des christlichen Gottesbildes zeigt **Gott mit den Zügen Jesu Christi**. Christen meinen, mit dem Bilderverbot nicht in Konflikt zu geraten, weil Gott in Christus Mensch geworden ist (→ S. 114) und darum für alle sichtbar wurde. So konnte man Gott nun auch mit dem menschlichen Antlitz Christi zeigen. Aussagen des Neuen Testaments stützen diese Überzeugung (Kol 1, 15; Joh 14, 9). Viele Bilder Gottes, vor allem des Schöpfergottes, tragen im **Altertum** und **Mittelalter** die Züge Christi.

Zum Verständnis: Der Schöpfergott trägt auf diesem spätromanischen Bild die Züge Christi. In seinem Kreuznimbus stehen die Buchstaben DEUS, d. h. Gott. Die noch werdende Schöpfung selbst ist entsprechend dem mittelalterlichen Weltbild dargestellt. In der großen Scheibe hat Gott schon sichtbar Ordnung ins Chaos gebracht. Der obere helle Teil wird von der personifizierten Sonne erleuchtet, im unteren dunklen Teil erstrahlen Mond und Sterne. Wenn sich die Scheibe dreht, wechseln Tag und Nacht ab. Die drei begrenzenden Kreise (grün, gelb, rot) sind das Firmament bzw. der Lichthimmel. Sie geben der Welt Grenze und verleihen ihr Festigkeit. Unter der Scheibe sieht man andere Schöpfungswerke Gottes.

Von Gott kommt Licht

¹ Im Anfang schuf Gott Himmel und Erde;
² die Erde aber war wüst und wirr,
Finsternis lag über der Urflut und Gottes Geist schwebte über dem Wasser.
³ Gott sprach: Es werde Licht. Und es wurde Licht.
⁴ Gott sah, dass das Licht gut war. Gott schied das Licht von der Finsternis
⁵ und Gott nannte das Licht Tag und die Finsternis nannte er Nacht.
Es wurde Abend und es wurde Morgen: erster Tag.
¹⁴ Dann sprach Gott: Lichter sollen am Himmelsgewölbe sein,
um Tag und Nacht zu scheiden. Sie sollen Zeichen sein
und zur Bestimmung von Festzeiten, von Tagen und Jahren dienen;
¹⁵ sie sollen Lichter am Himmelsgewölbe sein, die über die Erde hin leuchten.
So geschah es.
¹⁶ Gott machte die beiden großen Lichter, das größere, das über den Tag herrscht,
das kleinere, das über die Nacht herrscht, auch die Sterne.
¹⁷ Gott setzte die Lichter an das Himmelsgewölbe,
damit sie über die Erde hin leuchten,
¹⁸ über Tag und Nacht herrschen und das Licht von der Finsternis scheiden.
Gott sah, dass es gut war.
¹⁹ Es wurde Abend und es wurde Morgen: vierter Tag.   *Gen 1, 1–5. 15–19*

Christus ist das Ebenbild des unsichtbaren Gottes

Christus ist das Ebenbild des unsichtbaren Gottes,
der Erstgeborene der ganzen Schöpfung.   *Kol 1,15*

Wer mich gesehen hat, hat den Vater gesehen.   *Joh 14, 9*

⁴ Wir verkünden die Botschaft von der Herrlichkeit Christi,
der Gottes Ebenbild ist.
⁶ Denn Gott, der sprach:
Aus Finsternis soll Licht aufleuchten!,
er ist in unseren Herzen aufgeleuchtet,
damit wir erleuchtet werden
zur Erkenntnis des göttlichen Glanzes
auf dem Antlitz Christi.   *2 Kor 4, 4. 6*

1. Zum **Umgang** mit dem Bild: → M 3.
2. Warum haben viele Künstler ihrem Gottesbild die **Züge Christi** gegeben? Suchen Sie auch andere Beispiele aus der Kunstgeschichte.
3. Gehen Sie bei der **Deutung** des Bildes u. a. auf Größenverhältnisse, Farben, Aufbau, Weltbild usw. ein. Vergleichen Sie das Bild auch mit den nebenstehenden biblischen Texten.
4. **Vergleichen** Sie das Bild mit dem Schöpfungsbild Michelangelos (→ S. 107) und anderen Schöpfungsbildern (→ S. 48, 86).

Künstlername unbekannt, **Erschaffung der Gestirne**, Glasfenster, Marburg, Elisabethkirche, spätromanisch, vor 1250

3. Eine mystische Vision

Das mystische Gottesbild
✦ Es gibt in der christlichen Kunst vereinzelt Gottesbilder, die ihren Ursprung **mystischen Visionen** verdanken, in denen Menschen unmittelbare Erfahrungen des Göttlichen machen. Die Christen meinten, das, was die Mystiker/innen mit ihrem inneren Auge gesehen hatten, auch für das äußere Auge darstellen zu dürfen, ohne gegen das Bilderverbot zu verstoßen, da Gott selbst sich so gezeigt habe. Da überwiegen **Symbole** wie Licht, Feuer, Lohe, Kreis, auch symbolisch verwendete Farben wie **Gold, Rot, Blau oder Weiß**.
✦ Diese mystische Bilderwelt hat sich **in der christlichen Kunsttradition nicht durchgesetzt**. Sie hätte vielleicht verhindert, dass das meist männliche Gottesbild für lange Zeit so dominant geworden ist.

1 Zur **Mystik**: → S. 42 f; zum Bild: → M 3
2 Zum **Verständnis** dieses ungewöhnlichen Bildes braucht man ruhige Sammlung und immer wieder neue Vertiefung. Denn das mystische Bild erschließt sich nicht leicht. Es will kein Abbild Gottes sein und nicht eine Information über ihn geben. Vielmehr zeigt es – ähnlich wie die buddhistischen Mandalas – symbolnah einen **Weg**, wie man Gott, Mensch und Welt im Glauben erfahren und sehen kann.
3 Betrachten Sie den saphirblauen Hintergrund im ornamental geschmückten **Rechteck** (ein Symbol für die Welt mit ihren vier Himmelsrichtungen), das helle Licht (Silber) im **äußeren Kreis**, das auch die Gestalt umfließt, die funkelnde Lohe (Rot/Gold) im **inneren Kreis** und die **Gestalt** im Saphirblau, das sowohl den Rahmen des Bildes als auch die Mitte bestimmt. Ziehen Sie zur Deutung den Text Hildegards heran.
4 Ein **anderes Bild** Hildgards: → S. 95.

Zur Entstehung: Hildegard von Bingen, die große Äbtissin des Mittelalters, hatte einzigartige mystische Visionen, die sie unter dem Titel »Scivias« (lat.: »Wisse die Wege Gottes«) niederschrieb. Sie gab einem Malermönch den Auftrag, ihre Visionen genau im Bild festzuhalten. So ist unter ihrer Anleitung der Rupertsberger Kodex 1147 angefertigt worden. Seit dem 2. Weltkrieg ist diese kostbare Schrift mit ihren unersetzlichen Miniaturen verschollen.

Fülle ohne Ursprung

Hildegard von Bingen beschreibt die Vision, die dem Bild zugrunde liegt, so:
Danach sah ich ein überhelles Licht und darin eine saphirblaue Menschengestalt, die durch und durch im sanften Rot funkelnder Lohe brannte. Das helle Licht durchflutete ganz die funkelnde Lohe und die funkelnde Lohe ganz das helle Licht. Und [beide], das helle Licht und die funkelnde Lohe, durchfluteten ganz die Menschengestalt, [alle drei] als eine einzige Lichtfülle wesend in einer Kraft und Macht. 5
Wiederum hörte ich, wie dieses lebendige Licht zu mir sprach:
Das ist der Sinn der Geheimnisse Gottes, dass klar erschaut und erkannt werde, welches die Fülle sei, die ohne Ursprung ist ...
Deshalb siehst du ein überhelles Licht. Makellos, ohne Abstrich und Minderung und Täuschung sinnbildet es den Vater. Und darin eine saphirblaue Menschengestalt. Makellos ... zeichnet sie den Sohn, der seiner Gottheit nach vor aller Zeit aus dem Vater gezeugt, seiner Menschheit nach in der Zeit zur Welt geboren wurde. Seine Gestalt brennt durch und durch im sanften Rot funkelnder Lohe. Makellos ... weist sie auf den Heiligen Geist, von dem der Eingeborene Sohn Gottes dem Fleische nach empfangen und aus der Jungfrau in die Zeit geboren, der Welt das Licht 15 der wahren Herrlichkeit ergoss.
Dass aber das helle Licht ganz die funkelnde Lohe und die funkelnde Lohe ganz das helle Licht, und dass [beide], das helle Licht und die funkelnde Lohe, ganz die Menschengestalt durchfluten, [alle drei] als eine einzige Lichtfülle wesend in einer Kraft und Macht, das bedeutet, dass der Vater, die gerechteste Gerechtigkeit, nicht ohne 20 den Sohn und den Heiligen Geist, dass der Heilige Geist, der Herzensentzünder, nicht ohne den Vater und den Sohn, und dass der Sohn, die Fülle aller Fruchtbarkeit, nicht ohne den Vater und den Heiligen Geist ist. Untrennbar sind sie in der Majestät der Gottheit, denn weder ist der Vater ohne den Sohn, noch der Sohn ohne den Vater, noch Vater und Sohn ohne den Heiligen Geist, noch der Heilige Geist 25 ohne den Vater und Sohn. Und diese drei Personen sind Ein Gott in der einen und ungeteilten hochherrlichen Gottheit.

100 Im Spiegel der Kunst

Hildegard von Bingen (1098–1179), **Die wahre Dreiheit in der wahren Einheit**,
Bild aus dem Rupertsberger Kodex (Tafel XI, Schau 11,2)

4. Gottesgestalten der Bibel

Gestalten der Bibel

❖ In der Bibel hat sich gelegentlich **Gott selbst in sichtbarer Gestalt** gezeigt. Augustinus (354–430) sah z. B. in den »Engeln«, denen Abraham seine Gastfreundschaft erwies (Gen 18, 1–16), eine Erscheinung der Dreifaltigkeit. Darum meinte man, dass das, was Abraham mit eigenen Augen gesehen habe, auch auf einem Bild dargestellt und von anderen gesehen werden dürfe. Ein solches Bild verstoße nicht gegen das Bilderverbot.

❖ **Andere biblische Gottesgestalten**: der Gärtner im Paradies (Gen 2, 4 ff), der mit Jakob Kämpfende (Gen 32, 23–33), der im Himmel Thronende (Jes 6, 1–13; Offb 4, 1–5), Gottes Herrlichkeit, die auf seinem Thronwagen herabkommt (Ez 1, 4–28). Diese Motive sind in der Christenheit zu Gottesbildern der Kunst geworden.

---

1. Im **Text** Gen 18,1–16 ist mehrfach von dem »Herrn« und »drei Männern« (alte Übersetzung: »Engel«) die Rede. Erklären Sie, warum der Kirchenvater **Augustinus** darin eine Anspielung auf die Dreieinigkeit gesehen hat.
2. Zum **Bild**: → M3. Worin stimmen die Gestalten überein? Worin unterscheiden sie sich? Welche Bewegung geht von den drei Gestalten aus? Achten Sie bei der Deutung genau auf Nimbus, Kopfhaltung, Blick, Gewänder, Flügel, Hände, Finger und Stäbe. Beschreiben und deuten Sie die Farben. Was weist dabei auf die Dreiheit, was auf die Einheit hin?
3. Wie werden zwei grundlegende **Mysterien des Christentums** auf der Ikone von Rubljow dargestellt?
4. Manche halten die Ikone für ein **überirdisches Bild**, das in seiner harmonischen Komposition, seiner edlen Farbgebung und seiner Spannung zwischen Bewegung und Ruhe, Körperlichkeit und Geist vollendet ist. Was meinen Sie dazu?
5. **Vergleichen** Sie dieses Werk mit anderen Trinitätsbildern: → S. 101, 116 f.

Zur Entstehung: Dieses Bild, das vielen Kennern als die schönste russische Ikone gilt, entstand zu einer Zeit, als in Russland unter dem Einfluss westeuropäischer Ideen das Dogma der Dreieinigkeit abgelehnt wurde. **Andrei Rubljow**, Mönch im Sergius-Kloster nahe bei Moskau, versucht hier aus enger Bindung an den überlieferten christlichen Glauben, Einheit und Dreiheit Gottes auf einem Bild sichtbar zu machen und so der Bestreitung des Dogmas entgegenzutreten. Zugleich stellt er hier das andere große Mysterium des Glaubens, die Menschwerdung Gottes, symbolhaft dar. Die Szene von **Abrahams Gastfreundschaft** (Gen 18, 1–16) bot ihm dazu eine gute Möglichkeit. Dieser Text war von Augustinus erstmals als Darstellung der Dreifaltigkeit gedeutet worden, weil im Text die Person(en), die bei Abraham einkehr(t)en, manchmal im Singular (»der Herr«), manchmal als Dreiheit (»drei Männer«) erscheinen. Das Bild von Abrahams Gastfreundschaft ist als Trinitätsikone in der russisch-orthodoxen Kirche bis heute sehr beliebt. Der Maler selber wurde wegen dieses Bildes 1988 von ihr heiliggesprochen.

Zum Verständnis: Im **Hintergrund** sehen wir oben das Haus (links), die Eiche von Mamre (Mitte) und einen Felsen (rechts). Haus, Baum und Felsen sind alte Symbole für Gott.

Im **Zentrum** des Bildes sitzen um den Tisch (Altar) drei Engel. Die linke Gestalt meint nach alter Ikonentradition den Vater, in der Mitte sehen wir den Sohn, rechts den Heiligen Geist. Deutlich hervorgehoben ist Christus. Sein dunkles erdiges Gewand erinnert an die Menschwerdung. Er segnet die Schale mit dem Kopf des Opfertieres – ein Symbol für die Eucharistie (Osterlamm). Mit dem Segen und mit dem Blick zum Vater drückt er seine Bereitschaft zur Menschwerdung und zum Opfertod aus. Der Vater nimmt dieses Opfer an, der Heilige Geist ist als Tröster anwesend.

Abrahams Gastfreundschaft

¹ *Der Herr* erschien Abraham bei den Eichen von Mamre. Abraham saß zur Zeit der Mittagshitze am Zelteingang.

² Er blickte auf und sah vor sich *drei Männer* stehen. Als er sie sah, lief er ihnen vom Zelteingang aus entgegen, warf sich zur Erde nieder

³ und sagte: *Mein Herr*, wenn ich dein Wohlwollen gefunden habe, geh doch an deinem Knecht nicht vorbei!

⁴ Man wird etwas Wasser holen; dann könnt *ihr euch* die Füße waschen und euch unter dem Baum ausruhen.

⁵ Ich will einen Bissen Brot holen und *ihr* könnt dann nach einer kleinen Stärkung weitergehen; denn deshalb seid *ihr* doch bei eurem Knecht vorbeigekommen. *Sie* erwiderten: Tu, wie du gesagt hast.

⁶ Da lief Abraham eiligst ins Zelt zu Sara und rief: Schnell drei Maß feines Mehl! Rühr es an und backe Brotfladen!

⁷ Er lief weiter zum Vieh, nahm ein zartes, prächtiges Kalb und übergab es dem Jungknecht, der es schnell zubereitete.

⁸ Dann nahm Abraham Butter, Milch und das Kalb, das er hatte zubereiten lassen, und setzte es *ihnen* vor. Er wartete *ihnen* unter dem Baum auf, während sie aßen.

Gen 18, 1–8

Andrei Rubljow (um 1370–1430), **Ikone der Heiligen Dreieinigkeit oder Abrahams Gastfreundschaft** (um 1411), Holz, Eitempera, 142 x 114 cm; Tretjakow-Galerie, Moskau

5. Aufstieg zum Licht

Lichtsymbolik

Das **Bild Boschs** ist für die Entstehungszeit höchst ungewöhnlich, da die zeitgenössischen Maler das Paradies meist völlig anders darstellten. Sie schmückten es wunderbar mit blumenreichen Gärten, vielen Heiligen und dem prächtigen Thron des dreifaltigen Gottes aus. Das alles fehlt hier und zeigt, dass Bosch hier Gott nicht an sich, sondern mit den mystischen Symbolen der Vollkommenheit – Kreis und Licht (→ S. 95, 101f) – darstellen wollte. Zugleich erinnert das uns zeitgemäß erscheinende Bild an Erfahrungen von Menschen, die vermeintlich schon gestorben waren (»klinischer Tod«). Sie erzählen von ähnlichen Eindrücken zwischen Dunkelheit und Licht.

Zur Entstehung: Das eschatologische Bild gehört zu vier Flügeln eines Altars, der zwei Höllen- und zwei Paradiesbilder zeigt. Es wurde in der wirren Zeit vor der Reformation etwa um 1500 von dem niederländischen Maler **Hieronymus Bosch** gemalt, der in jeder Hinsicht eine originelle Erscheinung in der damaligen Kunst ist. Von seinem Leben wissen wir nicht viel. Er lebte in s'Hertogenbosch, einer unbedeutenden Kleinstadt, wurde aber schon zu seinen Lebzeiten wegen seiner ungewöhnlichen Bilder in ganz Europa geschätzt. Weil er auf seinen Bildern eine kritische Einstellung zu den damaligen kirchlichen Verhältnissen einnahm, hat man vermutet, dass er heimlich der häretischen Sekte der »Brüder und Schwestern des freien Geistes« angehörte, die mystisch-pantheistische Züge aufwies und die Vollkommenheit der Menschen durch sündenfreie Liebe anstrebte. Einmalig sind seine vielen Paradies- und Höllenbilder, aber auch sein »Garten der Lüste«, Bilder, die surrealistisch anmutende Phantasiegestalten, Teufel, Dämonen und Menschen in ungewöhnlichen Situationen zeigen. Niemand hat vor ihm ähnliche Bilder gemalt.

Zum Verständnis: Das ganze Bild – mit seinen Einzelszenen einem Comic vergleichbar – zeigt in mehreren Stationen den Weg eines Menschen vom Tod zum ewigen Leben bei Gott. Der Verstorbene kommt aus dem Dunkel und geht ins Licht, das am Ende einer mächtigen Tunnelröhre aufleuchtet. Zuerst wird er noch von Engeln begleitet, die ihn führen und schützen. Zuletzt steht er ohne Begleitung eines Engels einsam in der unermesslichen Helligkeit. Jetzt stürzt er in das unergründliche Licht, das ein Symbol Gottes ist.

Lichtworte der Bibel

Das Volk, das im Dunkel lebt, sieht ein helles Licht;
über denen, die im Land der Finsternis wohnen, strahlt ein Licht auf.

Jes 9, 1

Auf, werde licht, denn es kommt dein Licht
und die Herrlichkeit des Herrn geht leuchtend auf über dir.

Jes 60, 1

Der Herr ist dein ewiges Licht, dein Gott dein strahlender Glanz.

Jes 60, 19

Wer die Wahrheit tut, kommt zum Licht.

Joh 3, 21

1. Zum Umgang mit dem Bild: → M 3; zu **Hieronymus Bosch**: → M 1; zur Mystik: → S. 42 f.
2. Deuten Sie die **symbolhaften Elemente** des Bildes: Dunkel, Weg, Nacktheit, Engel, Tunnel, Kreis, Licht. Warum kann das Bild Ausdruck mystischer Erfahrungen sein?
3. Vergleichen Sie das Bild mit den Erfahrungen von Menschen, die **klinisch tot** zu sein schienen: → M1.
4. In den **johanneischen Schriften** finden Sie viele Texte mit Lichtsymbolik, z. B. Joh 1, 4–9; 8, 12; 12, 36; 1 Joh 1, 5.7; 2, 8–10; Offb 21, 23.

Hieronymus Bosch (ca. 1453–1516), **Aufstieg zum Paradies**, um 1500, Altarflügel (Ausschnitt), 86 x 39,5 cm, Dogenpalast Venedig

6. Der dynamische Schöpfer

Gott als altehrwürdiger Mann

❖ Der am meisten in der Christenheit verbreitete Typ des Gottesbildes, der Gott als **Vater** und als **Alten** zeigt, war im 1. Jahrtausend der Christenheit kaum bekannt. Er entwickelte sich im Westen allmählich aus hohem Respekt für die Würde/Lebenserfahrung eines Vaters und Alten. Wenn Gott dabei trotz des Bilderverbotes menschlich dargestellt wurde, geschah dies vielleicht in Anlehnung an **Dan 7,9**, wo von Gott als einem »Hochbetagten« die Rede ist. »Sein Gewand war weiß wie Schnee, sein Haar wie reine Wolle.«

❖ Die **Renaissance-Künstler** dachten wohl auch an **antike Götterbilder** (Zeus, Jupiter), die zu ihrer Zeit in Rom wieder zu höchstem Ansehen kamen. Sie waren der Meinung, bessere Modelle für Gott nicht finden zu können.

❖ Allzu oft wurde später Gott als »**alter Mann mit Bart**« in schlechter Manier gemalt. Der Bildtyp wurde zum suspekten **Klischee** des Gottesbildes, das viel Schaden angerichtet hat.

---

1. Informieren Sie sich über **Michelangelo**, sein künstlerisches Werk und besonders über das Bildprogramm und die einzelnen Fresken in der Sixtinischen Kapelle: → M 1.
2. Betrachten Sie das **Bild**: → M 3. Beschreiben Sie detailliert das Gottesbild, die anderen Gestalten, Dynamik, Aufbau, Farben usw. Vergleichen Sie es auch mit dem dazugehörigen **Bibeltext**.
3. Verstößt das Bild gegen das biblische **Bilderverbot**?
4. **Gott als alter Mann** – ein Problem? Suchen Sie weitere Beispiele und beschreiben Sie Chancen und Gefahren dieses verbreiteten Bildtyps.
5. Ziehen Sie zum **Vergleich** andere Schöpfungsbilder heran: → S. 48, 99; ein anderes Bild Michelangelos: → S. 132

Zur Entstehung: **Michelangelo** erhielt von Papst Julius II. (1502–1513) den Auftrag, die neue Sixtinische Kapelle, die Kapelle der Päpste im Vatikan (Ort der Papstwahl), mit einem großen Bildprogramm auszumalen. Der Papst hielt ihn nicht zu Unrecht für einen der bedeutendsten Künstler seiner Zeit. Zuerst wehrte sich Michelangelo dagegen, aber vergeblich. Tatsächlich brachte ihn die Durchführung an den Rand der Erschöpfung. An die 1000 Tage stand er in der Kapelle auf einem hohen Gerüst oder lag dort, um zu malen. Tüchtige Gesellen halfen ihm dabei. Vor einigen Jahren wurde das gewaltige Werk von japanischen Fachleuten gründlich restauriert und von altem Schmutz befreit, so dass es heute wieder eher in den ursprünglichen Farben erglänzt.
Michelangelos Freskenwelt gehört zu den größten Werken der christlichen Ikonographie. Sie ist Michelangelos geniale Vision einer neuen Humanität.

Zum Verständnis: Eigentlich müsste man das Bild im **Kontext** aller Bilder Michelangelos in der Sixtinischen Kapelle deuten, weil es zu einem theologisch/künstlerischen Gesamtprogramm gehört, das einen weiten Bogen von den Anfängen der Schöpfung bis zum Ende der Zeiten spannt. Das Bild zeigt nur den rechten Teil eines gewaltigen Freskos, auf dem Gott am vierten Tag die Himmelsleuchten hervorbringt. Auf der linken Seite, die hier nicht zu sehen ist, entschwindet der Schöpfer, um wie im Vorüberfliegen die Vegetation (dritter Tag) entstehen zu lassen.
Bei der **Betrachtung** des Bildes zeigt sich sogleich, dass Michelangelo Gott für sein Schöpfungswerk eine Energie, eine Kraft, einen Schwung gegeben hat, wie sie bis dahin in der Kunst unbekannt waren. Sie sind notwendig, um die gewaltigen Himmelsleuchten zu schaffen sowie Sonne und Mond auf ihre Bahn zu bringen. Auf den Gesichtszügen Gottes meint man die Anstrengung des einmaligen Werkes zu sehen. Seine Arme sind weit ausgespannt. Mit der Linken weist er zurück auf den fahlen Mond. Mit seiner Rechten zeigt er in den Kosmos, in dem die strahlende Sonne erstmals aufgeht. Die ganze große Gestalt schwebt dynamisch zwischen den Himmelslichtern für den Tag und für die Nacht. Der Schöpfer ist von einem kaiserlichen Purpurmantel umgeben, in dem sich mehrere Engel tummeln. Sie begleiten ihn bei seinem Schöpfungswerk. Einer von ihnen ist vom neuen kosmischen Glanz wie geblendet.

Von Gott kommt Licht
Der **Bibeltext** zum Bild (Gen 1, 14–19): → S. 98

Im Spiegel der Kunst

Michelangelo (1475–1564), **Die Erschaffung von Sonne, Mond und Vegetation**,
Fresko an der Decke der Sixtinischen Kapelle, Rom, Vatikan, 1508–1512

7. Turm ohne Sinn

Symbol der Sinnlosigkeit

In der Moderne wird die Darstellung Gottes in der Kunst seltener, weil viele Künstler den Funktionsverlust Gottes in nachchristlicher Zeit(→ S. 14 f) spüren oder sich scheuen, nur traditionelle Elemente des Gottesbildes früherer Epochen aufzunehmen oder zu verabeiten. Trotzdem gibt es immer wieder große Versuche, z. B. bei Paul Klee oder Emil Nolde. Es finden sich auch Beispiele dafür, wie die heutige Gottesferne (→ S. 14, 24) als Sinnlosigkeit erlebt wird. Vielleicht darf man auch einige Beispiele der »**pittura metafisica**« von Giorgio de Chirico dazu zählen.

Zur Entstehung: Noch vor dem ersten Weltkrieg entwickelte der italienische Künstler **Giorgio de Chirico** eine neue Kunstrichtung, die »**pittura metafisica**« (ital.: »metaphysische Malerei«) genannt wird. Damit erteilt er aller nur empirisch verstandenen Realität eine deutliche Absage und verabschiedet sich zugleich von den damals vorherrschenden Kunstrichtungen wie Naturalismus, Historismus und auch Impressionismus zugunsten eines neuartigen Symbolismus, der später zum Surrealismus, aber auch zum Nihilismus führt. Kunst soll nun nicht mehr die physische Wirklichkeit abbilden, sondern andere Wirklichkeiten neu entdecken und zeigen. Wunder, Rätsel und Geheimnis gehören ebenfalls in unsere Welt. Aber immer zeigt sich, dass mit dieser »Metaphysik« nicht Transzendenz und nicht Gotteserfahrungen gemeint sind, sondern eher Träume und Phantasien, auch Ängste und Schrecken. Diese Metaphysik kennt keine letztgültige Wahrheit.

Zum Verständnis: Ein vom Künstler seit 1913 häufig verwendetes Symbol, das die Realität überwindet und den Bereich der Phantasie betritt, ist der große Turm, der sich geheimnisvoll in einer unwirklichen Umgebung erhebt. Er hat fünf mächtige Etagen, von denen drei an antike römische Rundtempel denken lassen, ohne deren feine Ornamentik zu zeigen. Die äußeren Säulen erzeugen sonderbare Lichtreflexe auf der inneren Tempelwand. Zwei weitere Etagen erinnern an Ausschnitte von Leuchttürmen, deren Fenster und Türen leblose Gesichter bilden. Alle Geschosse haben ein rotes Ziegeldach. Oben wehen Fähnchen im Wind. Nirgends sonst regt sich Leben. Aber während Tempel und Leuchtturm früher einmal Symbole Gottes waren, wirken sie hier zwar noch (all)mächtig, aber zugleich bedrohend, kalt und abweisend. Gibt es in diesen Tempeln noch Gotteskult? Spenden diese Leuchttürme noch Licht für Menschen in Not? Man hat den Eindruck, als stehe die Zeit still und alles sei sinnlos.

Der große Turm erhebt sich vor einem Platz. Dieser sieht wie eine Kiste aus, deren Wände den Zugang nach außen versperren, obwohl man nicht wüsste, wohin er führen könnte. In diesem Kasten befinden sich zwei kleine, schlanke Gestalten, die leicht zu beschreiben sind: dunkel – überlange Schatten – einsam – ohne Kommunikation. Vielleicht schauen sie auf den bedrückend hohen »Turm ohne Sinn«, zu dem ihnen jeder Zugang verschlossen ist. Vor ihm sind sie völlig bedeutungslos. Denn er erscheint unnahbar, gefühllos, verschlossen, unpersönlich.

1. Zu **de Chirico**: → M1, zum Bild: → M 3.
2. »Der große Turm« – ein **Gottessymbol**? Wenn ja – welche Erfahrungen mit Gott sind hier verarbeitet?
3. »Turm« ist ein wichtiges **biblisches Motiv.** Lesen Sie z. B. Gen 11, 1-9 (Turmbau zu Babel), aber auch Ps 61, 4, Spr 18, 11. In welcher Beziehung stehen diese Texte zum Bild?
4. Auf dem Bild sind viele **traditionelle religiöse Motive** zu entdecken, z. B. mächtig, leuchten, wachen, das Antlitz zeigen, ... Welche Bedeutung haben sie für den religiösen Menschen, welche Bedeutung haben sie hier?

Unser Geist wird von Visionen bedrängt; sie kommen aus immerwährenden Quellen. Auf den Stadtplätzen legen Schatten ihre geometrischen Rätsel aus. Über den Mauern stehen Türme ohne Sinn, erhöht von kleinen bunten Fahnen. Überall Unendlichkeiten, überall Geheimnis.

Giorgio de Chirico (1888–1978)

Giorgio de Chirico (1888–1978),
Der große Turm, 1913,
Kunstsammlung Nordrhein-Westfalen,
Düsseldorf

8. Abfahrt von den Illusionen

Eine moderne Symbolwelt
❖ Manche Kunsthistoriker haben die Auffassung vertreten, in der Neuzeit habe die alte **Tradition des Gottesbildes** ein **Ende** gefunden. Die säkularisierte Welt habe das Interesse daran verloren. In den Kirchen selbst seien die neueren Gottesbilder nur mehr oder weniger originelle Remakes alter Gottesbilder.
❖ Dieses Urteil ist problematisch und für neuere Versuche blind. Es gibt manche **neuartigen Symbole**, die in moderner Verfremdung auf die andere Welt Gottes verweisen.

Eine Interpretation des Malers
Was Sie rechts und links sehen, ist das Leben. Das Leben ist Marter, alle Arten von Schmerz – körperlicher und geistiger Schmerz. Auf dem rechten Flügel sehen Sie sich selbst, wie Sie versuchen, Ihren Weg in der Dunkelheit zu finden. Sie erleuchten Zimmer und Treppenhaus mit einer elenden Funsel, als Teil Ihres Selbst schleppen Sie die Leiche Ihrer Erinnerungen, Ihrer Übeltaten und Misserfolge, den Mord, den jeder irgendwann in seinem Leben begeht. Sie können sich nie von Ihrer Vergangenheit befreien; Sie müssen diesen Leichnam tragen, während das Leben dazu die Trommel schlägt.
Max Beckmann

Zur Entstehung: Max Beckmann, einer der großen Künstler des deutschen Expressionismus, hat auf dem dreiflügeligen Bild »Abfahrt« realistisch und zugleich symbolhaft uralte Motive und moderne Elemente miteinander vereint. Schon die Wahl eines Triptychons erinnert an mittelalterliche dreiflügelige Altäre. Beckmann selbst sagt, es sei »eine Abfahrt von den Illusionen des Lebens zu den wesentlichen Realitäten, die dahinter verborgen liegen …« Das Triptychon entstand in der unheilvollen Zeit zwischen 1932 und 1933. Es ist ein »Exodus« aus unserer heillosen Welt, ein Bild der Befreiung von dunklen Mächten. Eine Ahnung vor dem Grauen der Nazi-Zeit, die gerade angebrochen war, mag den Künstler bewegt haben. Er selbst wurde später von den Nazis zu den »entarteten Künstlern« gezählt.

Zum Verständnis: Das Drama unserer Welt mit ihren Illusionen spielt sich auf den beiden Seitenflügeln ab.

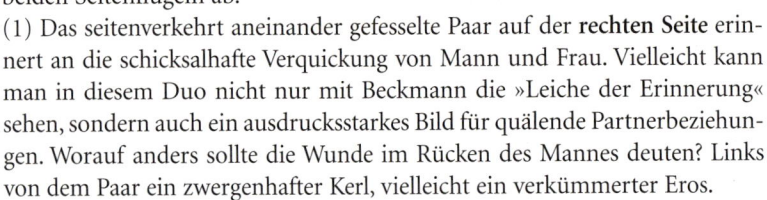

(1) Das seitenverkehrt aneinander gefesselte Paar auf der **rechten Seite** erinnert an die schicksalhafte Verquickung von Mann und Frau. Vielleicht kann man in diesem Duo nicht nur mit Beckmann die »Leiche der Erinnerung« sehen, sondern auch ein ausdrucksstarkes Bild für quälende Partnerbeziehungen. Worauf anders sollte die Wunde im Rücken des Mannes deuten? Links von dem Paar ein zwergenhafter Kerl, vielleicht ein verkümmerter Eros.

(2) Auch die **linke Seite** ist ein Bild der Sinnlosigkeit und Brutalität. Vorn liegt eine Frau im geschnürten Korsett über einer Glaskugel, die vielleicht das Surrogat eines Weltenglobus ist. Ihre Arme sind, wie bei so vielen anderen Gestalten dieses Triptychons, gebunden, die Finger gestikulieren wild. Eine gequälte Kreatur, gefesselt von einem künstlichen Ding, ohne die Möglichkeit, den Blick zu weiten. Sie ist ganz der Illusion der Kugel verfallen. So kann sie nicht merken, wie nahe ihr die guten Früchte sind, die sich als Stillleben in dieser lauten Welt merkwürdig fremd ausnehmen. In der Mitte ein Gangster, der mit einem Käscher um sich schlägt, in dem zwei Fische, Symbole des

---

1. Was kann Beckmann mit den »**wesentlichen Realitäten**«, die hinter den Illusionen des Lebens verborgen sind, gemeint haben?
2. Welche **Symbole** des Bildes sind eher traditionell, welche stammen aus der modernen Welt?
3. **Abfahrt** ist ein wesentliches Thema der Bibel. Wo kommt es vor? Suchen Sie Beziehungen von diesem Bild zum biblischen **Exodus**: (→ S. 88).
4. Lesen Sie als Ergänzung zum Thema »Illusion« den Text von Sigmund Freud: → S. 80.

Im Spiegel der Kunst

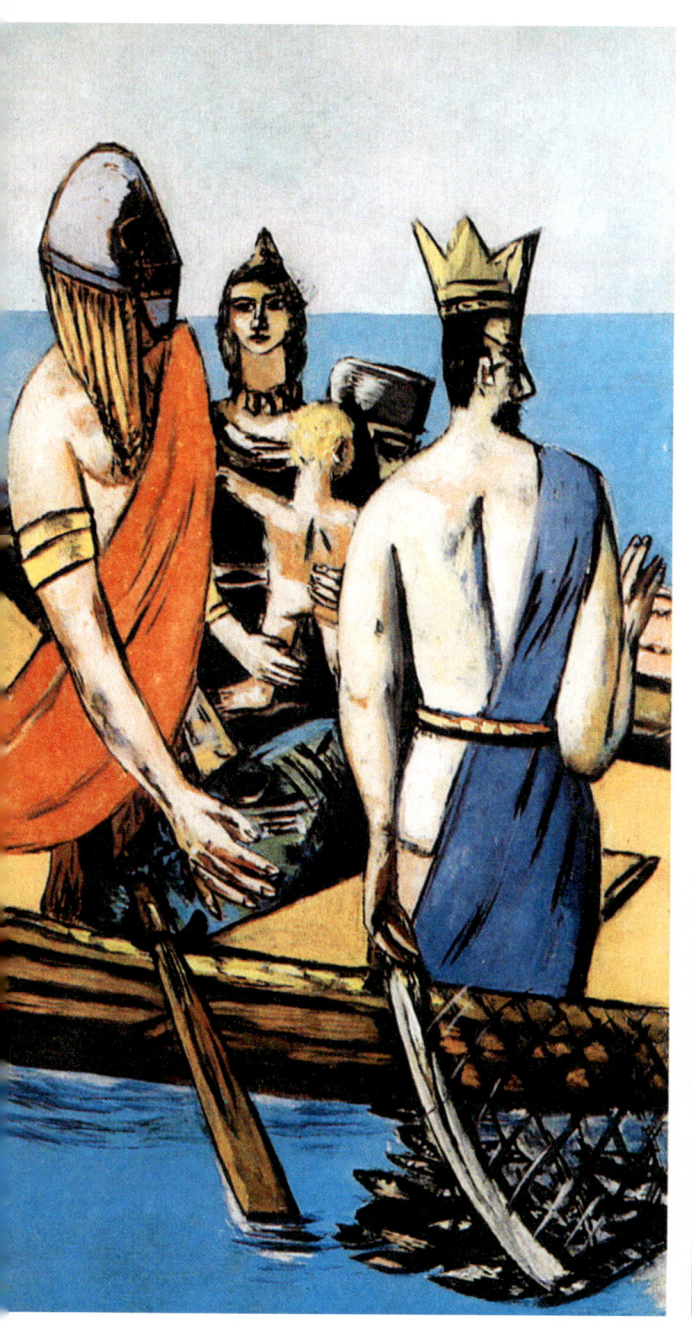

Max Beckmann (1884–1950), **Abfahrt**, Triptychon (1932/33), Mitte 215 x 115 cm, Seitenflügel 215 x 99 cm, New York

Lebens, gefangen sind. Oben zwei schreckliche Gestalten, an alte, funktionslose Säulen gefesselt. Dem rechten Mann hat man beide Hände abgeschlagen. Blutrot strecken sich die Stümpfe über dem Kopf. Sein Mund ist verbunden, so dass man den Schrei dieses geschundenen Menschen nicht hören kann. Der linke steht, uns abgewandt, in einem Wasserfass. Das Wasser wird ihm nicht Leben geben, sondern ihn allmählich erstarren lassen.

So sind rechts und links die Qualen unserer Hölle dargestellt: Verstrickung – Illusion – Einsamkeit – Verwundung – Unfreiheit – Blindheit – Sinnlosigkeit – Verstümmelung – Tod.

(3) Der helle und offene **Mittelteil** bildet einen starken Kontrast zu den Seitenflügeln. Der König im Vordergrund hat einen reichen Fischfang gemacht, aber er lässt die Fische frei, schenkt Leben. Genau in der Bildmitte sehen wir eine Familie (?). Da trägt eine Frau ein Kind, dessen Blick und Hand in die Ferne weisen – ein Zeichen der Hoffnung. Die Gestalt hinter dem Boot mit Pelzmütze wird als der Familienvater gedeutet. Ein Fährmann mit Fisch, dessen Antlitz geheimnisvoll unerkennbar bleibt, bringt das Fischerboot an das andere Ufer. Die Fahrt führt aus den Schrecken über die unendliche Weite des Meeres zu besseren Ufern, an denen neues Leben wartet. Ein weiter Horizont tut sich auf.

9. Spuren der Transzendenz

Spuren der Transzendenz
In der Kunst des 20. Jahrhunderts sind neuartige »**Spuren der Transzendenz**« (d. h. einer Wirklichkeit, die die Welt überschreitet) nicht zu übersehen. Sie weisen in moderner Formensprache auf eine andere, jenseitige Dimension hin. Besonders gut eignen sich dazu Bilder der **abstrakten Kunst**, da sie am weitesten von der Alltagsrealität entfernt sind und am ehesten das Bilderverbot beachten. Manche jüdische Künstler, z. B. Barnett Newton (1905–1970) und Mark Rothko (1903–1970) haben neue Formen entwickelt, die einen Transzendenzbezug aufweisen und auf das **verborgene Geheimnis Gottes** hinweisen.

Zum Künstler: Der jüdische Maler **Mark Rothko** gehört zu den bedeutendsten Repräsentanten des abstrakten/symbolischen Expressionismus in den USA. Seine Bilder zeigen farbige Rechtecke, die übereinander angeordnet sind und durch ihre verschwommene Kontur die Illusion einer Bewegung bewirken. Zu seinen abstrakten Bildern, die symbolischer Natur sind, wurde er von Themen aus der Bibel und der Welt der Mythen angeregt.
Unter dem Namen Markus Rothkowitz wurde er 1903 in Litauen in eine jüdische Apothekerfamilie geboren, die 1912/1913 nach New York auswanderte. Er besuchte die Yale University in New Haven, ohne sein Studium zu beenden. Anschließend nahm er Schauspiel- und Malunterricht. 1938 wurde er amerikanischer Staatsbürger. 1940 änderte er seinen Namen in Mark Rothko. Er kommentierte sein eigenes Werk fast nie. Stattdessen bekannte er: »Bilder müssen geheimnisvoll sein.« Eine seiner bedeutendsten Schöpfungen sind die Bilder für die Kapelle in Houston, die für alle Religionen zugänglich sein soll. Am 25. Februar 1970 setzte Mark Rothko seinem Leben ein Ende.

Zum Verständnis: Diese Tafel ist eines von vielen ähnlichen Bildern des Künstlers, die sich fast nur durch Farben, Anordnung der Rechtecke, Streifen und Größe unterscheiden. Sie alle kommen aus einer mystischen Gestimmtheit, in der die Schönheit der Farbe und der Form eine Brücke zur Transzendenz bildet. Rothko selbst spricht von seinen »transcendental experiences« und bezeichnet seine Malerei als »mythic action«. Bewusst oder unbewusst nimmt er das Bilderverbot der Bibel (→ S. 94 ff.) ernst. Aber in den Farbkomplexen leuchten wort- und gestaltlos Botschaften einer unsichtbaren Welt auf, die sich durch intensive Betrachtung erschließen. Rothkos Bilder sind schwingende Lichtwände, auf denen sich Dunkles und Helles geheimnisvoll voneinander abheben.
Die große quadratische Fläche ist wie der **Vorhang im jüdischen Tempel** bzw. vor der Bundeslade, der den Blick auf das Allerheiligste nicht freigibt (Ex 26, 33). Doch hinter dem Vorhang ist das bildlose Geheimnis Gottes anwesend. Der Vorhang erscheint von einer unsichtbaren Kraft bewegt, die selber nicht mehr wahrnehmbar ist, aber im leuchtenden Rand zu erahnen ist. Diese Farbtafel ist nicht ein Bild im gewöhnlichen Sinn, sondern eine bildlose jüdische Ikone auf dem langen Weg zum letzten Geheimnis.

Der Künstler über seine Bilder

Ich interessiere mich nicht für Beziehungen von Farben und Formen oder dergleichen ... Ich interessiere mich allein dafür, Grundgefühle des Menschen auszudrücken – Erschütterung, Ekstase, Verhängnis und so weiter – und die Tatsache, dass viele Menschen erschüttert sind und weinen, wenn sie vor meinen Bildern stehen, zeigt, dass ich mit diesen Grundgefühlen kommuniziere. Die Menschen, die vor meinen Bildern weinen, haben das gleiche religiöse Erlebnis, das ich hatte, als ich sie malte. Und wenn Sie, wie Sie sagen, nur von ihren Farbbeziehungen ergriffen sind, haben Sie den Kern der Sache nicht verstanden!

Mark Rothko

---

1 Zum **Bild**: → M3; zur **Mystik**: → S. 42 f.
2 Was bedeutet es, dass dieses Bild **keinen Titel und keine Figuren, keine Perspektive und keine Kontraste** hat? Welche Elemente bleiben allein übrig?
3 Rothkos Bild – **ein jüdisches Bild**? Eine biblische Farbchiffre? Eine Jenseitslandschaft?
4 In einer Kunstzeitschrift heißt es: »**Farbauftrag als Gottesdienst**. Mark Rothko lässt die Leinwand mystisch leuchten und bringt den modern-aufgeklärten Betrachtern Andacht und innere Einkehr bei.« Was halten Sie von dieser Würdigung?
5 Welche **Wirkung** geht von diesem Bild auf Sie aus?
6 **Ähnliche Bilder**: → Umschlag, S. 3, 116 f.

Mark Rothko (1903–1970), **Ohne Titel**, 1955

Mysterien des Glaubens

1. Menschwerdung Gottes

❖ Im Neuen Testament wird Jesus oft **»Sohn Gottes«** genannt. Diese Bezeichnung war die Grundlage für die kirchliche Lehrentwicklung, in der der biblische Begriff metaphysisch/ontologische Bedeutung gewann und die göttliche Wesensgleichheit Jesu mit dem Vater aussagt.

❖ Die Grundlage für die offizielle Lehre der Kirche wurde auf den ersten vier **Konzilien** in **Nikaia** (325), **Konstantinopel** (381), **Ephesus** (431) und **Chalkedon** (451) festgelegt: Jesus Christus, der Sohn Gottes, ist wahrer Gott vom wahren Gott. Darum ist er kein Geschöpf Gottes, sondern **präexistent** wie Gott. In Jesus Christus hat Gott Fleisch angenommen und ist Mensch geworden (**»Inkarnation«**). Gottheit und Menschheit sind in ihm wesenseins. In ihm sind in einer Person **zwei Naturen**, die göttliche und die menschliche Natur, unauflöslich miteinander verbunden.

❖ Mit der Menschwerdung Gottes ist Gott den **Menschen** nahe gekommen. In Jesus Christus ist er in unseren Lebens- und Leidensweg eingegangen. Er hat ein menschliches Antlitz erhalten und damit zugleich die Würde des Menschen neu begründet.

❖ **Die Christologie** (gr. = Lehre von Christus) mit ihrer Zentralaussage von der Menschwerdung Gottes ist das Kennzeichen des Christentums. Sie ist die Mitte christlicher Theologie (→ S. 8, 138). In ihr ist das Paradox formuliert, dass das unauslotbare Geheimnis Gottes mit einer Person der Geschichte identisch ist. So ist Christus die Brücke zwischen Transzendenz und Immanenz, Himmel und Erde, Gott und Mensch. Diese Christologie ist ein **Mysterium des Glaubens**.

Das Glaubensbekenntnis von Nikaia und Konstantinopel

Das Bekenntnis des 1. ökumenischen Konzils von Nikaia (325) wurde auf dem 2. ökumenischen Konzil von Konstantinopel (381) überarbeitet. Es verbindet mit einigen kleinen Abweichungen Christen fast aller Konfessionen.

Ich glaube (oder:*) Wir glauben ...
an den einen Herrn Jesus Christus,
Gottes eingeborenen Sohn, aus dem Vater geboren vor aller Zeit:
Gott von Gott, Licht von Licht, wahrer Gott vom wahren Gott,
gezeugt, nicht geschaffen, eines Wesens mit dem Vater;
durch ihn ist alles geschaffen.
Für uns Menschen und zu unserem Heil ist er vom Himmel gekommen,
hat Fleisch angenommen durch den Heiligen Geist von der Jungfrau Maria
und ist Mensch geworden.

* Die wörtliche Übersetzung lautet »Ich glaube«. Die katholische Kirche beschloss jedoch auf dem 2. Vatikanischen Konzil hier stattdessen »Wir glauben« zu übersetzen. Zum Teil haben sich die evangelischen Kirchen dem angeschlossen.

Eine theologische Würdigung

Arno Schilson hat sich als Theologe in zahlreichen Schriften intensiv mit der Christologie befasst.

Im christlichen Bekenntnis zur Inkarnation, d. h. zur Menschwerdung des ewigen Gottessohnes, wird zunächst im Blick auf **Jesus Christus** das Fundament des christlichen Glaubens auf den Begriff gebracht. In dieser zentralen Glaubenswahrheit herrscht einmütige Übereinstimmung zwischen allen christlichen Konfessionen und Denominationen. Sich zur Menschwerdung Gottes in Jesus Christus zu bekennen bedeutet zugleich, in diesem einzigartigen Gott-Menschen alle Menschen von Gott angenommen und zu ihrem Menschsein ermutigt zu wissen. Diese Lehre betrifft demnach das Heil der gesamten Menschheit.

Das engagierte Bemühen um Humanisierung, also um die Vermenschlichung der Welt und der Gesellschaft sowie die Unantastbarkeit der Würde eines jeden einzelnen Menschen, ist eine die Kirche tragende Konsequenz der gott-menschlichen Struktur der christlichen Offenbarung.

Arno Schilson (1945–2005)

---

1 Zum biblischen Begriff **»Sohn Gottes«**: → S. 92
2 Weitere **biblische Grundlagen**: Die Christus-Vision Joh 1, 1–14 und die Christus-Hymnen der Paulusbriefe: Phil 2, 5–11 und Eph 1, 3–14
3 Warum ist die Inkarnation zum Verständnis des Christlichen unerlässlich? Welche Argumente bringt **Schilson** dazu?
4 Welche **Schwierigkeiten** haben viele Menschen mit dem Glauben an die Menschwerdung Gottes?

*Albrecht Dürer (1471–1528),
Die Geburt Christi, um 1500,
München, Alte Pinakothek*

2. Der dreifaltige Gott

❖ Mit dem Glauben an die Menschwerdung Gottes hängt unlöslich das Bekenntnis zum **einen** Gott in **drei Personen** zusammen. Gott – das ist der **Vater** und der **Sohn** und der **Geist**. Diese drei sind eins. Christen sagen auch: Gott ist **dreifaltig** Einer (»**Trinität**«). Der Vater ist der Ursprung, von dem der Sohn ausgeht. Beide sind eins im göttlichen Geist. So ist in Gott unendliche Dynamik, ohne dass dadurch die Einheit Gottes (Monotheismus) aufgehoben wäre.

❖ Diese innere Struktur Gottes hat auch eine **Außenseite**, die darin besteht, dass jede dieser drei Personen über die innerste Dimension des Göttlichen hinaus wirkt. Der Vater – so lehrt die Kirche – ist der **Schöpfer** der Welt, der Sohn der **Erlöser und Retter**, der Geist Gottes ist **lebenspendende Kraft** für die Menschen. Dabei ist jedes dieser Werke zugleich das Werk aller drei Personen.

❖ Theologisch gibt der Glaube an die Menschwerdung und an die Dreifaltigkeit eine Antwort auf die Frage, wie es denn – bei gleichzeitigem Festhalten an Gottes Transzendenz – überhaupt das offenbarende **Wort Gottes** für die Menschen geben kann. Die Antwort: Christus selbst ist der »Logos« (Joh 1, 14), d. h. das Mensch gewordene Wort Gottes.

❖ Die Lehre von der Dreifaltigkeit Gottes ist **ebenfalls ein zentrales Geheimnis** (»Mysterium«) des christlichen Glaubens. Sie beruht auf der **Selbstmitteilung/ Offenbarung Gottes** und kann nicht durch rationale Überlegungen gewonnen werden.

❖ Diese Lehre ist von den frühen Konzilien als **Wahrheit des Glaubens** festgelegt worden.

Yves Klein (1928–1962), Monopink, 1960; Monogold, 1962; Monoblau, 1960

Die drei Bilder, die heute in verschiedenen Museen hängen, kommen zu besonderer Wirkung, wenn sie nebeneinander hängen. Der Künstler hat einmal gesagt, dass er »monochrome Oberflächen malt, um zu sehen, mit meinen eigenen Augen zu sehen, was das Absolute an Sichtbarem enthält«. In den drei Bildern dürfen wir einen neuartigen Hinweis auf die Dreifaltigkeit sehen. Hier ist das Bilderverbot (→ S. 94 ff) ernst genommen. Die Farben allein weisen auf den unsichtbaren Gott hin: das Gold zeigt den Schöpfer der Welt; das Rot, Symbol der Liebe und Zeichen des Blutes, zeigt auf den Sohn; das Blau bezeichnet den Geist, der immateriell und unendlich wie das Blau des Himmels ist.

BEKENNTNIS

Das Glaubensbekenntnis von Nikaia und Konstantinopel
Ich glaube (oder): Wir glauben an den einen **Gott**,
den Vater, den Allmächtigen, der alles geschaffen hat, Himmel und Erde,
die sichtbare und die unsichtbare Welt. ...
Und an den einen Herrn **Jesus Christus** ...
(der dazu gehörige Text: → S. 114)
Und an den **Heiligen Geist**,
der Herr ist und lebendig macht,
der aus dem Vater und dem Sohn hervorgeht,
der mit dem Vater und dem Sohn angebetet und verherrlicht wird,
der gesprochen hat durch die Propheten.

Das Bekenntnis von Toledo
*Auf der kleinen **Kirchenversammlung von Toledo** wurde im Jahr 675 ein Glaubensbekenntnis formuliert, das frühere Lehrentscheidungen und Überlegungen der Kirchenväter berücksichtigt. Es sagt über das Geheimnis der Dreifaltigkeit:*
Wir bekennen und glauben, dass die heilige und unaussprechliche Dreifaltigkeit, der Vater und der Sohn und der Heilige Geist, der eine Gott, von Natur aus ein Wesen, eine Natur, eine Herrlichkeit und Kraft besitzt.
Kirchenversammlung von Toledo

Eine neue Kurzfassung
*Das **Geheimnis des dreifaltigen Gottes** (lat. »Trinität«) hat **Hans Küng** (→ S. 82) kurz so beschrieben:*
Gott ist als Vater **über** uns.
Gott ist in Jesus Christus **bei** uns.
Gott ist im Heiligen Geist **in** uns.
Hans Küng (geb. 1928)

Mysterien des Glaubens

G E B E T

Am Anfang und Ende des Betens
Im Namen des Vaters und des Sohnes und des Heiligen Geistes. Amen.
Ehre sei dem Vater durch den Sohn im Heiligen Geist.

Aus der Tauflliturgie
Ich taufe dich im Namen des Vaters
und des Sohnes
und des Heiligen Geistes.
Amen.

Aus der Bußliturgie
Ich spreche dich los im Namen des Vaters
und des Sohnes
und des Heiligen Geistes.
Amen.

Aus der Eucharistiefeier
Ja, du bist heilig, großer Gott, du bist der Quell aller Heiligkeit. Darum bitten wir dich: sende deinen Geist auf diese Gaben herab und heilige sie, damit sie uns werden Leib und Blut deines Sohnes, unseres Herrn Jesus Christus.

---

1. **Biblische Texte** zu Vater, Sohn und Geist Gottes: → S. 92 f.
2. **Weitere biblische Texte**: → Mt 28, 19; Mk 1, 9–11; Röm 1, 1–4; 2 Kor 13, 13.
3. Ein wichtiges Gebet in der Eucharistiefeier ist das »**Gloria**«. Was sagt es über Inkarnation und Trinität?
4. Warum ist der trinitarische Glaube zum **Verständnis des Christlichen** unverzichtbar?
5. Welche Wirkung üben die **drei einfarbigen Tafeln Kleins** aus, wenn man sie einzeln und zusammen betrachtet?
6. **Andere Trinitätsdarstellungen**: → S. 101, 103.

3. Theologische Reflexionen

Gott ist die Liebe

Einen Zugang zum christlichen Trinitätsglauben erschließt die neutestamentliche Aussage, dass Gott Liebe ist (1 Joh 4, 7-16; → S. 92 f). Gott ist nicht nur »lieb« und hat auch nicht nur Liebe als eine Eigenschaft, sondern er selbst ist Liebe. Aus Liebe trat er aus seiner unendlichen göttlichen Distanz heraus und kam in noch größerer Selbstlosigkeit in unsere Geschichte, indem er sich selbst der Welt in seinem Sohn durch seinen Geist mitteilte.

Dieser Glaube an Gottes Dreifaltigkeit hat Konsequenzen.

Theologisch sagt er, dass in Gott selbst Leben ist und dass Gottes Allmacht alles vermag, was Liebe vermag.

Ethisch ist er der Grund für das höchste biblische Gebot der Gottes- und Nächstenliebe.

Politisch zeigt er, dass Gott nicht der einsame Monarch des philosophischen Monotheismus ist, der selbstgefällig und autoritär alles bestimmt, sondern in ständigem innergöttlichen Gespräch ist und auch mit uns ins Gespräch gekommen ist.

Unverzichtbares Fundament der Theologie

Manfred Gerwing begründet in einem Aufsatz, warum der trinitarische Glaube nicht ein »Hexeneinmaleins« (Goethe), ein logisches Rätsel oder ein Glaubensinhalt ist, den man, ohne ihn verstehen zu können, einfach »schlucken« muss, sondern unverzichtbares Fundament für alles christliche Sprechen von Gott. Er macht es erst möglich, dass Christen, die wissen, dass Gott unaussprechlich ist, doch von Gott sprechen können.

❖ Der Glaube an den trinitarischen Gott ist wohl das schwierigste Thema der christlichen Theologie, da es nichts in der Welt gibt, womit man den dreieinen Gott auch nur von fern vergleichen könnte. Alle Analogien (→ S. 37) versagen hier. Darum ist es leicht erklärbar, dass Christinnen und Christen in Verlegenheit geraten, wenn sie danach gefragt werden oder gar vor anderen darüber Rechenschaft geben sollen. Sie wissen zwar in der Regel, dass Christen nicht an drei Götter glauben, wie manchmal fälschlich unterstellt wird. Aber sie geraten doch in Schwierigkeiten, wenn sie sagen sollten, weshalb es ihnen nicht genügt, an demselben Monotheismus festzuhalten, den auch andere Religionen kennen.

❖ Christinnen und Christen wissen, dass Gott unbegreifbar ist. Die Bibel betont dies oft (1 Tim 6, 16) und die großen Gestalten der christlichen Theologie haben dies nie vergessen (→ S. 70, 72). Sie haben immer gelehrt, dass Gott ein absolutes Geheimnis (Karl Rahner) ist, das wir nicht begreifen können. Aber woher wissen wir dann, dass Gott die Menschen ohne Vorbedingung und Leistung liebt und ihr Heil will?

❖ Die christliche Antwort lautet: Gott macht sich selbst verständlich. Er teilt sich selbst mit. Er kommt selbst zu Wort. Dafür hat er zu uns gesprochen (»Offenbarung«). Wie aber kann er so direkt in der Welt zu Wort kommen? Die überraschende Antwort des Neuen Testaments lautet: Das »Wort« ist »Fleisch« geworden. Oder philosophisch ausgedrückt: Dafür hat Gott seine »Transzendenz« nicht strikt für sich reserviert, sondern auf uns hin überschritten. Oder theologisch ausgedrückt: Dafür ist Gott selbst in Christus, seinem Sohn, Mensch geworden (»Inkarnation«; → S. 114). Nur deshalb können wir Menschen Gottes Wort verstehen, weil Gott selber in seinem Sohn als Mensch menschlich gesprochen hat. So hat er uns alles von sich gesagt, was wir niemals aus eigenen Überlegungen ableiten könnten. Das hat er aus Liebe getan, oder noch richtiger gesagt, er hat es getan, weil Gott selber Liebe ist (Joh 1, 1.14; → S. 86).

❖ Dadurch haben wir Gemeinschaft mit Gott (»Kommunikation«). Wir sind in seine Liebe hineingenommen. Darin besteht unser Heil.

❖ Aber während das Menschsein Jesu problemlos erkannt wird, ist seine Göttlichkeit nur im Glauben erkennbar, der durch Gottes Geist geschenkt wird (1 Joh 4, 2). Diesen Zusammenhang von Gott, Sohn (Wort) Gottes, Geist und Mensch stellt Paulus in seinem Brief an die Galater heraus, wenn er schreibt:

⁴ Als aber die Zeit erfüllt war, sandte Gott seinen Sohn, geboren von einer Frau und dem Gesetz unterstellt, ⁵ damit er die freikaufe, die unter dem Gesetz stehen, und damit wir die Sohnschaft erlangen. ⁶ Weil ihr aber Söhne seid, sandte Gott den Geist seines Sohnes in unser Herz, den Geist, der ruft: Abba, Vater. ⁷ Daher bist du nicht mehr Sklave, sondern Sohn; bist du aber Sohn, dann auch Erbe, Erbe durch Gott. (Gal 4, 4-7)

❖ Wenn man diese Beziehungen Gottes durch Christus im Heiligen Geist nicht nur in seinem Wirken zur Welt hin, also nach außen, betrachtet, sondern zugleich begründet annehmen muss, dass diese Beziehungen in Gott selbst, also nach innen, als Liebe lebendig sind, kommt man dazu, von realen Beziehungen auch in dem einen Gott selbst zu sprechen: Der Vater, der ohne Ursprung auf sich selbst bezogen ist, liebt den Sohn, der den Vater zur Voraussetzung hat, als seinen geliebten Sohn. Der Heilige Geist, der vom Vater und vom Sohn ausgeht, ist nichts anderes als diese Liebe zwischen Vater und Sohn. Diese Beziehungen in dem einen Gott nennt die Kirche von altersher »Personen«, ohne damit den neuzeitlichen Personenbegriff (Subjekt, Individuum) zu brauchen. Wenn sich also Gott in diesem Beziehungsgefüge lebendig als Liebe offenbart, dann hebt er damit nicht nur seine eine göttliche Wesenseinheit nicht auf, sondern offenbart gerade diese als Liebe. Das wichtigste Geschenk Gottes an die Menschheit besteht darin, in diese Liebe aufgenommen zu sein.

❖ Durch diesen trinitarischen Glauben unterscheidet sich das Christentum deutlich sowohl von allen philosophischen Überlegungen über Gott (»natürliche Theologie«) als auch von allen anderen Religionen, die diesen Glauben nicht kennen und meist auch ablehnen, ohne zu verstehen, was er für das christliche Selbstverständnis eigentlich bedeutet.

Manfred Gerwing (geb. 1954)

Dreifaltigkeit als Leben und Liebe

Raimon Panikkar ist ein spanischer Jesuit, der als Professor u. a. in Rom, Benares (Indien) und der Harvard University (USA) gelehrt hat. Er ist besonders im interreligiösen und interkulturellen Dialog mit dem Hinduismus (→ S. 52f) hervorgetreten. Voraussetzung dafür ist für ihn neben der Erfahrung der Wirklichkeit vor allem Liebe und Sympathie. Zur Trinität sagt er:

Die Trinität stellt eine umwälzende Auffassung des göttlichen Mysteriums dar. Gott wird darin als Leben und Leben als mitgeteiltes Leben verstanden und erfahren. In allem Leben liegt ein »Fünklein« göttlichen Lebens. Die Trinität ist die Offenbarung dieses Lebens, das ohne Liebe kein Leben wäre. Die Liebe aber verlangt Gemeinschaft. Diese Gemeinschaft ist nicht die eines ausschließenden innergöttlichen Lebens; sie ist die Gemeinschaft von allem, was in der Trinität lebt, sich bewegt und ist (Apg 17, 28).

Raimon Panikkar (geb. 1918)

❖ Im Leben der Christen spielt die **Trinitätslehre** in den Grundgebeten, Sakramenten und in der Liturgie eine wichtige Rolle.

❖ Im **Alltag** vieler Christen kommt ihr aber **kaum praktische Bedeutung** zu. Manche akzeptieren diese schwer zugängliche Lehre nur, weil sie meinen, man müsse nicht alles verstehen, was man glaube.

❖ Die heutige **Theologie** steht vor der Notwendigkeit, die christlichen Grundlehren von der Menschwerdung Gottes und vom Dreifaltigen Gott neu zu bedenken, damit sie den Glauben der Christen nicht so sehr belasten als vielmehr inspirieren.

❖ Vielleicht versprechen die weniger spekulativen Ansätze der **Bibel** einen neuen Weg, die in Gott eine unaufhebbare und lebendige **Synthese von Macht (Vater), Liebe (Sohn) und Freiheit (Geist)** sehen.

Gott ist Gemeinschaft

Leonardo Boff ist ein Theologe aus Brasilien, der maßgeblich die Theologie der Befreiung entwickelt hat, die die befreiende Kraft des biblischen Glaubens betont und sich vor allem für die Menschenrechte der Armen und Unterdrückten einsetzt. Wegen seiner Kirchenkritik wurde er vom Vatikan scharf gemaßregelt. Deshalb gab er 1992 sein Priesteramt auf, lehrt seit 1993 als Professor für Ethik und Theologie in Rio de Janeiro und erhielt 2001 den sogenannten alternativen Nobelpreis. In seiner »Kleinen Trinitätslehre« (1990) versteht er den Dreifaltigkeitsglauben so, dass in Gott, Gemeinschaft, Bewegung, Leben und Liebe ist. Aus diesem Ansatz zieht er lebenspraktische Konsequenzen für Staat, Gesellschaft und Kirche.

Wir glauben, dass Gott nicht Einsamkeit, sondern Gemeinschaft ist. Nicht die Eins ist das Erste, sondern die Drei. Zuerst kommt die Drei. Erst dann, aufgrund der engen Beziehung zwischen den Dreien, kommt die Eins – als Ausdruck der Einheit der Drei. An die Dreifaltigkeit glauben heißt davon überzeugt zu sein, dass im Ursprung alles Bestehenden und Existierenden Bewegung herrscht und ein ewiger Prozess von Leben und Liebesent-äußerung in Gang ist. An die Dreifaltigkeit glauben heißt davon auszugehen, dass Wahrheit mit Gemeinschaft einhergeht und nicht mit Ausschluss, dass Konsens besser die Wahrheit zum Ausdruck bringt als Durchsetzen und dass Mitwirkung und Mitbestimmung vieler besser ist als das Diktat eines einzelnen. An die Dreifaltigkeit zu glauben heißt ja dazu sagen, dass alles mit allem zu tun hat und ein großes Ganzes bildet und dass die Einheit aus tausend Übereinkünften und nicht bloß aus einem einzigen Faktor erwächst.

Menschliches Leben ist nie bloß Leben, sondern immer Zusammenleben. Alles, was das Zusammenleben fördert, ist gut und lohnt die Mühe. Also sollten wir uns nicht scheuen, an die gemeinschaftliche Existenzweise Gottes zu glauben, an das dreieinige Wesen Gottes, der immer Gemeinschaft und Einheit von Dreien ist.

Müssen wir da noch fragen, in welchem Verhältnis dieser dreifaltige Gott zu den Menschen stehe? Die Antwort liegt auf der Hand. Er schließt uns alle ein und durchdringt uns mit seiner Gemeinschaft.

Leonardo Boff (geb. 1938)

1. Zu den **Texten:** → M 2.
2. Wie stellen die **Bilder** den Glauben an die Dreifaltigkeit dar (→ S. 101, 103, 117)? Welche halten Sie für besonders geeignet, welche nicht?
3. Warum wird der Glaube an die Inkarnation und Trinität heute von vielen **in Frage gestellt** oder **abgelehnt**?
4. Was sagen Sie zu dem Vorwurf, Christen verehrten **drei Götter**?
5. Informieren Sie sich darüber, wie **Juden** und **Muslime** über die Trinität denken.

Das Leid in der Welt

1. Klagen und Anklagen

Viele Menschen stellen sich die Frage: **Warum gibt es das Leid** in der Welt? Wo ist Gott, wenn wir leiden? Wie kann ein allmächtiger Gott und zugleich liebender Vater so schreckliches Unglück für die Menschen zulassen?

Die **Erfahrung des Leidens** rührt an den Nerv des Gottesglaubens und ist die **größte Herausforderung für ihn**. **Viele Antworten** sind auf diese Frage versucht worden. Manche Antworten sind in bestimmten Situationen hilfreich. Aber was den einen tröstet, lässt den anderen untröstlich. **Keine Antwort ist für alle gültig**. Aber:

❖ Wer sich angesichts des Leidens **von Gott löst** und den **Glauben an ihn aufgibt**, muss das Leiden letztlich für sinnlos halten.

❖ Viele Christen, denen keine Antwort genügt, wollen lieber **auf eine Antwort Gottes hoffen**, als die Welt in sinnlose Trostlosigkeit versinken lassen. Ihr Verhältnis zu Gott kann und darf zur **Frage**, **Klage** und selbst zur **Anklage** gegen ihn werden. Aber sie vertrauen darauf, einmal eine Antwort zu erhalten.

Eine skeptische Stimme in der Antike

Epikur war ein bedeutender griechischer Philosoph, der eine hedonistische Lebenslehre entwarf und sich skeptisch über die Götter äußerte.

Entweder wollen die Götter die Ungerechtigkeit in der Welt abschaffen und können es nicht – dann sind sie schwach; oder sie können es und wollen es nicht – dann sind sie schlecht; oder sie können es und wollen es – warum tun sie es dann nicht?

Epikur (341–270)

Eine alte Anfrage – Das Buch Ijob

Im *Alten Testament* stellt das Buch Ijob, das zu den bedeutendsten Werken der Weltliteratur zählt und wohl im 4. oder 3. Jh. vC zusammengestellt wurde, die Frage, was das Leiden soll und woher es kommt.

In der *Rahmenerzählung* (1–2; 42, 7–17) ist Ijob (»Der sich gegen Gott wendet« oder »Wo ist der Vater?«) ein frommer Mann, der zunächst in glücklichen Verhältnissen lebt. Dann aber trifft ihn entsetzliches Leid, weil Gott dem Teufel gestattet, ihn zu prüfen. Am Ende wird das Leid in neues Lebensglück verwandelt.

Im *Hauptteil* (3–42, 6) versuchen Ijobs Freunde, ihm zu erklären, weshalb das Leiden über ihn gekommen ist. Aber Ijob ist mit den klugen und frommen Antworten seiner Freunde nicht einverstanden. Er kann das Leiden nicht als Strafe Gottes für seine Sünden akzeptieren, da er sich keiner schlimmen Schuld bewusst ist. Empört und verletzt wendet er sich gegen alle Erklärungsversuche. Schließlich klagt Ijob auch Gott heftig an. Er hält sein Leiden für ungerecht. Am Ende muss sich Ijob aber von Gott fragen lassen, ob er bei der Schöpfung dabei war und ihre Gesetze wirklich kennt. Da sieht Ijob ein, ohne Verständnis geredet zu haben. Er kommt zu der Überzeugung, dass Gott das Leid schickt, ohne jemandem dafür Rechenschaft zu geben. Aus Ijobs Klage und Anklage wird schweigende Hinnahme.

Warum befehdest du mich?

¹ Zum Ekel ist mein Leben mir geworden, ich lasse meiner Klage freien Lauf,
reden will ich in meiner Seele Bitternis.
² Ich sage zu Gott: Sprich mich nicht schuldig,
lass mich wissen, warum du mich befehdest.

Ijob 10, 1–2

Das unbegreifliche Verhalten Gottes

⁶ Erkennt doch, dass Gott mich niederdrückt, da er sein Netz rings um mich warf.
⁷ Schrei ich: Gewalt!, wird mir keine Antwort, rufe ich um Hilfe, gibt es kein Recht.
⁸ Meinen Pfad hat er versperrt; ich kann nicht weiter,
Finsternis legt er auf meine Wege.
⁹ Meiner Ehre hat er mich entkleidet, die Krone mir vom Haupt genommen.
¹⁰ Er brach mich ringsum nieder, ich muss dahin;
er riss mein Hoffen aus wie einen Baum.
¹¹ Sein Zorn ist gegen mich entbrannt,

Ijob 19, 6–11

Er versetzt mich in Schrecken

³ Wüsste ich doch, wie ich ihn finden könnte, gelangen könnte zu seiner Stätte.
⁴ Ich wollte vor ihm das Recht ausbreiten, meinen Mund mit Beweisen füllen.
⁵ Wissen möchte ich die Worte, die er mir entgegnet, erfahren, was er zu mir sagt.
⁶ Würde er in der Fülle der Macht mit mir streiten?
¹⁵ Darum erschrecke ich vor seinem Angesicht;
denk ich daran, gerate ich in Angst vor ihm.

Ijob 23, 3–6.15

Eine neuzeitliche Anklage gegen Gott

Zu Paul Thiry d'Holbach (1723–1789; → S. 76) entwickelt in einem Pseudo-Gebet Vorwürfe gegen Gott.

Vater, der du dich deinem Kinde nicht gezeigt hast, unbegreiflicher und verborgener Weltbeweger, den ich nicht entdecken konnte, verzeih, wenn mein beschränkter Verstand dich nicht erkennen konnte in einer Natur, in welcher mir
5 alles notwendig schien. Verzeih, wenn mein empfindendes Herz deine erhabenen Züge nicht herausfinden konnte unter denen des wilden Tyrannen, den der Aberglaube zitternd anbetet. Wie konnte mein schwaches Gehirn deinen Plan, deine Weisheit durchschauen, da die Welt mir doch
10 nur ein Gemisch von Ordnung und Unordnung darbot, von Gutem und Bösem, von Bildungen und Zerstörungen? Konnte ich deiner Gerechtigkeit huldigen, da ich das Verbrechen so oft siegen sah und die Tugend in Tränen? Meine Unwissenheit ist verzeihlich, weil sie unwiderleglich war.
15 Wenn du deine Geschöpfe liebst, ich liebe sie wie du, ich habe mich bemüht, sie in meiner Umwelt glücklich zu machen. Hast du die Vernunft geschaffen,
20 ich habe ihr immer gehorcht; gefällt dir die Tugend, mein Herz hat sie immer geehrt, ich habe sie nach Kräften geübt. Habe ich schlecht von dir gedacht, so
25 geschah es, weil mein Verstand dich nicht begreifen konnte; habe ich schlecht von dir gesprochen, so geschah es, weil mein allzu menschliches Herz sich
30 gegen das abscheuliche Bild empörte, das man von dir machte. Bist du gut und gerecht, wie man sagt, so kannst du mich für die Abwege meiner Phantasie
35 nicht strafen, nicht für die Folgen meiner Leidenschaften, nicht für die notwendigen Ergebnisse der Organisation, die du mir gegeben hast. Wolltest du mich hart und
40 ewig strafen, weil ich auf die Vernunft hörte, die dein Geschenk ist, wolltest du mich für meine Täuschungen züchtigen, wolltest du mir zürnen, weil ich in die Schlingen fiel, die du mir überall stelltest, dann wärest du der grausamste und ungerech- 45
teste Tyrann, du wärest kein Gott, sondern ein boshafter Dämon, dem ich mich unterwerfen und dessen Wut ich sättigen müsste; aber dann wäre ich stolz darauf, dein unerträgliches Joch abgeworfen zu haben.

Paul Thiry d'Holbach (1723–1789)

---

1 Zur Betrachtung des **Bildes** von Bernhard Heisig: → M 3, zum **Text** von d'Holbach: → M 2
2 Nennen Sie **aktuelle Leidsituationen**, in denen sich die Frage nach Gott stellt. Was ließe sich antworten?
3 **Andere biblische Aussagen** zum Leid in der Welt: → S. 39, 91

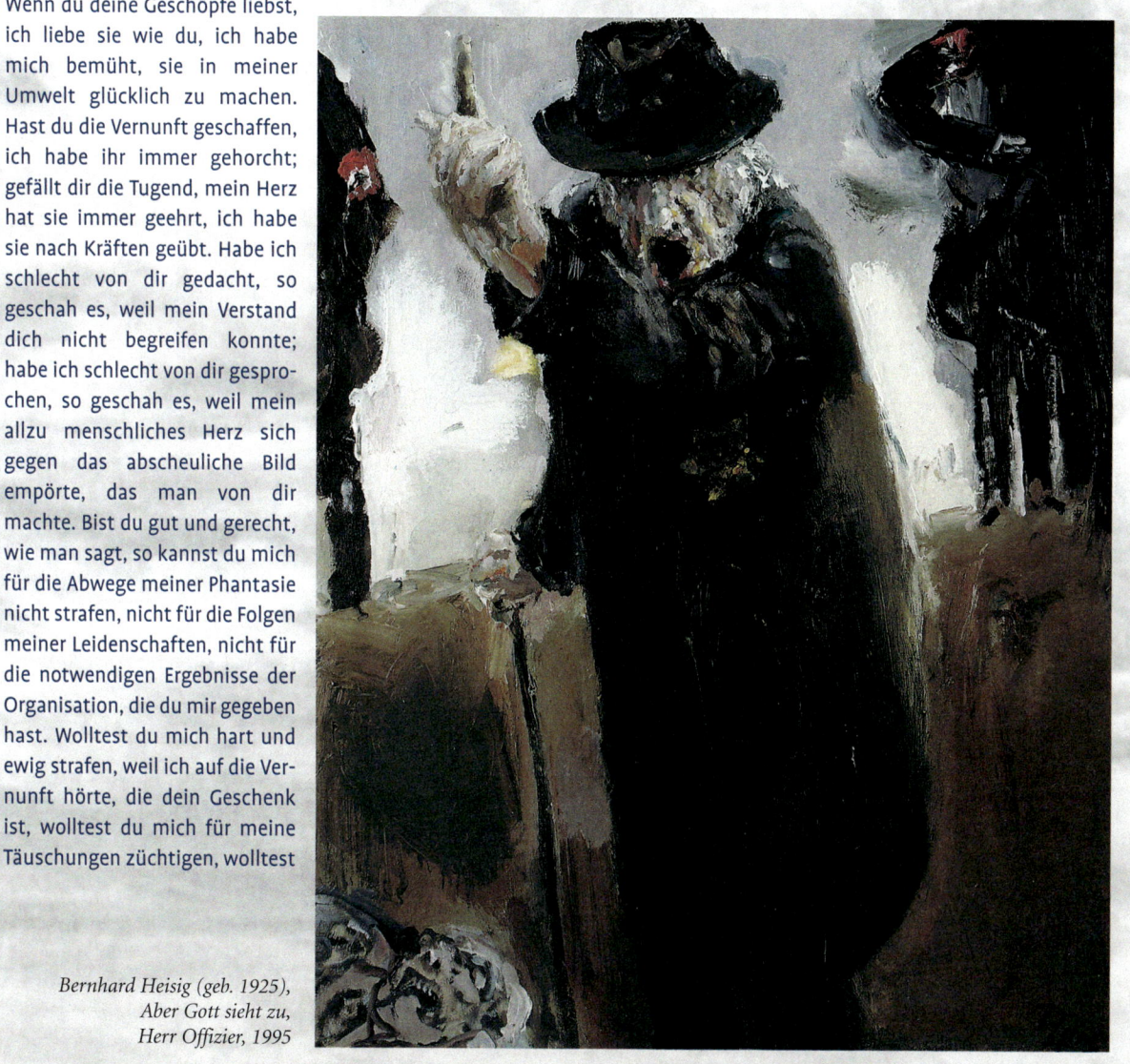

Bernhard Heisig (geb. 1925), Aber Gott sieht zu, Herr Offizier, 1995

2. Die furchtbare Frage

Fjodor Michailowitsch Dostojewski, der große russische Dichter, schrieb in den Jahren 1878–1880 den Roman »Die Brüder Karamasow«. Im Mittelpunkt stehen die drei ungleichen Söhne eines zügellosen Vaters, der ermordet wird. Der erste, **Dimitri**, ist ein Mann von wilder Leidenschaft. Der zweite, **Iwan**, verfügt über eine ungewöhnliche Intelligenz, die er ganz in den Dienst seiner Skepsis stellt. **Aljoscha** schließlich, der dritte Sohn, ist eine reine Seele, voll tiefen Glaubens, der an die großen russischen Mönchsgestalten erinnert. In der folgenden Szene, einem Höhepunkt des Romans, stellt der kritische Iwan seinem frommen Bruder Aljoscha vor die Frage, **warum Gott die unschuldigen Kinder leiden lasse.** Dazu beginnt Iwan zu erzählen:

»Nur noch eine einzige Geschichte! Sie ist zu charakteristisch; ich habe sie erst ganz vor kurzem gelesen. Sie datiert aus der Zeit der strengsten Leibeigenschaft noch zu Anfang des Jahrhunderts. Damals lebte ein General mit guten Verbindungen, ein steinreicher Gutsbesitzer, einer von jenen Menschen, die allerdings auch schon damals selten geworden waren, die, wenn sie sich aus dem Dienst zurückzogen, fest überzeugt waren, sich das Recht über Leben und Tod ihrer Leibeigenen verdient zu haben. Also dieser General lebt auf seinem Gute mit etwa zweitausend leibeigenen Seelen, führt natürlich ein üppiges Leben und behandelt seine ärmeren Gutsnachbarn wie seine Freitischler und Hofnarren. Seine Meute besteht aus Hunderten von Hunden, und die Zahl der Rüdenknechte ist nicht viel kleiner, alle sind uniformiert und beritten. Eines Tages verletzt ein kleiner, kaum achtjähriger Junge beim Spielen den Fuß des Lieblingshundes seiner Exzellenz. ›Warum lahmt auf einmal mein Lieblingshund?‹, erkundigt sich der General. Es wird ihm berichtet: Dieser Knabe habe den Hund mit einem Stein am Fuße getroffen. ›Also der ist es‹, sagt der General mit einem entsprechenden Blick auf den Knaben. ›Nehmt ihn.‹ Man nahm ihn der Mutter fort und steckte ihn in die Arrestkammer. Am nächsten Morgen ritt er zur Jagd, um ihn waren alle Gäste, Rüdenwärter und Piköre, Jägermeister, alle beritten und in Livree, und die Hunde gekoppelt. Das ganze Hofgesinde war versammelt, und vorn vor allen steht die Mutter des schuldigen Knaben. Da wird der Knabe aus der Arrestkammer gebracht. Es ist ein trüber, kalter, nebliger Herbsttag, wie geschaffen zur Jagd. Der General befiehlt, den Knaben zu entkleiden; der Kleine wird bis auf die Haut entkleidet; er zittert, ist fast bewusstlos vor Angst, wagt kaum zu atmen. ›Hetz ihn!‹, kommandiert plötzlich der General, und ›lauf, lauf‹ schreien dem Kleinen die Piköre zu. Der Knabe läuft. ›Packt ihn!‹, brüllt der General und hetzt auf den kleinen laufenden Knaben seine ganze wilde Hundeschar. Vor den Augen der Mutter hetzt er das Kind zu Tode, und die Hunde zerreißen es in Stücke. Der General wurde, so glaube ich, unter Vormundschaft gestellt. Was hätte man anders mit ihm machen sollen? Zur Befriedigung des sittlichen Gefühls erschießen? Was meinst du, Aljoscha?«

»Ja, erschießen!«, sagte Aljoscha mit gleichsam verzerrtem Lächeln und hob die Augen auf zum Bruder.

»Bravo!«, rief Iwan, als habe ihn die Antwort geradezu entzückt; »wenn du es sagst, muss es richtig sein! Sieh einer, was für ein Teufel in deinem Herzen sitzt, Aljoscha Karamasow!«

»Ich habe eine Dummheit gesagt, aber …«

»Aber«, fiel ihm Iwan lebhaft ins Wort. »Weißt du auch, Knäbchen, dass die Dummheiten auf Erden nur allzu nötig sind? Auf Unsinn beruht die Welt; ohne ihn würde vielleicht nichts auf ihr geschehen. Ich weiß, was ich weiß!«

»Was weißt du?«

»Ich begreife nichts«, fuhr Iwan wie im Fieber fort, »und ich will auch jetzt nichts begreifen. Bei der Tatsache will ich bleiben. Schon längst habe ich beschlossen, nichts begreifen zu wollen. Sobald ich etwas begreifen will, entstelle ich sofort die Tatsachen, jetzt aber will ich bei der Tatsache bleiben.«

»Warum quälst du mich so?«, stieß klagend Aljoscha hervor. »Willst du es mir nicht endlich sagen?«

»Natürlich will ich es dir sagen. Deswegen habe ich dir alles erzählt, um es dir sagen zu können. Ich habe dich lieb, Alexei, gönne dich niemandem, kämpfe um dich, trete dich nicht deinem Sossima (Abt) ab!«

Iwan schwieg eine Zeitlang und sein Gesicht wurde über die Maßen traurig.

»Ich habe nur die kleineren Kinder der größeren Deutlichkeit halber herangezogen. Von den übrigen Tränen der Menschheit, mit denen die Erde von ihrer Rinde bis zum Mittelpunkt der Achse durchtränkt ist, will ich kein Wort reden; ich habe das Thema absichtlich beschränkt. Ich bin, sagen wir, eine Fliege und gestehe mit meiner ganzen Geringwertigkeit ein, dass ich nicht begreifen kann, wozu alles so eingerichtet ist. Ich will nicht gelitten haben, um mit meinem Verbrechen und Leiden für irgendeinen anderen die künftige Harmonie zu düngen. Mit meinen Augen will ich sehen, wie das Reh arglos neben dem Löwen ruht und wie der Ermordete aufsteht und seinen Mörder umarmt. Ich will dabei sein, wenn alle erfahren, warum und wozu alles so gewesen ist. Auf diesem Wunsch beruhen alle Religionen der Erde. Ich aber glaube. Doch was soll ich mit den kleinen Kindern anfangen? Es bleibt unbegreiflich, warum auch sie leiden müssen, und warum auch sie durch Leiden die Harmonie erkaufen sollen. Warum bilden auch sie den Stoff, um für irgendjemanden die zukünftige Harmonie zu düngen? Die Gemeinsamkeit der Menschen in der Sünde begreife ich sehr wohl, ich begreife auch die Gemeinsamkeit in der Vergeltung – aber nicht bei kleinen Kindern. Der kleine Knabe wurde schon im achten Lebensjahre von Hunden zerrissen. Ich will nicht lästern, Aljoscha. Wie sehr muss es das Weltall erschüttern, wenn alles im Himmel, auf der Erde und unter der Erde in einen Lobgesang zusammenfließt, wenn alles, was lebt und gelebt hat, ausruft: ›Gerecht bist du, o Herr; denn offenbar sind jetzt deine Wege!‹ Wenn selbst die Mutter den Peiniger, der ihren Sohn von Hunden hat zerreißen lassen, umarmt und alle drei mit Tränen singen: ›Gerecht bist du, o Herr!‹

Dann ist die Krone allen Wissens und Erkennens erworben, dann wird alles seine Erklärung finden. Hier sitzt aber für mich der Haken; denn gerade das kann ich nicht annehmen. Daher beeile ich mich, solange ich auf Erden bin, meine Maßregeln zu ergreifen. Denn vielleicht werde auch ich, Aljoscha, wenn ich diesen Augenblick erlebe oder von den Toten auferweckt werde, um das alles zu sehen, beim Anblick der Mutter, die den Peiniger umarmt, zusammen mit allen anderen ausrufen: ›Gerecht bist du, o Herr!‹ Das will ich aber nicht. Darum danke ich im Vorhinein für jede höhere Harmonie. Sie ist keine einzige Träne jenes misshandelten Kindes wert; denn diese Kindertränen sind ungesühnt geblieben. Sie müssen aber gesühnt werden, sonst gibt es keine Harmonie. Womit kann es geschehen? Ist es überhaupt möglich? Was macht es schließlich, dass sie gesühnt werden? Was tue ich mit der Rache? Was nützen mir die Höllenqualen der Peiniger? Was kann die Hölle wieder gut machen, wenn das Kind zu Tode gequält ist? Wo bleibt die Harmonie, wenn es noch eine Hölle gibt? Ich will verzeihen und umarmen und will nicht, dass noch gelitten wird. Wenn die Leiden der Kinder zu jener Leidenssumme, die zum Kauf der Wahrheit erforderlich ist, hinzugerechnet werden müssen, erkläre ich im Voraus, dass die Wahrheit diesen Preis nicht wert ist. Ich will nicht, dass die Mutter den Peiniger ihres Sohnes umarmt. Wie darf sie wagen, ihm zu vergeben? Wenn sie will, mag sie für sich vergeben, mag sie ihm ihr unermessliches Mutterleid und alle ihre Schmerzen verzeihen. Doch die Leiden ihres von Hunden zerrissenen Sohnes darf sie nicht verzeihen; dazu hat sie kein Recht, selbst wenn ihr Kind dem Peiniger vergibt! Wenn man aber nicht verzeihen darf, wo ist dann die Harmonie? Gibt es in der ganzen Welt ein Wesen, das verzeihen könnte, das Recht zu verzeihen hätte? Aus Liebe zur Menschheit will ich keine Harmonie. Lieber bleibe ich bei meinen ungesühnten Leiden, in meinem heiligen, unstillbaren Zorn, selbst wenn ich nicht im Rechte wäre. Diese Harmonie ist gar zu teuer eingeschätzt. Mir erlaubt es mein Beutel nicht, so viel für den Eintritt zu zahlen. Darum aber will ich meine Eintrittskarte eilends zurücksenden. Nicht Gott lehne ich ab, Aljoscha, ich schicke ihm nur die Eintrittskarte ergebenst zurück.«

»Das ist Empörung«, sagte Aljoscha leise mit gesenktem Blick.

»Empörung? Dieses Wort wünschte ich nicht von dir zu hören«, sagte Iwan gedrückt mit ernstem Blick. »Kann man in der Empörung leben? Ich aber will leben. Gib mir eine offene, bestimmte Antwort. Angenommen, du selbst solltest das Gebäude des Menschenschicksals errichten mit dem Ziel, schließlich alle Menschen zu beglücken, ihnen endlich Ruhe und Frieden zu geben; doch müsstest du auch nur ein einziges kleines Wesen zu Tode quälen, sagen wir jenes Kindchen, das sich mit der kleinen Faust gegen die Brust schlug – auf seinen ungesühnten Tränen solltest du das Gebäude errichten, würdest du unter dieser Bedingung der Baumeister des großen Gebäudes sein wollen? Sage es mir und lüge nicht!«

»Nein, ich möchte es nicht«, erwiderte Aljoscha leise.

»Und glaubst du, dass die Menschen, für die du baust, ihr Glück auf Grund des ungerecht vergossenen Blutes des zu Tode gehetzten Knaben empfangen wollen? Dass sie dann ewig glücklich sein können?«

»Das glaube ich nicht. Du fragtest vorhin, Iwan«, sagte Aljoscha mit aufleuchtenden Augen, »ob es in der ganzen großen Welt ein Wesen gibt, das verzeihen könnte, das Recht zu verzeihen hätte? Es gibt ein solches Wesen, und es kann alles vergeben, allen und für alles; denn es hat selbst sein unschuldiges Blut für alle und alles hingegeben. Ihn hast du vergessen, auf ihm aber wird sich das Gebäude errichten und ihm wird man zurufen: Gerecht bist du, o Herr, denn deine Wege sind jetzt offenbar!«

Fjodor Michailowitsch Dostojewski (1821–1881)

---

1. Wer kann kurz vom Leben Dostojewskis erzählen und seinen Roman **»Die Brüder Karamasow«** vorstellen?: → M 1.
2. Was macht **Iwan** Gott zum Vorwurf? Wie tut er das? Warum ist seine Empörung so eindrucksvoll?
3. Wie reagiert **Aljoscha**? Worauf stützt er seinen Glauben?
4. **»Wenn Gott nicht existiert, ist alles erlaubt.«** – Was meint dieser Satz Dostojewskis?
5. Suchen Sie **aktuelle Beispiele** von menschlichem Leid, die ähnliche Fragen wie die Iwans hervorrufen.

3. Theodizee – Antwortversuche

Der deutsche Philosoph **Gottfried Wilhelm Leibniz** (1646–1716) hat sich den bedrängenden Fragen wie diesen gestellt: Warum gibt es das Leid, wenn Gott die Menschen liebt und die Macht hat, es zu verhindern? Wie kann ein allmächtiger und zugleich liebender Vater das ganze Unglück seiner Kinder zulassen? Er hat dieses Problem zum ersten Mal »**Theodizee**« (gr.: »Rechtfertigung Gottes«) genannt.

In seinem Werk bündelt er Antworten, die schon von den Kirchenvätern und den christlichen Philosophen gegeben wurden. Er betont, dass Gott auf keinen Fall Urheber des Bösen ist und auch das Böse nicht will. Gott lässt das Leiden zu, weil es seinen Zwecken dient.

❖ Manchmal ist es eine unvermeidliche **Folge der Endlichkeit** der Welt.
❖ Manchmal ist das Übel **Strafe für die Schuld** der Menschen.
❖ Manchmal dient es ihrer **Erziehung**.
❖ Oft liegt es im **Plan der göttlichen Weltordnung**, deren Sinn den Menschen noch verborgen ist, der aber einst auch ihnen verständlich wird.

Ob und wie weit die Antworten von Leibniz auf die Theodizee-Frage zureichend sind, ist umstritten.

---

1 Formulieren Sie das Problem der Theodizee und die Antworten, die **Leibniz** versucht.
2 Was bedeuten seine Überlegungen
 ❖ **philosophisch**, d. h. vor dem Anspruch der Vernunft,
 ❖ **theologisch**, d. h. aus der Sicht des Glaubens,
 ❖ **existenziell**, d. h. in der Situation eines Menschen, der selber vom Leid erschüttert ist?
3 Charakterisieren Sie die bedrückende Frage des todkranken **Guardini**, der gewiss alle herkömmlichen Antworten auf das Theodizeeproblem kannte. Warum erhielt er keine Antwort?
4 Welche Antwort deutet **Karl Rahner** an?
5 **Biblische Hinweise**: Röm 8, 18–21 (→ S. 87); Offb 24, 1.

Die philosophische Theodizee von Leibniz

Gottfried Wilhelm Leibniz hat in seinen »Essais de Theodicee sur la bonté de Dieu, la liberté de l'homme et l'origine du mal« (1710) den klassisch gewordenen Entwurf einer Theodizee durchgeführt. ... Hier setzt sich Leibniz mit den verschiedenen Arten des Übels auseinander:
(1) Das **metaphysische** Übel oder die Endlichkeit und Beschränktheit jeglichen Geschöpfes: Solches Übel ist notwendig gegeben mit der Existenz der Welt, die in jedem Fall immer nur aus endlichen, d. h. beschränkten und unvollkommenen Wesen bestehen kann. Sollen nun diese endlichen Wesen in harmonischer Ordnung sämtliche Stufen des Seins ausfüllen, müssen die Unvollkommenheiten in der Welt verschieden auf die verschiedenen Wesen verteilt sein. Niemand hat sich zu beklagen über die Stufe, die gerade er in der Harmonie des Ganzen einnimmt.
(2) Das **physische** Übel oder der Schmerz: Solches Übel ist notwendig gegeben mit der Existenz der Materie, der Leiblichkeit und ihren – notwendig nicht nur lustbetonten, sondern auch schmerzvollen – Empfindungen. Der Platz, den der Einzelne im großen Ganzen einnimmt, bestimmt ihm auch das zu ertragende Maß der Übel. Schmerzen – ihre Zahl ist kleiner als die im Alltag als selbstverständlich meist übersehenen Annehmlichkeiten und Freuden – sind heilsam als Strafe oder als Erziehungsmittel. Erträglich sind sie, wenn sie angenommen werden mit Vernunft, mit Geduld und im Vertrauen darauf, dass auch sie den Menschen zum Besten gereichen.
(3) Das **moralische** Übel oder das Böse: Es ist notwendig gegeben mit der Selbstbestimmung, Freiheit und somit Moralität geschaffener Geister. Auch das Böse – ein Mangel, nicht etwas Positives – beruht auf der unvermeidlichen Unvollkommenheit endlicher Geschöpfe. Insofern aber ohne das Böse auch das Gute nicht wäre, ja, insofern durch das Böse oft das Gute vermehrt wird, ist selbst das Böse um der Harmonie des Ganzen willen von Gott zwar nicht gewollt, wohl aber zugelassen.

Von dieser Grundposition her versucht Leibniz geduldig, auf alle die einzelnen Schwierigkeiten, die sich von der Existenz des Übels gegen Gottes Weltherrschaft ergeben, Antwort zu geben. Im Vertrauen auf Gottes Güte und den guten Sinn aller Wirklichkeit ist er davon überzeugt, dass Gott alles »sehr gut«, allerbestens geschaffen, geplant und eingerichtet hat. Selbst Missgeburten, das Leid und das Böse tragen einen guten Sinn in sich. Selbst aus dem Bösen wird durch Gottes gutes Walten das Bessere, das Vollkommenere. Durch alle Beschränktheit, allen Schmerz und alles Böse hindurch obsiegt Gottes unbegreifliche Weisheit, Macht und Güte. ...
Schon Hume und Voltaire haben sich von dieser Theodizee nicht belehren lassen, und achtzig Jahre später erscheint Immanuel Kants (→ S. 71) Werk zur Theodizee mit dem aufschlussreichen Titel »Über das Misslingen aller philosophischen Versuche in der Theodizee« (1791). Und in der Tat, die Frage lässt sich hier nicht unterdrücken: Gegen die scharfe Logik und das umfassende System der Leibnizschen Theodizee wird man zwar nicht so leicht ankommen, aber treffen denn alle diese Argumente existenziell? Vermögen sie den unter dem Leid fast erdrückten Menschen wahrhaft zu überzeugen? Etwa wenn ihm durch Krankheit, Tod oder durch Untreue ein geliebter Mensch für immer genommen wird? Nehmen sie nicht nur seinen Verstand, sondern auch sein Herz gefangen? Kann diese Theodizee den im Leid verzweifelten Menschen Trost und Kraft zum Ertragen geben?

Hans Küng (geb. 1928)

Keine Antwort

Karl Rahner, Jesuit, katholischer Theologe, gehört zu den einflussreichsten kirchlichen Denkern des 20. Jahrhunderts. Er hat sowohl dem 2. Vatikanischen Konzil (1962–65) als auch der Theologie bedeutende Anregungen gegeben. In zahlreichen Schriften und Vorträgen versuchte er, den christlichen Glauben so zum Ausdruck zu bringen, dass er in der Neuzeit erfahren, verstanden und gelebt werden kann. Auch zur Theodizeefrage hat er sich geäußert.

Walter Dirks (1901–1991; Journalist) erzählt von seinem Besuch bei **Romano Guardini** (1885–1968; bedeutender Theologe), der schon von seiner Todeskrankheit gezeichnet war: Der es erlebt, wird es nicht vergessen, was ihm der alte Mann auf dem Krankenlager anvertraute. Er werde sich im letzten Gericht nicht nur fragen lassen, sondern auch selber fragen; er hoffe in Zuversicht, dass ihm dann der Engel die wahre Antwort nicht versagen werde auf die Frage, die ihm kein Buch, auch die Schrift selber nicht, die ihm kein Dogma und kein Lehramt, die ihm keine Theodizee und Theologie, auch die eigene nicht, habe beantworten können: Warum, Gott, zum Heil die fürchterlichen Umwege, das Leid der Unschuldigen, die Schuld?

...

So kann die letzte Antwort, die ein Mensch auf das Problem des Leidens und des Todes geben kann, nur darin bestehen, dass er sich in liebendem Schweigen der Unbegreiflichkeit Gottes übergibt, in der sich die Frage des Leides verliert. Aber abgesehen davon, dass die früher als nicht genügend erkannten Antworten vorläufiger Art auf das Problem des Leides doch auch ihre Berechtigung behalten, so bleibt auch jetzt noch eine weitere Frage übrig.

Woher nehmen wir die Kraft, in der Dunkelheit des Leides und bei der Ohnmacht, die es in uns wirkt, wirklich die Antwort zu geben, die uns abverlangt wird, eine Antwort, die unsagbar schwer zu sein scheint, obwohl sie nur die schweigend stille Annahme des Leides und seiner Unbegreiflichkeit zu sein scheint? Und woher nehmen wir die letzte Zuversicht, dass unser Ja zur Unbegreiflichkeit Gottes nochmals von Gott angenommen wird als die von Gott mit Gott selbst beantwortete Antwort Gottes auf das letzte Wort des Menschen? Der Christ ist in seinem Glauben überzeugt, dass die Antwort, die er auf sein Leidproblem geben muss, nur möglich ist als durch die Gnade gegebener Mitvollzug der Antwort, die Jesus am Kreuz auf die Todesnot gegeben hat, in die er willig versank: »Vater, in deine Hände empfehle ich meinen Geist.« Der Christ ist in seinem Glauben davon überzeugt, dass der Auferstandene der Gekreuzigte und Gestorbene ist und umgekehrt, dass also die Antwort voller Übergabe in das Geheimnis Gottes und des Todes wirklich von Gott als ewig gültig und ewig seligmachend angenommen, mit Gott selbst beantwortet ist.

Karl Rahner (1904–1984)

Herbert Falken (geb. 1932), Bibeltext (Röm 8,18) und Clown aus dem Zyklus »Scandalum crucis« (d.h. »Der Skandal des Kreuzes«; → S. 75), 1968/69

In der aktuellen Diskussion

1. Die Wiederkehr der Götter

❖ Wir werden in unserer Gesellschaft von starken Kräften bedrängt, die uns und unsere Welt lebensgefährlich bedrohen, z. B. Kriege, Umweltzerstörung, soziale Ungerechtigkeit, Arbeitslosigkeit, Armut, Terrorismus, Schuldenkrise, Bildungsdefizite, Krankheiten usw. Diese Kräfte haben wir zwar selbst verursacht, werden ihrer aber kaum mehr Herr. Manche Theologen und Soziologen sehen darin, indem sie bildhaft die Sprache der Bibel auf unsere Gesellschaft beziehen, die alten **Dämonen** (andere sprechen auch von **Göttern**) in neuem Gewand, weil sie gegen die Schöpfung und die Würde des Menschen stehen – und damit gegen Gott. Andere deuten sie als »**Mächte und Gewalten**«, von denen die Bibel oft spricht. In ihnen zeige sich wirkungsvoll die Macht des Bösen (→ S. 124).

❖ Wer heute an Gott glaubt, kann dies nur glaubhaft tun, wenn er sich engagiert mit diesen Mächten des Bösen anlegt und sie bekämpft. Dazu verpflichtet u. a. das **Erste Gebot des Dekalogs**, das nicht nur früher die Götter und Göttinnen der antiken Welt (z. B. die Baale und Astarten) meinte, sondern gerade auch heute die widergöttlichen Kräfte der Gegenwart.

Die alten Götter werden wieder lebendig

Friedrich Wilhelm Graf, Professor für Systematische Theologie und Ethik, hat viel beachtete Publikationen zur Deutung der Religion in der modernen Gesellschaft vorgelegt.

In seinem berühmten Münchener Vortrag über *Wissenschaft als Beruf* hat der Religionssoziologe **Max Weber** (1864–1920; → S. 128) im November 1917 vom »Kampf der Götter« gesprochen. »Die alten vielen Götter, entzaubert und daher in Gestalt unpersönlicher Mächte, entsteigen ihren Gräbern, streben nach Gewalt über unser Leben und beginnen untereinander wieder ihren ewigen Kampf«, erklärte Weber seinen studentischen Hörern. Für seine Religionsdiagnosen griff er auf **John Stuart Mills** (1806–1873; englischer Philosoph und Ökonom) These zurück, dass der Glaube an viele Götter den Menschen sehr viel näher liege als der Monotheismus. Für die Zukunft schloss er das Auftreten bisher unbekannter, neuer Propheten oder eine mächtige Wiedergeburt alter religiöser Gedanken und Ideale nicht aus.

In Webers Bildern lässt sich die Gegenwart als eine Epoche dramatischer Wertkonflikte deuten, in denen Religion eine entscheidende Rolle spielt. Neben dem alten einen Gott der Juden, Christen und Muslime leben wieder viele andere Götter unter uns. Spätestens seit dem 11. September 2001 ist die bleibende Macht des Religiösen unübersehbar deutlich geworden.

In religiösen Symbolsprachen kann der Mensch seiner Grenzen innewerden und sich der Grundlagen eines humanen Ethos von Toleranz, legitimer Verschiedenheit und Anerkenntnis des Anderen vergewissern. Religiöse Gewissheiten können sich aber auch in Gewalt, Terror und Massenmord äußern. In religiösen Mythen wird von Engeln und Heiligen erzählt. Doch handeln sie auch von Teufeln und Dämonen. Diese elementare Ambivalenz des Religiösen nötigt zu intensivierter Deutung. Die Spuren der Transzendenz zu lesen und die Symbole religiöser Gewissheit zu interpretieren, ist allerdings ein mühevolles, theoretisch anspruchsvolles Unternehmen.

Friedrich Wilhelm Graf (geb. 1948)

Mächte und Gewalten

Thomas Ruster, Professor für Systematische Theologie, versucht Erscheinungen der modernen Gesellschaft theologisch zu deuten. Er hat vor allem die Macht des Geldes und des Kapitals als widergöttliche Kräfte, d. h. als »andere Götter« (Ex 20, 3) interpretiert. Er beschreibt auch andere Phänomene unserer Welt, die wir zwar selbst verursacht haben, die aber nun Macht über uns haben.

Immer wieder drängt sich dieses Phänomen auf: Was zur Erfüllung von Bedürfnissen in die Welt gesetzt wurde, erreicht schließlich das Gegenteil seines Zweckes – gerade indem es gut funktioniert. Der Verkehr
5 macht uns langsamer, die multimediale Unterhaltungskultur verbreitet Langeweile, das hochentwickelte Gesundheitssystem macht krank (und ist krank), die soziale Sicherung der Zukunft macht die Zukunft unbezahlbar, Investitionsprogramme schaf-
10 fen Arbeitslosigkeit, die globalisierte, auf Höchstleistungen und Wachstum getrimmte Wirtschaft bewirkt Armut und Umweltzerstörung.
Etwas gewinnt Macht über uns, das wir selbst geschaffen haben, und es hat diese Macht, indem es das tut, was wir erwarten. Es geht
15 hervor aus unserem freien Willen und Verstand, es richtet sich an dem aus, was wir wollen und für sinnvoll halten, und wird doch zum Zwang. Es entsteht aus dem Wunsch nach Leben und Lebensqualität, erfüllt diesen Wunsch und wird zugleich damit eine verderbliche, zerstörerische, tödliche Macht. Überwältigt von den Ergebnissen unseres Willens, haben wir keine Chance gegen diese Gewalten anzu-
20 gehen, in denen sich unsere Freiheit objektiviert. Wie sollten wir anders handeln als gemäß unserem freiem Willen und Verstand?
Was heute an Widerstandskraft gegen die negativen Auswirkungen der Funktionssysteme der Gesellschaft erkennbar ist, reicht bei weitem nicht aus, um die Probleme zu lösen. Das hat die Ökologie- und Friedensbewegung der 80er Jahre bit-
25 ter lernen müssen. Auch die seit der Umwelt-(UNCED)Konferenz von Rio 1992 weltweit auf höchstem politischen Niveau geführte Debatte um Nachhaltigkeit (sustainability) hat nichts, aber auch gar nichts zur Bewältigung der ökologischen und sozialen Krisen unserer Welt beigetragen. Es sieht so aus, als sei den selbsterzeugten höheren Gewalten nicht beizukommen. Als sei die Welt ihrer Todesmacht
30 hilflos ausgeliefert. ...
Meine Ausgangsthese ist, dass diese Art höherer Gewalten den in der Bibel so genannten *Mächten und Gewalten* entspricht. Wenn es stimmt, dass sie aus unserer Freiheit hervorgehen und diese in Unfreiheit verwandeln, dann ist zu vermuten, dass sie in einer ›freien‹ Gesellschaft, in einer Gesellschaft, die auf der größtmög-
35 lichen Entfaltung individueller Freiheit und Bedürfnisse beruht, besonders häufig vorkommen. In diesem Fall hätte also die biblische Rede von den Mächten und Gewalten gerade heute etwas zu sagen. Sie hat zu sagen, wie wir von diesen Mächten befreit werden können.

Thomas Ruster (geb. 1955)

Gott hat die Mächte und Gewalten entwaffnet und öffentlich zur Schau gestellt; durch Christus hat er über sie triumphiert.

Kol 2,15

1 »Dämonen heute«, »Götter heute« und »**Mächte und Gewalten**« – was ist das? Beschreiben Sie ein Beispiel konkret.
2 Vergleichen Sie die Verwendung dieser Begriffe bei Graf und Ruster mit dem **biblischen Sprachgebrauch**. Was meinen Sie: Ist dieser neue Sprachgebrauch angemessen – sinnvoll – unpassend – sinnlos?
3 Lesen Sie zu Mächten und Gewalten in der **Bibel**: → Kol 2, 10.15; Eph 1, 22: 3, 10. Was bedeuten diese Sätze heute? Was folgt aus ihnen? Welche Mittel geben sie in die Hand, gegen diese Mächte vorzugehen?
4 Wieso gewinnt heute das **1. Gebot des Dekalogs** (→ Ex 20, 3) ungewöhnliche Aktualität?

2. Postmodernes Lob des Polytheismus

❖ Die **Postmoderne**, von der wir seit den 70er Jahren des 20. Jahrhunderts reden, gilt den einen mehr als die Vollendung, anderen eher als das Ende der Moderne. Was sie als neue Zeiterscheinung ist und bedeutet, wird kontrovers diskutiert – ein Phänomen, das selbst wesentlich zur Postmoderne gehört. Fest steht nur, dass die Postmoderne (z. B. der französische Philosoph Jean François Lyotard) die großen einheitlichen Erzählungen (Mythen) ablehnt, die ein Monopol auf Sinndeutung und Lebensgestaltung beanspruchen, z. B. die modernen »Erzählungen« vom Fortschritt oder der alleinigen Gültigkeit der Wissenschaften. Stattdessen plädiert die Postmoderne für eine **Vielfalt konkurrierender Modelle**. Tatsächlich gibt es heute im Unterschied zu früheren Zeiten keine einheitliche Mode, Architektur, Musik oder Literatur mehr. Eine einheitliche Kultur tritt zugunsten von **Multikulturalität** (»multikulti«) zurück. Nicht neue Ideen und Stile stehen im Vordergrund, sondern neue Kombinationen alter Ideen und Stile (»Eklektizismus«). Eine Grundthese: »**Anything goes**«.

❖ Auf der gesellschaftlichen Werteskala tritt hier an die Stelle der Einheit die Pluralität, an die Stelle der Festlegung die Flexibilität. In der Philosophie wird anstelle der objektiv gültigen Wahrheit die subjektive Wahrhaftigkeit, an Stelle einer starken Vernunft eine schwache Vernunft (→ S. 22) favorisiert. **Absolutheitsansprüche** werden zugunsten eines menschenfreundlichen **Relativismus** zurückgewiesen. **Pluralismus** und **Toleranz**, Grundwerte schon der Moderne, sind weithin akzeptiert.

❖ Das postmoderne Denken beeinflusst in hohem Maß das **Denken, Empfinden und die Religiosität** unserer Zeit. Es ist auch da anzutreffen, wo der Begriff »Postmoderne« unbekannt ist.

Odo Marquard gehört zu den seltenen Philosophen, die kurzweilig und doch anspruchsvoll, heiter/witzig und doch lebensbedeutsam erzählen und schreiben können. Seine wichtigsten Schriften sind Essays, in denen er Positionen bezieht, die man oft der »**Postmoderne**« zuschreibt. Kennzeichnend dafür ist z. B. der Abschied von absoluten und prinzipiellen Geltungsansprüchen in Philosophie und Religion. Diese Annahme wird auch in seinem Vortrag vor Mythenforschern 1978 deutlich, in dem er das Lob des Polytheismus und der Polymythie singt. Unter Mythen versteht er alte und neue »Erzählungen«, die lebensbedeutsam und sinnstiftend sind und den Menschen Richtung weisen wollen. Er lehnt die Geltung eines Mythos allein (»Monomythie«) emphatisch ab und plädiert für die Geltung vieler Mythen (»Polymythie«), da nur so dem Menschen die freie Entscheidung bei Sinnfragen bleibe. Solche sinnstiftenden Mythen findet er in den Religionen, aber auch in den Ideologien und Philosophien der Moderne, z. B. die Mythen vom Fortschritt, von der Beglückung der Menschheit durch die Wissenschaften, von der klassenlosen Gesellschaft usw. Mit der Monomythie lehnt er auch den Monotheismus ab, da dieser ähnliche Gefahren für den Menschen mit sich bringe.

Der Monotheismus hat den Polytheismus und mit ihm die Polymythie entzaubert und negiert. Die moderne Welt aber beginnt damit, dass sich Gott aus der Welt in sein Ende zurückzieht: also mit dem Ende des Monotheismus. Dieses Ende des Monotheismus verschafft … dem Polytheismus und der Polymythie eine neue Chance: es lässt – sozusagen – ihre Entzauberung bestehen, aber es negiert ihre Negation. Mit anderen Worten: gerade in der modernen Welt können Polytheismus und Polymythie – entzaubert – wiederkehren: als aufgeklärter Polytheismus und als aufgeklärte Polymythie. Ich möchte auf drei Tatbestände hinweisen, die in diesen Kontext gehören.

(1) Die entzauberte Wiederkehr des Polytheismus

Der moderne – profane, innerweltliche – Aggregatzustand des Polytheismus ist die politische Gewaltenteilung: sie ist aufgeklärter – säkularisierter – Polytheismus. Sie beginnt nicht erst bei Philosophen wie Montesquieu (1689–1755), bei Locke (1632–1704) oder bei Aristoteles (384–324 vC), sie beginnt schon im Polytheismus: als Gewaltenteilung im Absoluten durch Pluralismus der Götter. Es war der Monotheismus, der ihnen den Himmel verbot und damit auch die Erde streitig machte. Weil sich aber der christlich eine Gott, der die vielen Götter negierte, zu Beginn der Neuzeit aus der Welt in sein Ende zurückzog, liquidierte er nicht nur den Himmel; denn er machte dadurch zugleich die Erde – die Diesseitswelt – frei für eine – nun freilich entzauberte, entgöttlichte Wiederkehr der vielen Götter. Indem der biblische Monotheismus sie aus dem Himmel vertrieb, wies er sie im Effekt nur aus auf die Erde: dort richten sie sich ein als die zu Institutionen entgöttlichten Götter Legislative, Exekutive, Jurisdiktion; als institutionalisierter Streit der Organisationen zur politischen Willensbildung; als Föderalismus; als Konkurrenz der wirtschaftlichen Mächte am Markt; als unendlicher Dissens der Theorien, der Weltsichten und maßgebenden Werte: »Die alten vielen Götter« – schreibt Max Weber – »entzaubert und daher in Gestalt unpersönlicher Mächte, entsteigen ihren Gräbern, streben nach Gewalt über unser Leben und beginnen untereinander wieder ihren ›ewigen Kampf‹.« (→ S. 126)

(2) Die Genesis des Individuums

Es lebt von dieser Gewaltenteilung. Das Individuum entsteht gegen den Monotheismus. Solange – im Polytheismus – viele Götter mächtig waren, hatte der Einzelne – wo er nicht durch politische Monopolgewalt bedroht war – ohne viel Aufhebens seinen Spielraum dadurch, dass er jedem Gott gegenüber immer gerade durch den Dienst für einen anderen entschuldigt und somit temperiert unerreichbar sein konnte: Es braucht ein gewisses Maß an Schlamperei, die durch die Kollision der regierenden Gewalten entsteht, um diesen Freiraum zu haben; ein Minimum an Chaos ist die Bedingung der Möglichkeit der Individualität. Sobald aber – im Monotheismus – nur mehr ein einziger Gott regiert mit einem einzigen Heilsplan, muss der Mensch in dessen totalen Dienst treten und total parieren; da muss er sich ausdrücklich als Einzelner konstituieren und sich die Innerlichkeit erschaffen, um hier standzuhalten. ... Darum hat nicht der Polytheismus den Einzelnen erfunden: Er brauchte es nicht, weil noch kein Monotheismus da war, der den Einzelnen extrem bedrohte. Der Monotheismus seinerseits aber hat nicht selber den Einzelnen entdeckt, sondern er hat die Entdeckung des Einzelnen nur provoziert, weil zuerst er – der Monotheismus – dem Einzelnen wirklich gefährlich wurde. Darum konnte erst nachmonotheistisch der Einzelne offen hervortreten und – unter der Bedingung des säkularisierten Polytheismus der Gewaltenteilung – erst modern die wirkliche Freiheit haben, ein Individuum zu sein. Diese Freiheit riskiert er, wo er sich – monomythisch – einer neuen Monopolgewalt unterwirft. Fasziniert durch den neuen Mythos der Alleingeschichte bleibt er dann auf jener Strecke, die nur vermeintlich die Strecke zum Himmel auf Erden ist, in Wirklichkeit aber die zur irdischen Identität von Himmel und Hölle: zur integrierten Gesamtewigkeit. Darum braucht der Einzelne

(3) die entzauberte Wiederkehr der Polymythie,

um hier erneut standzuhalten: um seine unausweichliche Mythenpflichtigkeit nicht durch eine absolute Alleingeschichte, sondern durch viele relative Geschichten zu absolvieren. ...

Schlussbemerkung

Mark Twain sagte einmal: Ich bedauere jeden, der nicht die Phantasie hat, ein Wort mal so, mal so zu schreiben. Jede Philosophie ist eine traurige Wissenschaft, die es nicht vermag, über dieselbe Sache mal dies, mal das zu denken und jenen dieses und diesen jenes denken und weiterdenken zu lassen. In diesem Sinne ist selbst der Einfall suspekt: es lebe der Vielfall. Die Geschichten müssen wieder zugelassen werden: gut gedacht ist halb erzählt; wer noch besser denken will, sollte vielleicht ganz erzählen: die Philosophie muss wieder erzählen dürfen und dafür – natürlich – den Preis zahlen: das Anerkennen und Ertragen der eigenen Kontingenz. Aber da ahnt man schon die Entsetzensschreie der Innung und ihre empörten Warnungen: dass das Relativismus bedeute und bös' enden müsse oder gar im Skeptizismus. Es war einmal ein Skeptiker, der hörte dies und empfand es nicht als Einwand: Was meinen die wohl – murmelte er, als er merkte, dass diese Warnung an ihn selber adressiert war: aber vorsichtshalber murmelte er nur – was meinen die wohl, warum ich ein Skeptiker bin? I like fallacy. Hier stehe ich und kann auch immer noch anders: Ich erzähle ... , also bin ich noch; und so – just so – erzähle ich denn: Geschichten und spekulative Kurzgeschichten und andere Philosophiegeschichten und Philosophie als Geschichten und weitere Geschichten und – wo es den Mythos betrifft – Geschichten über Geschichten; und wenn ich nicht gestorben bin, dann lebe ich noch heute.

Odo Marquard (geb. 1928)

Für die **Religion bzw. die Theologie** hat das postmoderne Denken erhebliche Konsequenzen. Es wirkt sich auch auf das Lebensgefühl der Christen aus und bringt so erhebliche Konflikte mit dem alten Glauben mit sich. Nun verliert die Zugehörigkeit zu einer bestimmten Konfession und Religion an Bedeutung. Ihre Pluralität gewinnt eine neue Hochschätzung (→ S. 57 ff.). Exklusive Wahrheitsansprüche und (protestantische) Lehrsätze, wie »Gott allein ...«, »der Glaube allein ...«, »Christus allein ...«, »die Kirche allein ...« verlieren ihre Plausibilität. Kirche und Theologie stehen zur Zeit in der schwierigen Auseinandersetzung mit postmodernem Denken.

1 Informieren Sie sich über die **Postmoderne** sowie über **Odo Marquard** und seine Schriften: → M 1.
2 Was die **Bibel** zu Monotheismus und Polytheismus sagt: → S. 90 f.
3 Prüfen Sie die Argumente, die Marquard **gegen den Monotheismus** anführt und diskutieren Sie die These, dass gerade der biblische Monotheismus die **Freiheit** des Menschen betont und so die Entwicklung des **Individuums** gefördert hat.
4 Was meinen Sie – ist der moderne Staat mit seiner **Gewaltenteilung** nur durch die Ablösung des Monotheismus zu begründen? Lebt in der Gewaltenteilung ein neuer Polytheismus auf? Wieweit könnte/müsste gerade der Monotheismus die moderne Demokratie mit ihrer Gewaltenteilung akzeptieren?
5 Wägen Sie ab, ob **Graf/Ruster** oder **Marquard** die neuen Götter plausibler definieren und bewerten: → S. 126 f.
6 Wie finden Sie den **Text**: vergnüglich – ärgerlich – sinnvoll – unsinnig – unverständlich – ideenreich – phantasievoll – überflüssig – anregend?
7 Ein anderer postmoderner Text von **Gianni Vattimo**: → S. 22.

3. Monotheismus – eine Ursache von Gewalt?

Die »Mosaische Unterscheidung«

*Im Jahr 1998 erschien das Buch des Ägyptologen **Jan Assmann** (geb. 1938) »Moses der Ägypter«, das eine lebhafte Diskussion über den Monotheismus ausgelöst hat.*
Assmann vertritt hier die These, die biblischen Texte um die Gestalt des Moses hätten mit ihrem radikalen Monotheismus Intoleranz und Gewalt in die Welt gebracht. Seitdem hätten die monotheistischen Religionen immer wieder Unterdrückung und Diskriminierung anderer Religionen verursacht.

❖ **Jan Assmann** geht es in seinem Buch »**Moses der Ägypter** – Entzifferung einer Gedächtnisspur« nicht um den historischen Moses. Die Quellenfrage lässt über ihn kein verlässliches Urteil zu. Immerhin könnte Moses, falls er denn gelebt hat, für Assmann ein Ägypter gewesen sein (Ex 11,3; Apg 7, 22).

❖ Der Schwerpunkt der Untersuchung liegt für Assmann auf dem **Moses der Erinnerung**, wie er in der religiösen Tradition und im kulturellen Gedächtnis fortlebt. Er untersucht aber nicht die vielen Mosesbilder in den verschiedenen jüdischen, christlichen und islamischen Traditionen, sondern die lange geistesgeschichtliche Erinnerungsspur, die in Moses einen Ägypter oder mindestens eine stark ägyptisch beeinflusste Gestalt gesehen hat. Er stellt einen Unterschied zwischen dem erinnerten biblischen Moses und dem erinnerten ägyptischen Moses fest.

❖ Die Erinnerung hat dem **biblischen** Moses die »Mosaische Unterscheidung« zugeschrieben. Sie besteht darin, dass dieser zugleich mit dem ersten Gebot des Dekalogs zum ersten Mal zwischen »wahrer« und »falscher« Religion unterschieden hat. »Die Religion basierte bis dahin auf der Unterscheidung zwischen rein und unrein oder heilig und profan und hatte überhaupt keinen Platz für die Idee falscher Götter, die man nicht anbeten darf, oder für die Idee von Göttern, die gar nicht existierten – das war dann die radikalste Form dieser Unterscheidung.«

❖ Damit setzte sich der biblische Moses gegen alle anderen Religionen ab. Seitdem gibt es die Unterscheidung zwischen dem einen wahren Gott und den vielen falschen Göttern, zwischen Dogmen und Häresien, zwischen Bilderverbot und Bildverehrung, zwischen Juden und Gojim (Nichtjuden), zwischen Christen und Heiden, zwischen Muslimen und Ungläubigen. Diese mosaische Unterscheidung hat dazu geführt, andere auszugrenzen, zu diskriminieren, sie des Irrtums, des Unglaubens und Götzendienstes zu beschuldigen. So entstand ein Gewaltpotenzial, das vor allem im Christentum und Islam, aber weniger im Judentum fortlebt.

Rembrandt (1606–1669), Mose zerschmettert die Steintafeln mit den Zehn Geboten (→ Ex 32, 19), 1659

Die Religion der antiken Welt

❖ Eine solche Unterscheidung war nach Assmann in der antiken Welt nicht üblich. Die alten Religionen in Ägypten, Mesopotamien, Griechenland und Rom waren »**übersetzbar**«, d. h. die vielen Götter des einen Volkes konnten in den vielen Göttern eines anderen Volkes wiedergefunden werden, z. B. war der ägyptische Amun der griechische Zeus und dieser der römische Jupiter. Auf alten Listen findet sich die Gleichung: Astarte = Ischtar = Aphrodite = Venus. In dieser »**Übersetzung der Religion**« sieht Assmann eine große kulturelle Leistung.

❖ Die meisten Götter verkörperten göttliche Kräfte im Kosmos – sie waren also ein Stück »**Kosmotheismus**« –, die bei gleichen Funktionen nur unterschiedliche Namen hatten. Darum baute der alte Polytheismus als religiöser Pluralismus Brücken zwischen Völkern und Religionen.

❖ Während in den meisten Ländern der bunte Polytheismus eher die **Religion des Volkes** war, sahen die **Gebildeten und Priester** hinter den vielen göttlichen Gestalten **das Eine und das Ganze** (»en kai pan«). Es war das tiefste göttliche Geheimnis, das oft erst nach einem langen spirituellen Weg (»Initiation«) erkannt wurde.

Der Monotheismus des Echnaton

Merkwürdigerweise wird diese Unterscheidung zwischen »wahr« und »falsch«, die sich für den historischen Moses nicht nachweisen lässt, seit den Ausgrabungen in Amarna am Ende des 19. Jahrhunderts in einer ägyptischen Gestalt zum ersten Mal historisch fassbar. Es war der Pharao Amenophis IV., der sich **Echnaton** nannte (1352–1338 vC in Amarna), der den ägyptischen Polytheismus radikal bekämpfte, einen strengen Monotheismus des **Aton**, der Sonnenscheibe, einführte und damit in Ägypten eine kulturelle und religiöse Revolution auslöste, die wegen ihrer traditionslosen Radikalität sofort nach Echnatons Tod rückgängig gemacht und mit aller Kraft dem Vergessen preisgegeben wurde. Echnaton selbst, der eine Figur der Geschichte war, wurde darum keine Figur der Erinnerung, während Moses, dessen Historizität ungesichert ist, aufgrund der biblischen Überlieferung eine Figur der Erinnerung wurde.

Der ägyptische Moses

Assmann beschreibt nun, wie der biblische Moses im Lauf der Geschichte einem anderen **ägyptischen Moses** Platz macht, für den diese Unterscheidung von »wahrer« und »falscher« Religion nicht gilt, weil er von ägyptischen Traditionen her verstanden wird, denen diese Unterscheidung – Echnaton ausgenommen – unbekannt war oder als nicht akzeptabel galt. Dieser ägyptische Moses wurde schon in der Antike, dann aber vor allem in der Zeit der europäischen Aufklärung (Schiller, Freud u. a.) zum positiven Gegenbild gegenüber dogmatischer Einseitigkeit und religiöser Rechthaberei. Einen solchen Moses, der die tolerante Religion Ägyptens repräsentiere, gelte es heute neu zu entdecken.

Der Pharao Echnaton (1352–1338 vC) huldigt Aton (Sonne), der einzigen Gottheit, die er in seinem Reich zuließ, Ägypten, 14. Jh. vC

Überlegungen zu Assmanns Konzeption

Die plausibel klingende These Assmanns ist in vieler Hinsicht »frag-würdig«:

1. Dass der **Monotheismus** in biblischen Zeiten und später **Gewalt** gegen andere Religionen **angewandt oder bejaht** hat, ist unbestreitbar. Im Namen Gottes wurde z.B. in den Büchern der Richter oder Josua geplündert, geschändet und gemordet. Stets geschah es da aus dem Motiv, dass sich der Gott Israels gegenüber den anderen Göttern als der Stärkere erweisen sollte. Dabei sind furchtbare Verbrechen begangen worden. Wo immer das geschehen ist, muss der Monotheismus dafür vorbehaltlos kritisiert werden.

2. Aber daraus **folgt keineswegs die These, dass der Monotheismus notwendigerweise gewaltsam und intolerant** ist. Im Grund verliert die Gewaltanwendung im Monotheismus ihren ethischen Sinn. Denn von seiner Idee her ist der Monotheismus **universal**. Der Gott der Bibel ist der Gott aller Völker, der Gott der ganzen Welt. Darum muss der Monotheismus Pluralität bejahen. Er kann und will die Gegensätze der Welt und der Religionen versöhnen, weil alle Menschen, so verschieden sie auch sind, Geschöpfe des Einen Gottes sind.

3. Die biblischen **Exodus-Texte** (→ S. 88) mit ihren Moses-Erzählungen sind **nirgends eine Kampfansage an den ägyptischen Polytheismus,** sondern eindeutig ein Lob auf die **Befreiung** aus der ägyptischen Knechtschaft. Sie verherrlichen Gottes befreiende Macht und machen diese zum Motiv für das Halten der Gebote (Ex 20, 2). Das Pathos dieser Texte ist **Befreiung** und nicht Kampf gegen andere Götter, die nirgends erwähnt werden. **Freiheit** – ein Wort, das es in Ägypten damals nicht gab – ist von daher auch später eines der großen biblischen Themen.

4. Im ersten der Zehn Gebote wird nicht die **Existenz fremder Götter** geleugnet, sondern vorausgesetzt. Gott soll von Israel als Einziger verehrt werden und neben ihm sollen andere Götter keinen Platz haben. Der Gott Israels erwartet als »eifersüchtiger« Gott – ähnlich wie die Partner einer Ehe oder einer Liebesbeziehung – allein die Zuneigung seines Volkes. Hier liegt noch kein strenger Monotheismus vor, der sich nach den Aussagen der Bibel (→ S. 86) in Israel nur langsam durchgesetzt hat und erst nach dem Babylonischen Exil (6./5. Jh. vC) endgültig vorliegt.

5. Der biblische Monotheismus hat eine starke **Ethisierung der Religion** mit sich gebracht (Dekalog, Thora). »Das Neue am biblischen Monotheismus ist, dass er die Moral zur Chefsache Gottes gemacht hat« (Jan Assmann). Während für die antiken Religionen Riten, Opfer, Magie, Tempel und Priester im Vordergrund stan-

Im Hintergrund: Kartusche mit dem Namen Echnaton (Hieroglyphen)

Michelangelo (1475–1564), Mose, Grab des Papstes Julius II., 1513, Rom

den, wird der biblische Gott vor allem durch das Halten seiner Gebote geehrt. Die Propheten betonen, dass Barmherzigkeit gegenüber den Armen für den biblischen Gott wichtiger ist als ritueller Opferkult (Am 5, 21–15; Hos 6, 6; Jes 1, 10–17 u. ö.). Jesus hat in seiner Rede auf dem Berg (Mt 5–7) den Gedanken der **Gewaltlosigkeit** voll entwickelt und selber gewaltlos gelebt, wobei er sich auf alttestamentliche Vorbilder (Jes 52, 13–53, 12) stützen konnte. So wird der biblische Gott im Lauf der Geschichte immer mehr als ein Garant des Ethos erkannt, der von seinem Volk Frieden (»Schalom«), Gerechtigkeit und Liebe fordert. Wo die Bibel für den Glauben an den einzigen Gott eintritt, setzt sie sich letztlich für Recht und Freiheit aller Völker und die Menschenwürde jedes Menschen ein.

6. Wo aber Befreiung und Freiheit so in das religiöse Zentrum treten, wird auch der Gedanke der **Verantwortung des Einzelnen** begründet. Sie gewinnt für das Leben des Menschen eine neue, unübersehbare Bedeutung.

7. Der **antike Polytheismus** war nicht so friedfertig, wie Assmann meint. Wenn die alten Reiche ihre Kriege führten, wurden immer die Götter aufgerufen, der eigenen Sache zum Sieg zu verhelfen. Wo ein Staat die Götter eines bezwungenen Volkes in sein Pantheon aufnahm, war das keineswegs religiöse Toleranz, sondern vereinnahmende Staatsräson.

8. Die mosaische Unterscheidung muss nicht immer so negativ und problematisch sein, wie Assmann unterstellt. Man muss dabei nicht immer an Götter und Göttinnen anderer Religionen denken, sondern kann dabei auch **Mächte und Gewalten** (→ S. 126 f.) im Blick haben, die Menschen gegen Gott aufbringen, wie es z. B. durch Krieg, Unterdrückung, Ungerechtigkeit, Gewalt oder Völkerhass geschieht. Mit **ökonomischen Zwängen, ideologischen Konzepten und politischen Totalitarismen** darf ein ethischer Monotheismus keinen Kompromiss eingehen. Bei Verstößen gegen die Menschenrechte behält die mosaische Unterscheidung von »wahr« und »falsch« auch heute ihren unbedingten Sinn. Hier kann schwache Toleranz zum Unrecht werden.

9. Da die Kenntnis der **Bibel** heute weitgehend kaum mehr gegeben ist, gilt es, ihre **Ressourcen für Toleranz, Menschenrechte, Frieden, Versöhnung, Gewaltfreiheit und Liebe** neu zu entdecken und für die heutige Zeit fruchtbar zu machen. **Assmann** hat dazu eine wichtige Anregung gegeben.

Monotheismus und Gewalt
Auf Grund der lebhaften Diskussion hat Assmann eingeräumt, »dass die Gewalt dem Monotheismus nicht als eine notwendige Konsequenz eingeschrieben ist«. Im Jahr 2006 schreibt er:

Nichts liegt mir jedoch ferner, als dem Monotheismus den Vorwurf zu machen, er habe Gewalt in die Welt gebracht. Im Gegenteil, der Monotheismus hat mit seinem Tötungsverbot, seiner Abscheu gegenüber Menschenopfer und Unterdrückung, seinem Plädoyer für die Gleichheit aller Menschen vor dem Einen Gott alles getan, die Gewalttätigkeit dieser Welt zu verringern. *Jan Assmann (geb. 1938)*

Freiheit – Errungenschaft des Monotheismus
Erich Zenger, bedeutender katholischer Alttestamentler, hat sich intensiv mit den Thesen Assmanns beschäftigt.

Die einzigartige Bedeutung des biblischen Monotheismus liegt darin, dass er die Freiheit nicht nur zu seinem zentralen Thema, sondern zum Kriterium der wahren Religion überhaupt gemacht hat. Die sogenannte Mosaische Unterscheidung (Jan Assmann) zwischen wahr und falsch in der Religion war ein Quantensprung in der Menschheitgeschichte. Während es bis dahin eine geradezu unreflektierte Symbiose von Religion und Gesellschaft bzw. Staat gab, wobei die Religion die jeweils bestehenden gesellschaftlichen und politischen Strukturen legitimierte, oder während es beinahe selbstverständliche Transformationen oder Mutationen in den Götterwelten und Panthea aufeinander folgender politischer Systeme gab, vollzog der Mosaische Monotheismus eine klare Unterscheidung zwischen dem einzig wahren Gott und den falschen Göttern. Einerseits bedeutete dies die Unterscheidung zwischen Monotheismus und Polytheismus. Andererseits aber implizierte diese Unterscheidung eine Kriteriologie des wahren Gott-Seins, die spektakulär war und ist.

Das Hauptkriterium der wahren Göttlichkeit lag nicht mehr im Bereich des Kultes, auch nicht in der Ablehnung der Götterbilder, so wichtig dies für die Religion Israels auch war, sondern im Bereich der Ethik. *Erich Zenger (geb. 1939)*

---

1 Dass Israel lange Zeit mit **vielen Göttern** rechnete, bevor es zum Monotheismus kam, zeigen u. a. folgende Stellen: Ex 20, 3; Jos 23, 16; Ri 2, 12; 1 Sam 7, 3, Ps 82. Weitere Informationen zum Monotheismus: → S. 90.

2 Klären Sie, was Assmann unter dem »**biblischen**« und dem »**ägyptischen**« Mose versteht. Rekonstruieren Sie dazu kurz das **Bild, das die Bibel von Mose** entwirft.

3 Wägen Sie **Argumente und Gegenargumente** ab. Beziehen Sie dabei biblische Aussagen mit ein: → S. 86 ff.

4 Wie verhält sich die Assmannsche These zu der **Pluralistischen Religions-Theologie**? → S. 58 f.

4. Gott – ein Gehirnmodul?

❖ In den 80er Jahren gab James B. Ashbrook (USA) einem neuen Wissenschaftszweig der Neurowissenschaften den Namen »**Neurotheologie**« – ein nicht sehr zutreffender Begriff, da diese Forschungsrichtung kein Zweig der Theologie, sondern der neurophysiologischen Gehirnforschung ist, die mittels moderner neurobiologischer Techniken die Hirnprozesse untersucht.

❖ Die Neurotheologie geht von der Voraussetzung aus, dass alles, was den Menschen bewegt, seine Grundlagen in biochemischen Vorgängen des Gehirns hat. Also müssten auch der Gottesglaube und religiöse Erfahrungen auf neuronale Prozesse im Gehirn zurückführbar sein. Nach Ansicht einiger Forscher deutet vieles auf ein **Gott-Modul** im Gehirn bzw. ein **Gottes-Gen** hin, das als Grundlage für religiöse Erfahrungen angesehen wird.

❖ Andere Hirnforscher **lehnen ein Gottes-Modul ab**. Sie vertreten die Auffassung, Religion sei in allen Gesellschaften etwas Selbstverständliches und Alltägliches, mit dem sich auch das Gehirn – wie mit anderen Gegenständen – befasst.

Theologie und Gehirnforschung müssen keine Gegensätze sein, sondern können sich ergänzen. Allerdings darf keine Disziplin die ihr durch ihre eigenen Methoden gesetzten Grenzen überschreiten.

❖ Der Theologe kann dem Neurologen nicht vorschreiben, was er zu erforschen hat.

❖ Die Gehirnforschung kann nur zeigen, was im Gehirn vorgeht, wenn der Mensch glaubt, betet, meditiert. Sie vermag nur die physiologische und psychologische Seite des religiösen Bewusstseins zu untersuchen, nicht aber die soziale, kulturelle und politische Dimension der Religion. Aussagen über den Inhalt und Wahrheit des Glaubens sind ihr nicht möglich. Erst recht kann sie nicht darüber entscheiden, ob Gott existiert oder nicht. Sie liefert **weder einen Gottesbeweis (»Hotline zum Himmel«) noch ein Argument für den Atheismus**.

Auf der Suche nach Gott im Labor

*Michael Persinger, kanadischer Neurowissenschaftler, hat 1987 über seine Ergebnisse bei der Erforschung des Gehirns in seinem Buch »**Neuropsychological Bases of God Beliefs**« berichtet.*

Michael Persinger wollte den Nachweis führen, dass der Gottesglaube nur das Ergebnis einer pathologischen Überempfindlichkeit sei. Ihm gelang es, spirituelle Erlebnisse künstlich im Labor hervorzurufen. Zu seinen Experimenten lud er mehr als 1000 Testpersonen ein, von denen anschließend mehr als 800 Personen über ihre ungewöhnlichen Erfahrungen berichteten. Sie erlebten z. B. das Hören von Stimmen, Lichteindrücke, Berührungen durch Gott, Erscheinungen von Dämonen und sogar die Entführung durch Außerirdische. Dabei spielte es keine Rolle, ob die Personen an Gott glaubten oder nicht. Persinger brachte zu seinem Versuch die Testpersonen in einen dunklen schalldichten Raum und setzte ihnen eine Art Motorradhelm auf, in dem acht Elektroden 20 Minuten lang schwache magnetische Felder rund um den Schläfenlappen erzeugten, die von einem Computer registriert wurden. Persinger zog aus den Messdaten den Schluss, dass religiöse und mystische Erfahrungen Produkte von Gehirnfunktionen im Schläfenlappenbereich seien, die jederzeit im Labor künstlich hervorgerufen werden könnten. Diese Gehirnprozesse seien der Samen, aus denen religiöse Richtungen entstehen. Da sie oft vorkommen, hielten wir diese Vorstellungen für real. Tatsächlich gebe es aber keinen Beweis, dass Gestalten wie Gott, Dämonen oder Engeln eine Wirklichkeit entspreche. Da nach Persinger die Schläfenlappen im Gehirn in gleicher Weise für religiöses und für aggressives Verhalten aufgebaut sind, entstünden religiöse und gewalttätige Vorstellungen auf gleiche Art. So erkläre sich auch die Gewalttätigkeit der Religion.

Nach Persinger bringen wahrscheinlich lokale Nervenüberaktivitäten im Limbischen System des Gehirns, Schlafentzug, Sauerstoffmangel oder starke Unterzuckerung ähnliche religiöse Vorstellungen hervor. Er glaubt sogar, dass Berichte von göttlichen Visionen auf Schwankungen des Erdmagnetfelds und deren Auswirkung auf das Gehirn zurückgeführt werden können, wie sie beispielsweise vor einem Erdbeben auftreten.

Die neurologische Basis religiöser Erfahrungen

Andrew Newberg (geb. 1966) ist zusammen mit anderen Hirnforschern Verfasser des Buches »Der gedachte Gott – Wie Glaube im Gehirn entsteht« (2003).

Andrew Newberg ist einen Schritt weiter gegangen und hat in einem Experiment untersucht, was sich im Gehirn bei religiöser Versenkung abspielt. Die ersten Testpersonen waren einige Franziskanernonnen und buddhistische Mönche. Kurz vor dem Höhepunkt ihres Gebetes bzw. ihrer Meditation zogen sie an einer Schnur. Für Newberg war es das Zeichen, ihnen binnen weniger Minuten eine schwach radioaktive Substanz in die Blutbahn zu injizieren, die sich bald darauf in einer bestimmten Gehirnregion nachweisen lässt. Sobald die Nonnen und Mönche aus ihrer Versenkung »erwacht« waren, wurden sie in einen Computertomographen geschoben, mit dem sich die Verteilung der radioaktiven Partikel im Gehirn abbilden lässt. Man nennt diese Technik SPECT (Single Photon Emission Computed Tomography). Das Ergebnis: Während einer Meditation wird der obere hintere Scheitellappen des Gehirns kaum oder nicht mehr durchblutet. Ist dieser Orientierungsbereich aber stillgelegt, können wir nicht mehr zwischen unserem Körper, dem Ich und der äußeren Welt unterscheiden. Es entsteht das Gefühl absoluter Raumlosigkeit, das sich christlich als Gefühl der Unendlichkeit und Ewigkeit, buddhistisch als raum- und zeitlose Leere deuten lässt. Ein einzelnes neuronales Korrelat für religiöse Erfahrungen ließ sich nicht finden.

Am Ende stand für Newberg fest: Ob Gebet oder Meditation – für unsere Gehirnzellen macht es keinen Unterschied, an wen wir glauben und in was wir uns versenken. Deshalb formuliert er so: »Weil das Gehirn so gebaut ist, wie es ist, und weil Religion und Spiritualität so gut darin eingebettet sind, gibt es seit Urzeiten Konzepte von Gott und Religion.« Er ist davon überzeugt, den Beweis für einen neurologischen Prozess erbracht zu haben, »der es uns Menschen ermöglicht, die materielle Existenz zu transzendieren und mit einem tieferen, geistigeren Teil von uns selbst in Verbindung zu treten, der als absolute und universelle Realität wahrgenommen wird, die uns mit allem Seienden vereint.«

Das Gottes-Gen

Der amerikanische Molekulargenetiker **Dean Hamer** *veröffentlichte 2006 das Buch »Das Gottes-Gen – Warum uns der Glaube im Blut liegt«.*

Dean Hamer geht davon aus, dass unsere genetischen Dispositionen unsere unterschiedlichen Bewusstseinszustände beeinflussen. Er isolierte aus mehr als 2000 DNA-Proben ein Gen, dessen Träger religiöser sind als andere Menschen. Dieses Gen nennt er »Gottes-Gen«, ohne damit die Existenz Gottes neurobiologisch beweisen zu wollen. Auch hat das Gen keinen Einfluss auf die Inhalte der Religion, die allein im kulturellen Umfeld gelernt werden, sondern nur auf die Religiosität, d. h. die individuelle Neigung zur Religion, die Hamer stark auf Spiritualität, Selbsttranszendenz und Glücksgefühl begrenzt. Das Gottes-Gen ist die genetische Basis der Religiosität und bewirkt, dass Menschen grundsätzlich einen Sinn für das Göttliche haben. Es verhilft zu Optimismus und Lebensfreude. Damit verschafft es religiösen Menschen einen entscheidenden Vorteil in der Evolution. Religion dient dem Überleben der Menschen.

Fragen an die Neurotheologie

(1) Alle **Erfahrungen**, die wir machen, wirken sich im Gehirn aus, auch Meditation oder Gebet. Diese Veränderungen hat **Newberg** sichtbar gemacht. Das ist neu. Doch können neurophysiologische Betrachtungen nichts über die Echtheit eines religiösen Erlebnisses aussagen. Die Befunde bedürfen nur der Interpretation.

❖ Manche religiösen Interpreten meinen, dass die neurologischen Forschungen die **Existenz Gottes beweisen**. Gottes-Gene oder Gottesmodule seien »Fenster zu Gott«, die vom Schöpfer selbst in unseren genetischen Grundbestand eingestiftet wurden. Nun sei eine natürliche anthropologische Konstante entdeckt worden.

❖ **Atheistische** Interpretationen sehen durch die neurologische Forschung die philosophische Projektionstheorie Feuerbachs (→ S. 77) bestätigt, wonach **Gott** nur ein Produkt unserer Vorstellungen ist.

Beide Interpretationen schließen von den zugrunde liegenden Gehirnprozessen auf die Realität bzw. Nichtrealität der religiösen Vorstellungen. Im Gehirn lassen sich aber nur neurologische und physiologische Prozesse beobachten. Diese können die naturale Basis für religiöse Erfahrungen sein und als solche auch im Labor produziert werden. Ein Schluss auf die Existenz oder Nichtexistenz Gottes bzw. des Göttlichen ist von da aus nach allen Gesetzen der Logik nicht möglich, da die Ergebnisse des einen Bereichs nicht auf den anderen Bereich übertragen werden können.

(2) Religion ist **mehr als nur Meditation oder Gebet**. Sie hat mindestens **drei verschiedene Komponenten**:

❖ die **soziokulturelle** Dimension: Lehre, Geschichte, Gesellschaft, Kunst, Brauchtum usw.

❖ die **persönliche** Komponente: die subjektive Religiosität, das Gefühl, die Entscheidungen, die individuell zusammengesetzten Inhalte des Glaubens usw.

❖ die **neurobiologische** Basis: die Gottesgene, die Gehirnprozesse usw.

Die Gehirnforschung befasst sich – zumindest bis heute – nicht mit der Religion oder mit dem Glauben insgesamt, sondern nur mit der dritten Komponente, d. h. deren neurologischen Daten und Abläufe. Über die beiden anderen Dimensionen kann sie nichts sagen.

---

1 Wer berichtet im Kurs über **neuere Ergebnisse der Neurotheologie**? Vielleicht kann sich jemand aus dem Kurs Biologie kundig machen: → M1.

2 **Persinger, Newberg, Hamer** – Wo sehen Sie Stärken, wo Schwächen der Argumentation?

3 Welche **Folgen** für den Glauben an Gott haben nach Ihrer Einschätzung die Forschungen der Neurotheologie?

5. Auf der Suche nach einem neuen Gottesbild

❖ Die Menschen machen sich zu allen Zeiten ihre **Bilder von Göttern bzw. von Gott.** Auf den ältesten Höhlenbilder sind Tiergestalten zu sehen, die als göttlich verehrt wurden. Später wurden Spuren des Göttlichen in Steinen, Bäumen, Flüssen, Bergen, Gestirnen, in der Fruchtbarkeit des Bodens und auch in der Schöpferkraft der Menschen (»Mütter«) gefunden. Als es Kaiser und Könige gab, meinte man häufig, er throne majestätisch als Allmächtiger über den Wolken im Himmel. Von dort greife er in das Geschehen auf der Welt ein.

❖ Das heute weithin verbreitete Gottesbild ist durch unser Wissen von der **Evolution des Universums** und durch unsere Lebenserfahrungen, in denen wir alle Prozesse natürlich erklären, zum Problem geworden. Viele Zeitgenossen haben sich deshalb von diesem Gottesbild verabschiedet.

❖ Die Suche nach einem neuen Gottesbild, das in unser evolutives Weltbild passt, ist schwierig. Neuere Versuche verstehen Gott/Göttliches **nicht mehr nur statisch als ewiges und unveränderliches Sein,** sondern auch als ein **höchstes Werden,** als **universale Dynamik, als produktive Energie, als schöpferischen Prozess.** Diese Perspektiven bedürfen einer weiteren Klärung, um mit dem biblischen Glauben an einen personalen Gott vereinbar zu bleiben.

---

1 Warum sind die **alten Gottesbilder** fragwürdig geworden?
2 Welches **neue Gottesbild** skizziert der Text? Was leistet dieses Gottesbild? Welche Fragen wirft es auf? Ziehen Sie zur Verbindung von statischem und dynamischem Gottesbild die Überlegungen von **Nikolaus von Kues** über die »**coincidentia oppositorum**« heran: → S. 84.
3 Wie könnte Ihrer Meinung nach ein **zeitgemäßes Gottesbild** aussehen, das mit dem christlichen Gottesglauben vereinbar ist?

Evolution Gottes in der Evolution der Welt?

Johannes Röser ist Chefredakteur der Wochenzeitung »Christ in der Gegenwart« (→ S. 26, 67), die über aktuelle Ereignisse und Trends in Kirche, Religion, Wissenschaft und Kultur informiert und diese auch kritisch kommentiert.

Die geläufigen Gottesbilder sind sehr einseitig bestimmt von der Vorstellung eines unbewegten Bewegers: Gott als Majestät, der im Grunde alles weiß, alles gemacht, alles bedacht, alles vorherbestimmt und längst alles nach seinem unerforschlichen Ratschluss vollendet hat. Wozu dann aber das alles? Wozu ein Schauspiel der »Marionette Mensch« auf der Bühne Schöpfung mit jener Majestät als einzigem Zuschauer?

Oder kann, muss Gott selbst womöglich ganz anders gedacht werden? Nicht nur als höchstes Sein oder Seiendes, über das hinaus nichts höheres Seiendes gedacht werden kann, sondern auch als ein höchstes Werden, ein höchstes Werdendes, über das hinaus nichts höheres Werdendes gedacht werden kann? Nicht ein unbewegter Beweger, sondern ein bewegter Beweger in einer allüberall evolutiven Welt? Ist der ewige Gott vielleicht doch nicht immer der gleiche?

Der ehemalige **Chef-Astronom des Papstes** und Leiter der vatikanischen Sternwarte (bis 2006; → S. 68), der Astrophysiker und Jesuit **George Coyne**, meint: Die Dynamik und Spontaneität in den kosmischen Entwicklungen, bei der Entstehung und bei der unaufhaltsam weitergehenden Evolution der Welt und des Lebens verlange von uns ebenso eine Weiterentwicklung unseres Gottdenkens. Wir müssten lernen, Gott selber neu zu sehen als einen Gott voller Dynamik, Spontaneität, Entwicklungskraft. Der lebendige Gott hat in lebendiger Weise Teil am Geheimnis ständiger Neuschöpfung. Das Erwachsenwerden der Welt und das Erwachsenwerden des Menschen – dieser immerwährende Werde-Prozess – wird begleitet und angespornt von einem Gott, der selber Bewegung, der selber Geist und Geistesenergie ist. Coyne sagt: »Wenn wir die Ergebnisse der modernen Wissenschaft ernst nehmen, fällt es schwer zu glauben, dass Gott allmächtig und allwissend ist im Sinne der scholastischen Philosophen. Die Wissenschaft erzählt uns von einem Gott, der sehr anders sein muss als der Gott, den mittelalterliche Philosophen und Theologen sahen. Könnte Gott zum Beispiel nach einer Milliarde Jahre eines fünfzehn Milliarden Jahre alten Universums vorhergesagt haben, dass menschliches Leben entstehen würde? Gehen wir davon aus, dass Gott im Besitz der ›Universaltheorie‹ wäre, alle Gesetze der Physik, alle Elementarkräfte kennen würde. Selbst dann: Könnte Gott mit Sicherheit wissen, dass der Mensch entstehen würde? Wenn wir wirklich die wissenschaftliche Sichtweise akzeptieren, dass es neben den deterministischen Vorgängen auch Zufallsprozesse gibt, denen das Universum ungeheure Gelegenheiten bietet, dann sieht es so aus, als könnte selbst Gott das Endergebnis nicht mit Sicherheit kennen. Gott kann nicht wissen, was nicht gewusst werden kann. Dies ist keine Einschränkung Gottes. Ganz im Gegenteil. Es offenbart uns einen Gott, der ein Universum erschaffen hat, dem eine gewisse Dynamik innewohnt und das somit am Schöpfungsakt Gottes teilnimmt. Sofern sie die Ergebnisse der modernen Wissenschaft respektieren, müssen Gläubige Abstand von der Vorstellung eines diktatorischen Gottes nehmen, eines Newtonschen Gottes, der das Universum als Uhrwerk erschaffen hat, das regelmäßig weitertickt ... Theologen haben den Begriff von Gottes fortwährender Schöpfung geprägt. Ich glaube, es wäre eine sehr bereichernde Erfahrung für Theologen und Gläubige, die moderne Wissenschaft unter diesem Begriff der fortwährenden Schöpfung näher zu erkunden. Gott arbeitet mit dem Universum.«

Johannes Röser (geb. 1956)

Heute an Gott glauben
Zu Hans Küng: → *S. 82*

Der Schöpfungsglaube schenkt dem Menschen – gerade in einer Zeit der raschen wissenschaftlichen, wirtschaftlichen, kulturellen und politischen Revolutionen und deshalb der Entwurzelung und der Orientierungslosigkeit – ein Orientierungswissen: Es lässt den Menschen einen Sinn im Leben und im Evolutionsprozess entdecken und vermag ihm Maßstäbe im Handeln und eine letzte Geborgenheit in diesem unübersehbar großen Weltall zu vermitteln. Der Mensch wird auch im Raumfahrtzeitalter, wenn er über die erstaunlichen Resultate der Astrophysik nachdenkt und wie seit eh und je in den gestirnten Nachthimmel hinausschaut, sich fragen: Was soll das Ganze? Woher das Ganze? Aus dem Nichts? Erklärt denn das Nichts etwas? Gibt sich damit die Vernunft zufrieden?

Die einzige ernsthafte Alternative, welche die reine Vernunft freilich, wie so manches, nicht beweisen kann, weil sie ihren Erfahrungshorizont übersteigt, wofür sie aber gute Gründe hat, eine Antwort, die also durchaus vernünftig ist: Das Ganze stammt nicht nur aus einem Urknall sondern einem Ursprung: aus jenem ersten schöpferischen Grund der Gründe, den wir Gott, eben den Schöpfergott nennen. Auch wenn ich dies nicht beweisen kann, so kann ich es doch mit gutem Grund bejahen: in jenem für mich so vernünftigen, geprüften, aufgeklärten Vertrauen, in welchem ich auch Gottes Existenz bejahe. Denn wenn der Gott, der existiert, wahrhaft Gott ist, dann ist er nicht nur Gott jetzt, für mich hier und heute, sondern Gott schon am Anfang, Gott von aller Ewigkeit. Nur so, scheint mir, wird uns das Universum plausibel in seiner Existenz als Kosmos: in seinem mathematisch geordneten, hochkomplexen und ungeheuer dynamischen Wesen. Und angesichts der Größe unseres Universums und der Komplexität der Naturwissenschaft haben ja auch nicht wenige Naturwissenschaftler Gefühle des Staunens, der Ehrfurcht, der Freude und gar des Schreckens gezeigt und damit auch die Frage zum Ausdruck gebracht, ob dieses Universum nicht doch mehr umfasse als das Augenscheinliche – eine Frage, welche nicht die Naturwissenschaft, wohl aber ein vernünftiges Vertrauen, das seine Gründe hat und das wir Glauben nennen, zu beantworten vermag.

Heute im Horizont der wissenschaftlichen Kosmologie an den Schöpfer der Welt glauben heißt, in aufgeklärtem Vertrauen bejahen, dass Welt und Mensch nicht im letzten Woher unerklärlich bleiben, dass Welt und Mensch nicht sinnlos aus dem Nichts ins Nichts geworfen sind, sondern dass sie als Ganzes sinnvoll und wertvoll sind, nicht Chaos, sondern Kosmos, weil sie in Gott, ihrem Urgrund, Urheber, Schöpfer, eine erste und letzte Geborgenheit haben.

Hans Küng (geb. 1928)

Robert Delaunay (1855–1941), Endloser Rhythmus, 1934

Kleines Lexikon theologischer Fachbegriffe

Der **Atheismus** bestreitet die Existenz Gottes bzw. des Göttlichen oder der Götter.
- Der *materialistisch-naturwissenschaftliche* A lehnt Gott ab, da es für ihn nur Materielles gibt.
- Der *anthropologische* A hält alle Gottesvorstellungen für Projektionen, die sich Menschen von Gott machen.
- Der *gesellschaftskritisch-kommunistische* A führt den Gottesglauben auf die Entfremdung des Menschen durch die moderne Gesellschaft zurück (»Opium des Volks«).
- Der *psychoanalytische* A hält Religion für eine infantile Neurose und Illusion.
- Der *praktische* A kommt da vor, wo man lebt, als gäbe es keinen Gott.
- Der *methodische* A bestimmt die heutigen Wissenschaften, die Gott zur Erklärung der Welt nicht brauchen.

Deismus (lat. deus = Gott): Lehre der Aufklärungszeit, dass Gott existiert und die Welt erschaffen hat, aber in die Schöpfung nicht eingreift, da er die Welt ihren eigenen Gesetzen überlässt wie ein Uhrmacher, der sich um seine Uhren nicht mehr kümmert. Der D hält sich für die »natürliche Religion«, die allen Religionen zugrunde liegt. Der D. leugnet die Möglichkeit einer → Offenbarung.

ewig: Eigenschaft Gottes, die besagt, dass er nicht wie der Mensch und der Kosmos der Zeit und Vergänglichkeit unterliegt. E Dasein besagt nicht unendlich verlängerte Zeit, sondern der Besitz der ganzen Seinsfülle zugleich, ohne Anfang, ohne Entwicklung, ohne Ende.

Gottesbegriffe: G werden in der → Metaphysik im Rahmen einer philosophischen Gotteslehre entwickelt, z. B.:
- *das Absolute*, das keinen Bedingungen unterliegt
- *der Transzendente*, der jenseits unserer Wirklichkeit ist
- *ens a se* (lat.) = das Seiende, das allein aus sich besteht
- *prima causa* (lat.) = die erste Ursache von allem
- *summum bonum* (lat.) = das höchste Gut
- *das Denken des Denkens*
- *der unbewegte Beweger*, der alles in Bewegung setzt, ohne selbst bewegt zu sein
- *die grenzenlose Energie,* die immer in Bewegung ist
- *der Grund aller Fraglichkeit*, d. h. das letzte Ziel menschlicher existenzieller Fragen

Gnade: Gottes Liebe und Wohlwollen gegenüber den Menschen, das sich in vielfältiger Weise zeigt, z. B. als Schöpfung, Sündenvergebung, Erlösung, Freude, Liebe, Hoffnung, endgültiges Heil. Gottes G erwirkt der Mensch nicht durch seine Leistung; sie ist durch Christus vermittelt, im Geist Gottes geschenkt.

heilig: Eigenschaft Gottes, die nicht eine moralische Vollkommenheit, sondern eine Seinsqualität ist. Gottes Heiligkeit ist seine unendliche Erhabenheit über allem, aber auch seine Liebe zu Welt und Mensch. Der h Gott kann Schrecken, aber auch Faszination auslösen.

Metaphysik (gr. = das, was hinter der Natur ist): philosophische Lehre von den letzten und allgemeinsten Gründen, Strukturen und Zusammenhängen des Seins, die sich der empirischen Feststellung entziehen. Der → Positivismus lehnt jede M ab. → Transzendenz.

Monotheismus (gr. = eins, Gott): Lehre, dass es nur einen Gott gibt. M. ist die Grundlage des Glaubens im Judentum, Christentum und Islam.

Mystik: unmittelbare Erfahrung des endlichen Menschen mit dem unendlichen Gott, z. B. durch innerliche Schau (Vision) oder durch Hören (Audition), durch Gebet und Kult, durch Bibellesung und Leid. Dabei kommt der Mensch jenseits aller abstrakten Begriffe dem Geheimnis Gottes nahe. M gibt es in allen großen Religionen. Christliche Mystiker/innen: Hildegard von Bingen, Meister Eckhart, Teresa von Avila, Johannes vom Kreuz.

Offenbarung: das »offenbar Machen«, sich Kundtun, die Selbst-Mitteilung Gottes.
- die *natürliche* O geschieht durch die Schöpfung.
- die *geschichtliche* O ist in der Bibel überliefert. Sie betrifft das Volk Israel und die ganze Menschheit. Den Höhepunkt der O bildet das Christus-Geschehen, in dem Gott Mensch wurde und sich mitgeteilt hat: Selbst-O

Die menschliche Antwort auf Gottes O ist der Glaube. Bestreitung der Möglichkeit von O: → Deismus, Pantheismus, Positivismus.

Pantheismus (gr. = alles, Gott): Lehre, dass Gott und Welt alles und eins sind. In der Welt bzw. der Natur ist Gott gegenwärtig. Die Welt ist nicht Schöpfung, sondern Ausfluss, Entfaltung und Entwicklung des Wesens

Gottes. Der P lehnt Gebet und Kult ab, kennt aber eine eigene Natur- und Weltfrömmigkeit. Er ist mit dem christlichen Glauben unvereinbar. Vertreter: Giordano Bruno, Spinoza, Goethe (mit Einschränkungen).

Person (lat. = Maske des Schauspielers, Rolle, Antlitz): anthropologischer und theologischer Grundbegriff, der auf Dinge und nichtgeistige Lebewesen nicht anwendbar ist.
- Der *Mensch* ist als P ein geistbegabtes, seiner selbst bewusstes, freies, einmaliges Wesen.
- *Gott* ist in analoger (→ S. 37) Weise P (»Überperson«), er ist als P ansprechbar und übersteigt zugleich unsere Vorstellung von einer P. Für den christlichen Glauben existiert Gott in drei P, d. h. als Vater, Sohn und Heiliger Geist. Die Einheit Gottes wird durch die Einheit der göttlichen Natur (des Wesens) gewahrt. In unserem Erfahrungsbereich werden der Natur- und Personenbegriff anders gesehen. Es gibt sie weder wie in der Inkarnationstheologie, in der eine P zwei Naturen hat, noch wie in der Trinitätstheologie, in der drei P dem Sein nach betrachtet eine Einheit bilden.

Polytheismus (gr. = viele, Gott): Glaube, dass es viele Götter gibt.

Positivismus: philosophische Einstellung, die skeptisch nur das gelten lässt, was empirisch nachweisbar und logisch eindeutig ist. Religion und große Teile der Philosophie, z. B. die → Metaphysik, werden als sinnlos erklärt. Vertreter: Comte, Carnap, Bense, Albert u. a.

Theismus (gr. = Gott): Sammelbegriff für jede Auffassung, die die Existenz Gottes bejaht. Judentum, Islam und Christentum können als theistische Religionen verstanden werden. Allerdings gehen bei dieser allgemeinen Kennzeichnung wesentliche Charakteristika dieser Religionen verloren. T ist mit dem Christentum unvereinbar, wenn man ihn als → Deismus versteht. Gegensatz: → Atheismus.

Theologie (gr. = Rede von Gott): die Wissenschaft, die die → Offenbarung Gottes zu verstehen und in eine Lebenspraxis umzusetzen versucht. Im Unterschied zur Religionsphilosophie setzt die T den Glauben voraus. Heute wird die T oft näher charakterisiert, z. B.:
- *biblische* T: erschließt die Besonderheit der Gottesoffenbarung und Gotteserfahrung der Bibel.
- *dialektische* T: Richtung innerhalb der protestantischen T. des 20. Jahrhunderts, die sich ganz auf das Wort Gottes in Christus stützt und alle rationalen Bemühungen um Gott (z. B. Gottesbeweise, Analogie und natürliche T) ablehnt. Zwischen Gott und Welt, Glaube und Vernunft, Christsein und Religion bestehen absolute Gegensätze. Vertreter: Karl Barth.
- *feministische* T: kritisiert das einseitig männliche Reden von Gott (»Vater«, »Retter« u. a.) und hebt die Rolle und Bedeutung der Frau in Bibel, T und Kirche hervor. Weist auf lange vernachlässigte oder unbeachtete Gesichtspunkte hin.
- *historische* T: Betrachtung der → Offenbarung Gottes im Lauf der Geschichte, die bei Abraham beginnt und in Christus ihren Höhepunkt erreicht.
- *narrative* T: Erinnerung an die Taten Gottes nicht in Begrifflichkeit und Systematik, sondern in Erzählungen. Beispiele: Die Geschichten von Weihnachten, Karfreitag und Ostern, Gleichnisse, Erzählungen vom Wirken Gottes in unserer Zeit.
- *natürliche* T: Versuch, mit Hilfe der natürlichen Vernunft soweit wie möglich Gott und seine Eigenschaften zu erkennen. → Gottesbegriff; Gegensatz: → dialektische T
- *negative* T.: geht davon aus, dass man von Gott nur sagen kann, wer er nicht ist, nicht aber, wer er ist. Beispiele: Gott ist *nicht* endlich, *im*materiell, *un*sterblich.
- *philosophische* T: → natürliche T., Religionsphilosophie.
- *politische* T: betont, dass der Glaube nicht Privatsache ist und nur für das Individuum und sein Heil Auswirkungen hat, sondern vor allem für Politik und Gesellschaft. Entsprechend hat die Kirche eine gesellschaftskritische Aufgabe, z. B. in Fragen der Menschenwürde, der Gerechtigkeit, des Friedens u. a.
- *systematische* T: Versuch, die ganze → Offenbarung nach bestimmten Kriterien zusammenzustellen und zu ordnen. Dazu gehören u. a. folgende Disziplinen: T im engeren Sinn (als Lehre von Gott, seiner Existenz, seinem Wirken usw.), Christologie, Ekklesiologie, Eschatologie, Anthropologie, Moraltheologie/Ethik, Fundamentaltheologie, Christliche Sozialwissenschaften u. a.

Transzendenz (lat. = überschreiten, übersteigen): Seinsweise Gottes jenseits der empirischen Realität, die sich nicht der sinnlichen Erfahrung, wohl aber der philosophischen Reflexion erschließt, wenn diese von den Gegebenheiten der Welt zu der Bedingung ihrer Möglichkeit aufsteigt. → Metaphysik.

Ergänzen Sie dieses kleine **theologische und religionswissenschaftliche Lexikon**, indem Sie die jeweils wichtigsten Fachbegriffe sammeln, die während der Kursarbeit behandelt werden, z. B. Agnostizismus, Bilderverbot, Inkarnation, Religion, Theodizee usw.

Wege des Lernens – Methoden

*Wie in den anderen Schulfächern soll man im Religionsunterricht nicht nur bestimmte Dinge lernen und spezifische Fertigkeiten erwerben. Man soll auch das Lernen lernen. Das heißt, dass man wissen sollte, auf welchen Wegen man im Religionsunterricht zu Erkenntnissen, Kompetenzen und Fertigkeiten kommt. Man nennt die Wege des Lernens »**Methoden**« (gr. »einen Weg gehen). Nur wer Methoden kennt, kann selbständig arbeiten. In einem abwechslungsreichen Religionsunterricht ist Raum für unterschiedliche Methoden.*

M 1 Ein Referat vorbereiten und halten

A Vorbereitung Manchmal sollen Sie zu Hause oder im Kurs selbständig ein **Referat** anfertigen und dazu Material suchen (»**recherchieren**«), z. B. Texte, Bilder, Statistiken usw. Dazu können Sie – in Auswahl – in **Schulbüchern** stöbern, **sachkundige Leute** befragen, Berichte aus **Zeitungen** und **Zeitschriften** sammeln, in einer **Bibliothek** nach Sachbüchern, Bildbänden oder einzelnen Artikeln suchen, **Nachschlagewerke** und **Lexika** befragen, zum Thema passende **Filme, CD's, DVD's oder Folien** in der Diözesan- oder Stadtbildstelle besorgen, im **Internet** surfen usw.

B Vortrag Wenn Sie das Referat halten, sollten Sie sich in die Rolle Ihrer Mitschüler/innen versetzen, die sich mit dem Thema noch nicht so ausführlich befasst haben wie Sie, auf die zu erwartenden Verständnisschwierigkeiten eingehen und Neugierde und Interesse zu erwecken versuchen. Die Kursteilnehmer/innen werden dankbar sein, wenn Sie eine kleine **schriftliche Zusammenfassung** Ihres Referats mit Gliederung und Quellenangaben austeilen. Beim Vortrag des Referats sollten Sie auf Folgendes achten: Klare Gliederung – Einbettung des Themas in das Kursprogramm – Erklärung unbekannter Begriffe – sachliche Richtigkeit – Beachtung nicht aller, aber der für das Thema wichtigen Gesichtspunkte – keine überflüssigen Abstraktionen – Auflockerung durch Beispiele oder Sprachbilder – Unterscheidung von Informationen und Kommentar – ansprechender, nach Möglichkeit frei gesprochener Vortrag – richtige Betonung – gelegentliche kleine Pausen – Zeitökonomie – nicht zu hastiges Sprechen – Unterstützung des Vortrags durch Power-Point Präsentation, CD's, DVD's usw.

M 2 Einen (biblischen) Text verstehen

A Zu einem **systematischen (sachlichen) Verständnis** eines Textes sind – ähnlich wie im Literatur-, Philosophie- oder Geschichtsunterricht – die folgenden Fragen in Auswahl und auch in anderer Reihenfolge möglich.

1 Wer ist der **Verfasser**? Wer sind die **Adressaten**? Was weiß man von ihnen und ihrer **Zeit**?
2 Welche **Textsorte** liegt vor?
3 Welche **Begriffe und Sätze** fallen auf? Welche müssen geklärt werden?
4 **Wann** spielt der Inhalt des Textes?
5 **Wo** spielt der Text?
6 Wer ist die **Hauptperson**? Welche **anderen Personen** werden erwähnt? Was tun sie? Was sagen sie? **Was passiert** im Text?
7 Was ist der **zentrale Gedanke** des Textes? Welche **anderen Erwägungen** kommen vor? Wie werden sie **begründet**?
8 Lässt sich der Text **gliedern**? Welche **Überschriften** passen zu den einzelnen Abschnitten?
9 Wie lässt sich mit wenigen Worten **zusammenfassen**, worauf **es besonders ankommt**?

❖ **Texte** berichten von Erfahrungen, zeigen Stimmungen, vertreten Interessen, geben Wertungen, enthalten Informationen, manchmal auch Lügen und Irrtümer. Ihre Verfasser sind Schriftsteller, Dichter, Wissenschaftler, Jugendliche, Reporter, Augenzeugen von Vorfällen, Erzähler, Philosophen, Theologen usw. Jeder, der schreiben und lesen gelernt hat, kann Texte schreiben. Texte ebnen uns den Zugang zu anderen Menschen, Zeiten, Ländern, Welten. Sie vermitteln **Erkenntnisse**, machen mit **Erfahrungen** bekannt und lösen **Emotionen** aus. Sie haben positive und negative Auswirkungen auf unser Leben.

❖ Es gibt verschiedene **Textsorten**, z. B.: Augenzeugenbericht, Legende, Naturbeobachtung, Werbung, Märchen, Sachtext, Erzählung, historische Quelle, politische Polemik, philosophische Reflexion, Roman, Witz, Anekdote, Gedicht, Song …

❖ Auch die **Bibel** besteht aus unterschiedlichen Texten und Textsorten, die alle auch außerhalb der Bibel vorkommen, z. B.: Glaubenszeugnis, Erzählung, Brief, Gesetz/Gebot, Gleichnis, Gebet, Prophezeiung, Weisheit usw. Die Bibel stammt aus verschiedenen religiösen Schulen/Gruppen und hat verschiedene Verfasser, von denen wir manche kennen und viele nicht kennen.

❖ Um ein richtiges Verständnis eines (biblischen) Textes zu gewinnen, ist es notwendig, auf die **Textsorte** zu achten. Ein historischer Text ist anders zu verstehen als ein Glaubenszeugnis, ein Sachtext anders als ein Gleichnis, ein Gebet anders als eine Legende.

❖ Mit den Regeln, die zum Verständnis eines Textes nötig und nützlich sind, befasst sich die »**Hermeneutik**« (gr. »Deutung«, »Auslegung«, »Verstehen«). Sie lehrt uns, dass fast jeder Text mehrere Interpretationen zulässt und das gewonnene Verständnis offen und unabgeschlossen bleibt, weil der Text mehr Sinn-Ebenen hat, als auf den ersten Blick erkennbar wird.

10 **Wie wirkt der Text**? Wie kann man sich selbst darin wiederfinden? Wo erhebt sich Widerspruch gegen seine Aussage(n)?

B Zur schriftlichen oder mündlichen Textinterpretation sind folgende Schritte in Auswahl und je nach Text möglich:

1. **Inhaltsangabe**, bei der es nicht auf alle Details, sondern auf den Verlauf der Erzählung oder des Gedankengangs (»roter Faden«) ankommt.
2. **Formale Analyse**, bei der Wortwahl, Satzbau, Metaphorik, Sprache, Stilmittel, Gedankenverknüpfung beobachtet werden.
3. **Interpretation**, die das Selbstverständnis des Textes beschreibt. Zitate sollten die Interpretationsthese stützen.
4. **Kritische Auseinandersetzung**, in der die partielle oder völlige Zustimmung oder Ablehnung des Textes begründet wird.
5. **Schluss**, der die Interpretation kurz zusammenfasst.

Dabei sollte man auf → M1 B achten.

Es gibt auch die **paraphrasierende Form** des Interpretierens. Sie hält sich eng an den Text und erklärt ihn schrittweise, z. B. Abschnitt für Abschnitt oder bei einem Gedicht Strophe um Strophe.

M 3 Ein Bild (B) betrachten

A Wege zum Bild

Um einem anspruchsvollen Bild gerecht zu werden, ist es gut, es erst einmal in Ruhe zu betrachten und auf sich wirken zu lassen. So können sich einige **Fragen stellen**, wie man es auch im Kunstunterricht lernt. Dabei brauchen Sie die vorgeschlagene Reihenfolge nicht einzuhalten. Auch sind nicht alle vorgeschlagenen Fragen bei jedem Bild möglich oder sinnvoll.

1. Die Frage nach dem **Künstler und seiner Zeit**: »Wer hat das Bild gemalt?« und »Wann ist es entstanden?« Es sind die Fragen nach der Eigenart des Künstlers und der künstlerischen Epoche: die Absichten des Künstlers, seine Originalität, seine Einstellung zur Religion, die Bedeutung des Bildes im Gesamtwerk des Künstlers, Stilrichtung, die Zeitumstände usw.
2. Die Frage nach der **Form**: »Wie ist das Bild gemalt?« Es sind die Fragen nach Aufbau, Größenverhältnissen, Maßen, Vorder- und Hintergrund, Farbgebung, Licht und Schatten, Schwerpunkten und Randerscheinungen, Entsprechungen und Gegensätzen, Dynamik, Verfremdung usw.
3. Die Frage nach dem **Inhalt**: »Was ist dargestellt?«, »Welche Einzelheiten sehe ich?«, »Was ist fremd und sollte erklärt werden?« Es sind Fragen nach den Personen, Tieren, Gegenständen, der Landschaft, nach Erde und Himmel, Architektur, abstrakten Formen usw.
4. Die Frage nach der **Bedeutung des Bildes**: »Warum hat der Künstler das Bild geschaffen?«, »Warum stellt er die Szene dar?«, »Wo kommt das Thema vor?«, »Wie hat er es verstanden und abgewandelt?« Manchmal haben die dargestellten Themen einen **symbolischen Sinn**, z. B. ein Lächeln, ein Kuss, eine Handbewegung, eine Aura, die Sonne, die Lotosblume oder ein siebenarmiger Leuchter. Auch die Farben haben oft eine bestimmte Bedeutung.
5. Die Frage nach der **Wirkung**: »Welche Reaktion löst das Bild beim Betrachter aus?«, »Wie gefällt das Bild?«, »Erkennt man sich selbst in dem Bild?«, »Stimmt es mit Vorstellungen und Bildern des Betrachters überein?«, »Was zeigt es von seinem Leben und für sein Leben?« Es sind die Fragen nach der **persönlichen Beziehung** zum Bild: Zustimmung, Ablehnung, Verunsicherung, Befremden, Gleichgültigkeit, Neugierde, Wut, Freude usw.

Die Punkte 1–4 sind weitgehend vom subjektiven Standpunkt des Betrachters unabhängig, der Punkt 5 hat viel damit zu tun. Er entscheidet darüber, ob einem ein Bild **gefällt** oder etwas bedeutet.

Bilder nehmen im Religionsunterricht einen wichtigen Platz ein. Sie schaffen einen anderen Zugang zum Thema, als es Texte können.

Es gibt unterschiedliche **Bildsorten**.

❖ **Abbilder** sind Bilder von dem, was wir mit unseren Augen sehen können, z. B. Fotos, Porträts, Landkarten. Sie machen den jeweiligen Gegenstand, eine Person oder einen Prozess anschaulich.

❖ **Zeichen** sind meistens von Menschen gemacht oder festgelegt, um auf praktische Weise auf etwas hinzuweisen, z. B. die Olympischen Ringe, die Marken- oder die Verkehrszeichen.

❖ **Symbole** sind anschauliche Dinge aus unserer Welt, die vielschichtig und tiefsinnig auf etwas hinweisen, das man nicht sehen kann, z. B. die Sonne, ein Regenbogen, ein Kreuz oder ein Herz: → S. 96.

❖ **Kunstwerke** sind freie Schöpfungen innerer Bilder, die etwas zeigen, das sich meist nur schwer oder gar nicht in Worte fassen lässt.

Man kann mit Bildern und Kunstwerken **unterschiedlich umgehen**. Man kann sie unmittelbar auf sich wirken lassen, man kann sie kenntnisreich analysieren und kompetent bewerten, man kann sie verehren oder ablehnen.

Die **Bildhermeneutik** beschreibt die Regeln, die zum Verständnis eines Bildes führen (können). Bildinterpretationen sind meistens nicht endgültig und abgeschlossen, sondern für andere Deutungen offen. Das heißt nicht, dass jede Bilddeutung beliebig ist. Sie hat dann ihre Berechtigung, wenn sie sich an dem Bild selbst ausweisen kann.

Ob ein Bild ein **Kunstwerk** ist oder nicht, ist im Einzelfall schwer zu sagen. Darüber gibt es oft Meinungsverschiedenheiten. Ausschlaggebend für die Antwort sind nicht die Punkte 1, 3, 4 oder 5, sondern allein Punkt 2, weil dieser etwas über die Fähigkeiten dessen sagt, der das Bild angefertigt hat. Ein gut gemeintes Bild ist noch lange kein gut gemachtes Bild. Das Bild einer Landschaft oder eines Engels kann Kitsch, das Bild einer Kartoffel oder eines Stuhls kann ein Kunstwerk sein. Zu manchen Bildthemen lassen sich auch kleine **Ausstellungen** organisieren.

B Für einen mehr spontanen (persönlichen) Zugang zu einem Bild können manche Anregungen zum Verständnis eines Textes sinnvoll abgewandelt werden: → M 2 – Außerdem sind folgende Wege gangbar:
1 Das Bild im Ganzen oder in Details, evtl. mit einer Kopiervorlage, **selbst malen/zeichnen**.
2 Das Bild in einen **neuen Zusammenhang** stellen und es kreativ **verfremden und verändern**.
3 Ein Interview mit dem Bild führen oder **einzelne Personen des Bildes sprechen lassen**.
4 Das Bild für eine **Meditation** einsetzen: → M 5.

M 4 An einem Projekt (P) arbeiten

Es gibt manche Themen und Aufgaben des Religionsunterrichts, die man nicht in einer einzelnen Schulstunde oder Unterrichtsreihe und auch nicht allein zuhause lösen kann. In ihnen treffen sich zu viele Probleme, die in anderen Fächern oder an anderen Orten behandelt werden müssen. Um solch übergreifende Themen anzugehen, ist eine Projektarbeit nützlich.
Ein **Projekt** ist eine größere Arbeit, an der alle Schüler/innen beteiligt sind, aber nicht jeder die gleiche Aufgabe zu lösen hat. Oft kann man mit anderen Schulfächern zusammenarbeiten (»**fächerverbindend**«). Am Ende soll ein **Produkt** stehen, das aus den Arbeiten aller Schüler/innen erwachsen ist. Für den Erfolg eines Projekts ist ein **Plan** wichtig, für den aus den folgenden Anregungen ausgewählt werden kann:

1 Vorbereitung
* Was ist das **Ziel** des Projekts? Was soll am Schluss erreicht werden? Welche **Schritte** sind dazu nötig oder hilfreich? Wer hat gute **Ideen**?
* Welche **Leute** sollte man um Hilfe bitten? Infrage kommen Eltern, Lehrer/in, Pfarrer, Pastoralreferentin, Journalist, Arzt, Nonne, Politiker o. Ä. Wer stellt Kontakt zu ihnen her?
* Welche **Hilfsmittel** (»Medien«) muss man suchen? Infrage kommen z. B. Bilder, Bücher, Werkzeug, Internet, Folien, Filme, CD's, DVD's.
* Welche **Gruppen** sollen sich für die Arbeit bilden?
* Welche **Zeit** steht zur Verfügung?

2 Durchführung
* Die Kontakte mit wichtigen **Leuten** herstellen.
* Die **Medien** besorgen und auswerten.
* Das **Produkt** herstellen und vorstellen. Es kann ein Buch, eine Bildmappe, eine Ausstellung, ein Gottesdienst, ein Besuch in einem Kloster oder Museum, ein Spiel, eine Feier, eine Fahrt o. Ä. sein.

3 Auswertung
* **Ergebnisse** diskutieren, Fehler besprechen. Verbesserungsvorschläge machen.
* Den Personen, die geholfen haben, **danken**.

M 5 Sich in einer Meditation einüben

Im Religionsunterricht soll nicht nur gesprochen und gearbeitet werden, so wichtig das auch ist. Es darf auch **Räume und Zeiten der Stille** geben, in denen wir uns besinnen und schweigen. Gerade in der Ruhe kann etwas in uns wachsen, was sonst nicht so leicht entstehen kann. Dazu sollten Sie gelegentlich eine **Meditation** versuchen. Beim Meditieren können Sie neue Erfahrungen machen, die im Alltag nicht so leicht vorkommen. Das lateinische Wort **Meditation** bedeutet »zur Mitte finden«. Das geschieht durch »Besinnung« oder »Betrachtung«.

Mögliche Schritte der Meditation

1 **Voraussetzung** für jede Meditation ist es, dass alle Schülerinnen und Schüler ruhig werden und sich eine Zeit lang in einem Raum der inneren und äußeren **Stille** bewegen. Der Raum sollte so sein, dass man sich in ihm wohlfühlen kann. Alle störenden Geräusche von außen (Radio, Handy usw.) sollten so weit wie möglich ausgeschaltet und alle Vorstellungen, Gedanken, Überlegungen im Inneren zurückgestellt werden. Nur so kann man sich auf sich selbst und die Meditation konzentrieren.

2 Sich einen **Gegenstand zur Meditation wählen**. Meditieren kann man über eine Blume, das Wasser oder das Feuer, die Sonne, das Weltall, ein Spiel, ein Rad, ein Auto oder einen Computer, ein Bild, einen Klang, eine Melodie, ein Gedicht, einen Menschen, eine Situation aus dem eigenen Leben, über sich selbst, sein Atmen und Fühlen, seinen Kopf und sein Herz, ein Wort von einem bedeutenden Menschen oder einen Bibeltext.

3 Man kann sich nun langsam **fragen**: Was geht in mir vor, wenn ich still werde? Was fühle, sehe und höre ich? Warum ist der Gegenstand der Meditation so, wie er ist? Worin unterscheidet er sich von anderem? Was bleibt und ändert sich? Was ist daran wichtig? Was bedeutet er für sich, was für andere, was für mich? In welchen Zusammenhängen steht er? Was hat er mit Gott zu tun?

Textverzeichnis

Die namentlich nicht gekennzeichneten Texte stammen vom Herausgeber. Die anderen Texte wurden zur besseren Verständlichkeit und Lesbarkeit manchmal leicht gekürzt, schwierige Fachbegriffe wurden übersetzt, Dubletten gelöscht, ohne dass dies jeweils angemerkt wurde.

3 Barnett Newman, zit. in: Wieland Schmied (Hg.), Zeichen des Glaubens. Geist der Avantgarde, Electa/Klett-Cotta, Stuttgart 1980, S. 274 f. **6–8** Karl Wilhelm Dahm, Informationen, Schroedel Verlag, Hannover 1971, S. 2–4 i.A. **15** Zweites Vatikanisches Konzil, Die pastorale Konstitution über die Kirche in der Welt von heute – »Gaudium et spes«, Nr. 36. **18–19** Frei bearbeitet nach einem Vortrag von Eberhard Tiefensee in Erfurt 2001 »Homo areligiosus«: www.uni-erfurt.de/tiefensee/Homo%20are-ligiosus.pdf **22** Hermann Lübbe, Religion nach der Aufklärung, Styria Verlag, Graz/Wien/Köln 1986, S. 14 (mit kleinen Änderungen). – Gianni Vattimo, Glauben – Philosophieren, Reclam Verlag 9664, Stuttgart 1997, S. 7 f. – Ernst-Wolfgang Böckenförde, Staat–Gesellschaft–Kirche, zit. in: Franz-Böckle/Franz-Xaver Kaufmann u. a., Christlicher Glaube in moderner Gesellschaft, Band 15, Freiburg 1982, S. 67. **23** Hans-Joachim Höhn, Zerstreuungen, Religion zwischen Sinnsuche und Erlebnismarkt, Patmos Verlag, Düsseldorf 1998, S. 62 ff. **28** Frère Roger Schutz, aus der Befragung: Was sagt mir Gott? In: Christ in der Gegenwart 2005. – Marcel Reich-Ranicki, Mein Leben, Deutsche Verlagsanstalt, Stuttgart 1999, S. 56 f. – Udo Steinbach, aus der Befragung: Was sagt mir Gott? In: Christ in der Gegenwart 2005. – Kai Diekmann, aus der Befragung: Was sagt mir Gott? In Christ in der Gegenwart 2005. **29** Charlotte Knobloch, aus der Befragung: Was sagt mir Gott? In: Christ in der Gegenwart 2005. – Albert Görres, Das Kreuz im Glauben, Styria Verlag, Graz 2000. – Ulrich Walter, in: Tobias Daniel Wabbel (Hg.), Im Anfang war kein Gott, Patmos Verlag, Düsseldorf 2004, S. 244 f. – Xavier Naidoo, Was Deutschlands Prominente glauben, Gütersloher Verlagshaus, Gütersloh 2005, S. 155. – Tomi Ungerer, Was Deutschlands Prominente glauben, Gütersloher Verlagshaus, Gütersloh 2005, S. 248 **30** Blaise Pascal, Pensées, Nr. 258, übers. u. hg. v. Wolfgang Rüttenauer, Lambert Schneider Verlag, Heidelberg 8/1978, S. 136. **31** Paul Tillich, Quelle unbekannt. – Karl Rahner, Vom Mut zum kirchlichen Christentum, Schriften zur Theologie, Bd. 14, Benziger, Zürich 1980, S. 11 f. – Simone Weil, Schwerkraft und Gnade, Kösel-Verlag, München 1954, S. 210. **32** Antony Flew, aus: J. Sperna Weiland, Orientierung. Neue Wege in der Theologie, Furche Verlag, Hamburg 1968, S. 105. **33** Martin Buber, Gottesfinsternis, Manesse Verlag, Zürich 1953. Der Große Duden, Band VII, Etymologie, Mannheim 1963, S. 229. **34** Werner Heisenberg, Der Teil und das Ganze, dtv 680, München 1973, S. 106–109. **35** Paul Celan, Atemwende, Gedichte, Suhrkamp Verlag, Frankfurt am Main 1967. **37** Emmanuel Levinas, Gott nennen, in: Bernhard Casper (Hg.), Gott und die Philosophie, Phänomenologische Zugänge, Karl Alber Verlag, Freiburg–München, S. 35. **40** Elmar Gruber, © beim Autor, Quelle unbekannt. Fulbert Steffensky, © beim Autor, Quelle unbekannt. **41** Johannes Weisgerber, aus: Johannes Röser u. a., Was sagt mir Gott? Jugendgebete und Gedanken, Herder Verlag, Freiburg 2006, S. 14. – Dorothee Sölle, Fliegen lernen, Wolfgang Fietkau Verlag, Kleinmachnow. **43** Karl Rahner, Meditation über das Wort »Gott«, in: Hans Jürgen Schultz (Hg.), Wer ist das eigentlich – Gott? Kösel-Verlag, München 1969, S. 16 ff. – Anthony de Mello, Eine Minute Weisheit, Herder Spektrum 4569, Verlag Herder, Freiburg 1997, S. 69. – Josef Pieper, Kurze Auskunft über Thomas von Aquin, Kösel-Verlag, München 1963, S. 69–71. **44** Paul Celan, Die Niemandsrose, Sprachgitter, Fischer Tabu 2223, S. 26, S. Fischer Verlag, Frankfurt am Main. – Marie Luise Kaschnitz, Ein Wort weiter, Claasen Verlag, Düsseldorf 1965. – Else Lasker-Schüler, Sämtliche Gedichte, hg. v. Friedhelm Kemp, Kösel-Verlag, München 1966, S. 127. – Rainer Maria Rilke, Sämtliche Werke, Bd. 1, Insel Verlag, Frankfurt am Main 1955, S. 319 f. – Rose Ausländer, Ich zähle die Sterne meiner Worte, Fischer Tabu 5906, S. Fischer Verlag, Frankfurt am Main 1985, S. 68. **45** Wolfgang Biermann, aus: Theodor Bolzenius u. a. Ihr sollt ein Segen sein, Ökumenischer Kirchentag in Berlin, Gütersloher Verlagshaus, Gütersloh/Kevelaer 2004. – Kurt Marti, abendland, Luchterhand Verlag, Darmstadt–Neuwied 1980, S. 84. – Friedrich Dürrenmatt, aus: ders., Philosophie und Naturwissenschaft Gesammelte Werke, Bd. 7, Diogenes Verlag AG, Zürich 1998. – Ernst Jandl, Der gelbe Hund, Luchterhand Verlag, Darmstadt 1980. **48** In: J. Petuchowski, Es lehrten unsere Meister, Herder Verlag, Freiburg 1979, S. 115. **49** Martin Buber, Werke. Dritter Band, Schriften zum Chassidismus, Kösel/Lambert Schneider Verlag, München/Heidelberg 1963, S. 482. Martin Buber, Werke, Dritter Band, Schriften zum Chassidismus, Kösel/Lambert Schneider Verlag, München/Heidelberg 1963, S. 357 f. – Elie Wiesel, zit. n.: FAZ vom 15.10.1986. **50** Der Koran, aus dem Arabischen übertragen v. Max Henning, Reclam Verlag, Stuttgart 1978. **51** Quelle unbekannt. – Quelle unbekannt. – Abdoljavad Falaturi, zit. n.: Monika und Udo Tworuschka, Denkerinnen und Denker der Weltreligionen im 20. Jh., Gütersloher Verlagshaus 1994, S. 83. **52** Rigveda, aus: Helmuth von Glasenapp, Indische Geisteswelt, Emil Vollmer Verlag, Wiesbaden o.J., S. 17. **52–53** Nacherzählt nach: Paul Thieme, Upanishaden, Reclam Verlag, Stuttgart 1974, S. 52 f. **53** Ramakrishna, zit. n.: Otto Schrader, in: A. Bertholet (Hg.), Religionsgeschichtliches Lesebuch, Heft 14, Der Hinduismus, Mohr – Paul Siebeck Verlag, Tübingen 1930, S. 82–84 i. A. – Sarvapalli Radhakrishnan, Weltanschauung der Hindu, Holle Verlag, Baden-Baden 1961, S. 29–31. **54** Aus dem 2. Korb des Pali-Kanon, zit. mit kleinen Änderungen n.: Helmuth von Glasenapp, Pfad zur Erleuchtung, Diederichs Verlag, München 1994, S. 67 f. – Aus dem 2. Korb des Pali-Kanon, zit. mit kleinen Abweichungen n.: I. L. Gunser, Reden des Buddha, aus dem Palikanon übersetzt, Reclam Verlag, Stuttgart 1971, S. 82. **55** Anonym, zit. n.: Edvard Lehmann/Hans Haas, Textbuch zur Religionsgeschichte, Leipzig/Erlangen 1922, S. 76 f. – Lama Anagarika Govinda, zit. n.: G. Szczesny: Die Antwort der Religionen, Rowohlt Verlag, Reinbek bei Hamburg 1971, S. 81 f. **58–59** Reinhold Bernhardt, Pluralistische Theologie der Religionen, rhs 2/98, S. 76 f. (mit kleinen Kürzungen und kleinen Änderungen). **59** Johannes Röser, in: Christ in der Gegenwart, Herder Verlag, Freiburg 2006, 52/2006, S. 427. **60–61** Karl Jaspers, Philosophie und Wissenschaft, Reclam UB 8674, Stuttgart 1951, S. 6 ff. **61** Stephen Hawking, Das Universum in der Nussschale, Hoffmann & Campe, Hamburg 2001, S. 39. – Sir Karl R. Popper, aus: ders., Logik der Forschung, Mohr Siebeck Verlag, Tübingen 1969, S. 223. **62** Friedrich Nietzsche, »Fröhliche Wissenschaft«, 5. Buch, Aphorismus 240 i. A. **62–63** Wolfgang Stegmüller, Metaphysik – Skepsis – Wissenschaft, Springer Verlag, Berlin 1969, S. 39. **63** Werner Heisenberg, Das Naturbild der heutigen Physik, Rowohlt Verlag, Hamburg 1955, S. 17 ff. – Carl Friedrich von Weizsäcker, Die Tragweite der Wissenschaft, S. Hirzel Verlag, Stuttgart 1964, S. 9 f. – Max Weber, Wissenschaft als Beruf, Vortrag 1922, zit. n.: www.textlog.de/2322.html **64–65** Auguste Comte, aus: O. Maar/W. Gross (Hg.), Lesebuch der Weltliteratur 4, Wien 1949, S. 202 f. **64** Kritias, aus: Wilhelm Capelle, Die Vorsokratiker, Stuttgart 1953, S. 378 f. **65** Sigmund Freud, Vorlesungen zur Einführung in die Psychoanalyse, Gesammelte Werke 11, 1971, S. 294–95. **66** Ernst Mayr. Quelle unbekannt. – Richard Dawkins, in: Tobias Daniel Wabbel (Hg.), Im Anfang war (k)ein Gott, Patmos Verlag, Düsseldorf 2004, S. 138 f. **67** Reinhold Leinfelder, in: FAZ vom 22.12.2006, S. 40. – Frank J. Tipler, in: Tobias Daniel Wabbel (Hg.), Am Anfang war (k)ein Gott, Patmos Verlag, Düsseldorf 2004, S. 73. – Donald D. Hoffmann, in: ebd., S. 174. – Johannes Röser, in: Mut zur Religion, Herder spektrum 5602, Herder Verlag, Freiburg 2005, S. 104 f. **68** Hans Küng, Der Anfang aller Dinge, Piper Verlag, München Zürich 2005, S. 57. – Ernst Peter Fischer, in: FAZ vom 29.06.2006, S. 8. **69** Joseph Ratzinger, Nachwort des Theologen (zu Überlegungen des Naturwissenschaftlers Karl Hummel), in: Theologische Quartalschrift, Jg. 149, 1969, S. 343 f. **70** Martin Grabmann, Thomas von Aquin, Kösel-Verlag, München 1935, S. 112 ff. **71** Johannes Hirschberger, in: Geschichte der Philosophie, Band 2, Herder Verlag, Freiburg 1980, S. 347. – Martin Buber, Werke, Dritter Band, Schriften zum Chassidismus, Kösel/Lambert Schneider Verlag, München/Heidelberg 1963, S. 208. **72** Anselm von Canterbury, Proslogion 2; 15, in: Lateinisch-Deutsche Ausgabe von P. Franziskus Salerius Schmitt OSB, Abtei Wimpfen, Fromann Verlag, Stuttgart 1962. **73** Thomas von Aquin, zit. n.: Josef Pieper, Kurze Auskunft über Thomas von Aquin, Kösel-Verlag, München 1962, S. 69–71. – John Henry Newman, Glauben. Aus der Reihe »Christentum – ein Aufbau«, 1. Band, übertragen von Otto Karrer, Herder Verlag, Freiburg 1922, S. 11 f. – Levi Jizchak von Berditschew, aus: Martin Buber, Werke, Dritter Band, Schriften zum Chassidismus, Kösel/Lambert Schneider Verlag, München/Heidelberg, S. 348. **74** Friedrich Nietzsche, Die fröhliche Wissenschaft, Aphorismus 343. **75** Friedrich Nietzsche, Also sprach Zarathustra, IV. Buch, Vom höheren Menschen. **76** Paul Henri Thiry Baron d'Holbach, aus: Fritz-Georg Voigt, 29 Thesen des Materialismus, nach d'Holbachs »System der Natur«, Reclam 8785, Leipzig 1960, S. 9. **77** Max Bense, in: Gerhard Szczesny (Hg.), Jahrbuch für kritische Aufklärung, Szczesny Verlag, München 2/1964, S. 67 f. – Ludwig Feuerbach, Das Wesen der Religion, hg. v. Albert Esser, Hegner Verlag, Köln 1967, S. 97 f., 128 f., 229, 214 f. – Hans Küng, Existiert Gott?, Piper Verlag, München/Zürich 1978, S. 242 f. **78** Karl Marx, Die Frühschriften, hg. v. Siegfried Landshut, Kröner Verlag, Stuttgart 1968, S. 207 ff, 216. **79** Hans Küng, Existiert Gott?, Piper Verlag, München/Zürich 1978, S. 280. – Richard Dawkins, nach: aichberger.de/10D-gott.htm **80** Sigmund Freud, Die Zukunft einer Illusion, 1921, in: Gesammelte Werke, hg. v. Anna Freud u.a. 14. Band, S. Fischer Verlag, Frankfurt am Main 1963. – Karl-Heinz Weger, in: Religionskritik von der Aufklärung bis zur Gegenwart. Autorenlexikon von Adorno bis Wittgenstein, Herder Verlag, Freiburg 1979, S. 115 f. **81** Joseph Ratzinger, Atheismus, in: Aktuelle Themen der Gegenwart in theologischer Sicht, hg. v. Michael Schmaus und Alfred Läpple, Wahrheit und Zeugnis, Patmos Verlag, Düsseldorf 1964, S. 99. **82–83** Hans Küng, Existiert Gott?, Piper Verlag, München/Zürich 1978, S. 624 ff. **83** Blaise Pascal, Pensées. Über die Religion und über einige andere Gegenstände, übertragen von Ewald Wasmuth, Verlag Lambert Schneider, Heidelberg 1978, S. 121 f. **84** Protagoras, aus: Wilhelm Capelle, Die Vorsokratiker, Kröner Verlag, Stuttgart o. J., S. 333. – Nikolaus von Kues, Der verborgene Gott, hg. v. Franz Stippel, Erich Wewel-Verlag, Freiburg 1952, S. 15–19. **85** Bertolt Brecht, Geschichten von Herrn Keuner, Suhrkamp Verlag, Frankfurt am Main 1967, S. 20. – George Steiner, Warum Denken traurig macht, Suhrkamp Verlag, Frankfurt am Main 2006, S. 74 f. **96** Sigmund Freud, Der Mann Mose, Bibliothek Suhrkamp, Band 131, Suhrkamp Verlag, Frankfurt am Main 1968, S. 146. (Text in Klammern: W.T.) – Arnold Schönberg, zit. n.: Jan Assmann, Thomas Mann und Ägypten. Mythos und Monotheismus in den Josephsromanen, Beck Verlag, München 2006, S. 212. **100** Hildegard von Bingen, Wisse die Wege, Otto Müller Verlag, Salzburg 3/1955, S. 154. **108** Giorgio de Chirico: Quelle unbekannt. **110** Eine mündliche Interpretation von Max Beckmann 1937, notiert von Lilly von Schnitzler, zit. n.: Max Beckmann, hg. v. Stephan Lachner, DuMont Verlag, Köln 1978, S. 100. **112** Mark Rothko, aus: Wieland Schmied, Zeichen des Glaubens. Religiöse Tendenzen in der Kunst des 20. Jahrhunderts, Electa/Klett-Cotta Verlag, Stuttgart 1990, S. 284. **114** Arno Schilson, in: Peter Eicher (Hg.), Neues Handbuch theologischer Grundbegriffe, Bd. 2, Kösel-Verlag, München 2005, S. 198 f. **118–119** Zusammenfassung nach Manfred Gerwing, »…denn Gott ist die Liebe«, (1 Joh 4,8). Systematische Überlegungen zur Trinitätstheologie, in: Katechetische Blätter 129 (3/2004), S. 163–168. **119** Raimon Panikkar, Neues Handbuch theologischer Grundbegriffe, in Peter Eicher (Hg.), Bd. 4, Kösel-Verlag, München 2005, S. 381. – Leonardo Boff, Kleine Trinitätslehre. Aus dem brasilianischen Portugiesisch übertragen von Horst Goldstein, Patmos, ppb-Ausgabe, Düsseldorf 2007, S. 15. **120** Epikur, zit. n.: Olof Gigon, Epikur, Von der Überwindung der Furcht, Artemis Verlag, Zürich 1949, S. XLVI. **121** Paul Thiry d'Holbach, aus: Kurt Leese, Die Religionskrisis des Abendlandes und die religiöse Lage der Gegenwart, Hoffmann & Campe Verlag, Hamburg 1948, S. 86. **122–123** Fjodor Michailowitsch Dostojewski, Die Brüder Karamasoff, Bd. 1, übers. v. Fr. Scharfenberg, Bruns Verlag, Minden/Westfalen o. J., S. 330–335. **124** Hans Küng, Gott und das Leid, Benziger Verlag, Zürich/Einsiedeln/Köln 3/1969, S. 10–18 i.A. **125** Karl Rahner, in: Praxis des Glaubens, hg. v. Karl Lehmann u. Albert Raffelt, Benziger/Herder Verlag, Zürich–Köln/Freiburg–Basel–Wien 1982, S. 443 f. **126** Friedrich Wilhelm Graf, Die Wiederkehr der Götter, Beck Verlag, München 2004, S. 9. **127** Thomas Ruster, Mächte und Gewalten, Matthias Grünewald Verlag, Mainz 2005, S. 13–15. **128–129** Odo Marquard, Abschied vom Prinzipiellen, Reclam Verlag, Stuttgart 1981, S. 107–111. **133** Jan Assmann, in: Reinhard Gregor Kratz und Hermann Spieckermann (Hg.), Götterbilder – Gottesbilder – Weltbilder, Polytheismus und Monotheismus in der Welt der Antike, Tübingen 2000, Bd. II, S. 328. **133** Erich Zenger, Die freie Entscheidung des Herzens, in: Salzkörner, 25.02.2008, hg. v. Zentralkomitee der deutschen Katholiken, Bonn, S. 8. **136** Johannes Röser, Mut zur Religion, Herder spektrum 5602, Freiburg 2005, S. 102 ff. **137** Hans Küng, Der Anfang aller Dinge, Naturwissenschaft und Religion, Piper Verlag, München 2005, S. 141–143.

Abbildungsverzeichnis

Umschlag, **3** Barnett Newman, Be I, Second Version, 1970, © VG Bild-Kunst, Bonn 2008. **5** Bernhard Prinz, Ohne Titel, 2002, © Galerie Heidi Reckermann, Köln. **10** (r./l.) © Peter Wirtz, Dormagen. **11** © Norbert Kuchinke, Unkel. **12** © Richard T. Nowitz, Rockville/USA. **13** © Tibor Hirsch/Susan Griggs Agency. **14** René Magritte, Le Rossignol, 1962, © VG Bild-Kunst, Bonn 2008. **16** Quelle unbekannt. **18** © dpa. **19** © ullstein bild. **21** © Bill Watterson. Reprint with permission of Universal Press Syndicate. All right reserved. **26–27** © Absodels/gettyimages. **36** René Magritte, Die unendliche Besichtigung, 1963, © VG Bild-Kunst, Bonn 2008. **37–38** © Hermann Dornhege, Bad Tölz. **38** (u.l.) Edvard Munch, Betender, Holzschnitt, 1902, © The Munch Museum/The Munch Ellingsen Group/VG Bild-Kunst, Bonn 2008. **40** © Scala, Florenz. **42** © beim Künstler. **46** (o.r.) © akg-images/Erich Lessing. (o.l.) © akg-images/Erich Lessing. (u.r.) British Museum, London. **47** (o.l.) Quelle unbekannt. **50–51** © Roland und Sabrina Michaud, Focus. **52** (u.l.) © Jenner Zimmermann. (u.r.) © bpk-Bildarchiv Preußischer Kulturbesitz, Berlin. **54** Quelle unbekannt. **59** © KNA, Frankfurt. **60** © ullstein bild. **62** © beim Künstler. **68** (u.l.) © Scala, Florenz. (u.r.) Reuters. **70** © Jan van Munster, 1939, Ratio, 2002. **75** (u.r.) © Herbert Falken, Rufer, aus dem Zyklus »Scandalum crucis«, 1969. **82** Hintergrund nach einer Idee von Nedfko Solakov, der folgenden Text ergänzt: Both of them are equally frightened of each other. That's why the smart people use »maybe«. **83** Paul Klee, Grenzen des Verstandes, 1927, 298, Bleistift, Ölfarbe und Aquarell auf Grundierung auf Leinwand; originaler Rahmen, 56,2 × 41,5 cm, Bayerische Staatsgemäldesammlungen, Pinakothek der Moderne, München, Vermächtnis Theodor und Woty Werner, © VG Bild-Kunst, Bonn 2008. **88** Marc Chagall, Mose am brennenden Dornbusch, © VG Bild-Kunst, Bonn 2008. **90** Marc Chagall, Mose empfängt die Gesetzestafeln, 1931, © VG Bild-Kunst, Bonn 2008. **109** Giorgio de Chirico, Der große Turm, 1913, © VG Bild-Kunst, Bonn 2008. **110–111** Max Beckmann, Abfahrt, Triptychon, New York, © VG Bild-Kunst, Bonn 2008. **113** Mark Rothko, Ohne Titel, 1955, © Kate Rothko-Prizel & Christopher Rothko/VG Bild-Kunst, Bonn 2008. **116–117** Yves Klein, Monopink 1960, © VG Bild-Kunst, Bonn 2008. Yves Klein, Monogold 1962, © VG Bild-Kunst, Bonn 2008. Yves Klein, Monoblau 1960, © VG Bild-Kunst, Bonn 2008. **120** Quelle unbekannt. **121** Bernhard Heisig, Aber Gott sieht zu, Herr Offizier, 1995, © VG Bild-Kunst, Bonn 2008. **125** © Herbert Falken, Bibeltext und Clown aus dem Zyklus »Scandalum crucis«, 1968/69. **137** »Rhythme sans fin«, 1934 by Robert Delaunay. © L & M Services, BV The Hague 20080307.

Neues Forum Religion
Gott

erarbeitet von Werner Trutwin

Redaktion: Berthold Frinken
Umschlaggestaltung: Gesine Beran, Düsseldorf
Layout und technische Umsetzung: Rainer Moers, Viersen

www.oldenbourg-bsv.de

1. Auflage, 5. Druck 2014

Alle Drucke dieser Auflage sind inhaltlich unverändert und können im Unterricht nebeneinander verwendet werden.

Zugelassen als Lehrbuch für den katholischen Religionsunterricht von den Diözesanbischöfen von Aachen, Berlin, Dresden, Erfurt, Essen, Freiburg, Fulda, Görlitz, Hamburg, Hildesheim, Köln, Limburg, Magdeburg, Mainz, Münster, Osnabrück, Paderborn, Rottenburg-Stuttgart, Speyer und Trier.

© 2010 Bayerischer Schulbuch Verlag GmbH, München
© 2014 Oldenbourg Schulbuchverlag GmbH, München

Das Werk und seine Teile sind urheberrechtlich geschützt. Jede Nutzung in anderen als den gesetzlich zugelassenen Fällen bedarf der vorherigen schriftlichen Einwilligung des Verlages.
Hinweis zu den §§ 46, 52 a UrhG: Weder das Werk noch seine Teile dürfen ohne eine solche Einwilligung eingescannt und in ein Netzwerk eingestellt oder sonst öffentlich zugänglich gemacht werden. Dies gilt auch für Intranets von Schulen und sonstigen Bildungseinrichtungen.

Druck: Stürtz GmbH, Würzburg

ISBN 978-3-7627-0384-6

PEFC zertifiziert
Dieses Produkt stammt aus nachhaltig bewirtschafteten Wäldern und kontrollierten Quellen.
www.pefc.de